炒股指标三剑客
KDJ、RSI、WR入门与技巧

三大经典指标灵活运用
轻松判断个股顶底

股市实战专家
永良　韦铭锋 ◎ 著

图书在版编目（CIP）数据

炒股指标三剑客：KDJ、RSI、WR入门与技巧/永良，韦铭锋著.--上海：立信会计出版社，2016.12

（擒住大牛）

ISBN 978-7-5429-5299-8

Ⅰ.①炒… Ⅱ.①永… ②韦… Ⅲ.①股票交易—基本知识 Ⅳ.①F830.91

中国版本图书馆CIP数据核字(2016)第289026号

策划编辑　蔡伟莉
责任编辑　蔡伟莉
封面设计　久品轩

炒股指标三剑客：KDJ、RSI、WR入门与技巧
CHAOGU ZHIBIAO SANJIANKE KDJ、RSI、WR RUMEN YU JIQIAO

出版发行	立信会计出版社			
地　　址	上海市中山西路2230号	邮政编码	200235	
电　　话	（021）64411389	传　　真	（021）64411325	
网　　址	www.lixinaph.com	电子邮箱	lxaph@sh163.net	
网上书店	www.shlx.net	电　　话	（021）64411071	
经　　销	各地新华书店			

印　　刷	廊坊市华北石油华星印务有限公司			
开　　本	787毫米×1092毫米	1/16		
印　　张	17	插　　页	1	
字　　数	257千字			
版　　次	2016年12月第1版			
印　　次	2016年12月第1次			
书　　号	ISBN 978-7-5429-5299-8/F			
定　　价	45.00元			

如有印订差错，请与本社联系调换

前 言

经历2005年至2007年的疯癫牛市，传统交易法则多有胜算，不管是高手还是新手，都能从中获利。

但是到了2008年后，上证指数到达高点6124点，大幅度下跌开始了，传统交易法则显得力不从心，用几次亏几次，不再适用于市场，股民们也皆受其害，毫无胜算可言。

在2009年的报复性大涨之后，股市开始长期震荡市行情；2015年的牛市之后，我们又迎来了一个大箱体震荡市，使得传统交易法则更加不适应震荡行情！

那么在震荡行情的时候使用什么指标更能反映股市呢？

当然就是震荡指标了，其中以 KDJ、RSI、WR 这三个指标最为经典。

当然，传统或系统默认参数的震荡指标不再管用，更多的是被庄家主力利用的工具，由于计算天数少，很容易受数天的异动而导致指标的异常反映，最终导致不可靠的买卖信号出现！这就误导了投资者在错误的时间里买入了错误的股票，最后不得不在亏损的时候错误地再低价卖出，承受资金和心理的双重打击！

我们发现，只有将各指标的计算参数放大，才能有效地避开频繁出现而不可靠的买卖信号陷阱，避开庄家做市骗线，避开胜算不高的买卖信号，尽可能避开风险,而胜算的提高就是尽可能地提高利润,最终的目的就是以最小的风险获得更大的利益。这不是投资者梦寐以求的吗?

不管我们使用哪种交易方法都不能缺少灵活机动性,所以三剑客指标交易系统应运而生,该交易系统教会读者如何以判断买入,如何以判断卖出,不管行情怎么变动,我们始终保持冷静,耐心等待,这样才能稳操胜券。

本书的特点是图书内容的原创化、实战化、实用化、不千篇一律、经过历史考验、一看就会。

相信本书的观点一定会被其他人超越、改进,欢迎大家批评指正,以趋此技日臻完善。

目 录

第一章　股市技术分析的基础——均线（MA）指标 001

- 一、什么是均线 002
- 二、均线的参数与含义 006
- 三、均线的特点 011
- 四、均线的多头、空头排列 017
- 五、均线的金叉、死叉 020

第二章　股市第一剑客——KDJ随机指标基础 023

- 一、什么是KDJ随机指标 024
- 二、KDJ指标的含义 025
- 三、KDJ指标的特点 027
- 四、KDJ指标的多头、空头排列 033
- 五、KDJ指标的金叉、死叉 034
- 六、KDJ指标低位二次金叉 035

七、KDJ 指标高位二次死叉 036

八、KDJ 指标的顶、底背离 037

九、KDJ 指标 J 线处于高位或顶背离 038

十、KDJ 指标 J 线处于低位或底背离 040

第三章　股市第二剑客——RSI 强弱指标基础 043

一、什么是 RSI 强弱指标 044

二、RSI 指标的含义 046

三、RSI 指标的特点 049

四、RSI 指标的多头、空头排列 055

五、RSI 指标的金叉、死叉 057

六、RSI 指标低位二次金叉 058

七、RSI 指标高位二次死叉 060

八、RSI 指标的顶、底背离 061

第四章　股市第三剑客——WR 威廉指标基础 065

一、什么是 WR 威廉指标 066

二、WR 威廉指标的含义 071

三、WR 指标的特点 073

四、WR 指标的多头、空头排列 078

五、WR 指标的金叉、死叉 081

六、WR 指标低位二次金叉 083

七、WR 指标高位二次死叉 084

八、WR 指标的顶、底背离 086

第五章　华山论剑——三剑客大比拼 089

一、第一剑客 KDJ vs 第二剑客 RSI 090

二、第一剑客 KDJ vs 第三剑客 WR ……………………………………………092

　　三、第二剑客 RSI vs 第三剑客 WR ……………………………………………094

　　四、三剑合璧，有效避开庄家骗线 ………………………………………………096

　　五、简单有效的操作法则 …………………………………………………………101

第六章　三剑合璧——股市三剑客交易法 ……………………………103

　　一、双剑出鞘——买入 ……………………………………………………………104

　　二、三剑出鞘——买入 ……………………………………………………………144

　　三、双剑回鞘——卖出 ……………………………………………………………153

　　四、三剑回鞘——卖出 ……………………………………………………………167

第七章　超短线操作案例 ……………………………………………………179

　　一、T+0超短线操作案例一——粤电力A（000539）……………………………188

　　二、T+0超短线操作案例二——万向钱潮（000559）……………………………194

　　三、T+0超短线操作案例三——金杯汽车（600609）……………………………196

　　四、T+0超短线操作案例四——国新能源（600617）……………………………198

　　五、5分钟图操作案例——氯碱化工（600618）…………………………………201

　　六、10分钟图操作案例——海立股份（600619）…………………………………203

　　七、15分钟图操作案例——ST乐电（600644）……………………………………207

第八章　中线操作案例 …………………………………………………………209

　　一、周线图操作案例一——申华控股（600653）…………………………………218

　　二、周线图操作案例二——工大高新（600701）…………………………………221

　　三、周线图操作案例三——招商证券（600999）…………………………………225

　　四、周线图操作案例四——金科股份（000656）…………………………………229

　　五、周线图操作案例五——四川美丰（000731）…………………………………232

第九章　长线操作案例 239

一、月线图操作案例一——南风化工（000737） 241

二、月线图操作案例二——斯太尔（000760） 245

三、月线图操作案例三——宝诚股份（600892） 249

四、月线图操作案例四——宝胜股份（600973） 253

五、月线图操作案例五——宏润建设（002062） 258

第一章

股市技术分析的基础——均线（MA）指标

一、什么是均线

均线即移动平均线（Moving Average），常简称为M或MA。

它是以道琼斯的"平均成本概念"为理论基础，采用统计学中"移动平均"原理，将一段时期内的价格平均值连成一条曲线，用来显示股票价格的历史波动情况，进而反映股价所处的趋势以预测未来趋势发展的技术，是道氏理论的形象化表述。

该指标是由著名的美国投资专家葛兰碧（Joseph E. Granville）于20世纪中期提出来的，目的是帮助交易者确认现有趋势，判断出当前所处的趋势，预测趋势的未来走向。

均线的计算方法是把最近N个交易日的收盘价格之和除以N，这个数值会随着近期价格的变化而不断变化，故又被称为"移动平均线"。

以5日均线（简称5M或5MA）为例：

例如，近10个交易日的收盘价分别为：5.1元、6.2元、6.1元、5.9元、5.5元、5.7元、6.3元、5.8元、5.83元、6元。

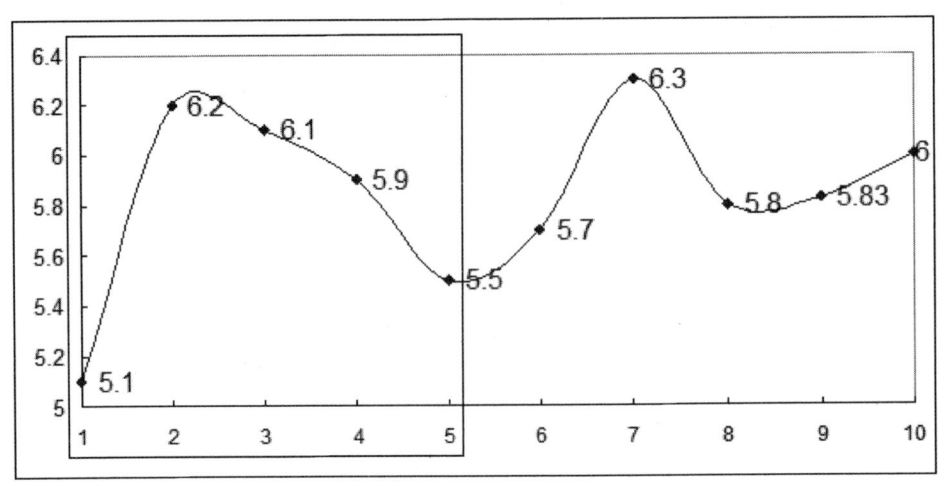

图1-1 均线的计算（一）

如上页图1-1所示，第五天的收盘价为5.5元，这一天的5日均线就是指当天的收盘价和之前4天的收盘价相加，一共是5天的收盘价，求出它们的总和再除以5，得到的数值就是第五天的5日均值或5日均线。

即：（5.1＋6.2＋6.1＋5.9＋5.5）÷5＝5.76（元）

所以5.76元就是第五天的5日均值。

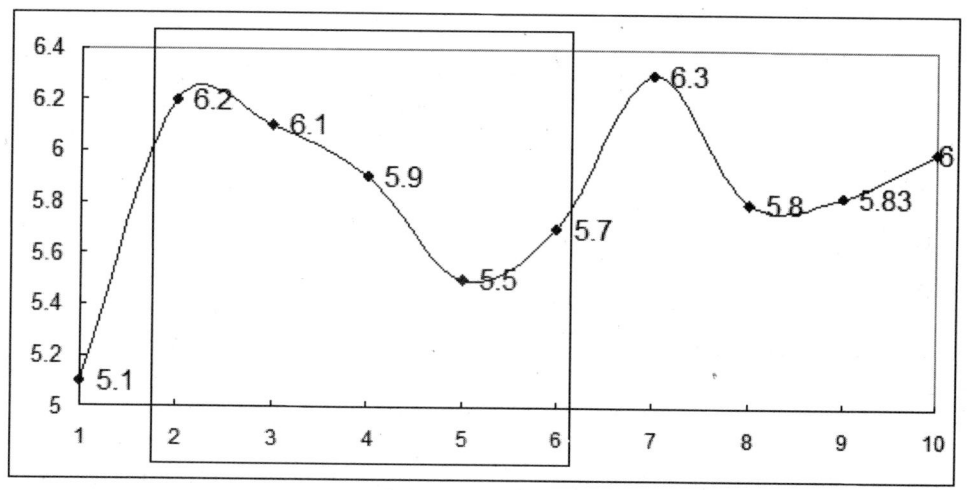

图1-2　均线的计算（二）

图1-2所示，第六天的收盘价则为5.7元，把这一天的收盘价与之前四天的收盘价相加，先求出它们的总和再除以5，得到的数值就是第六天的5日均值。

即：（6.2＋6.1＋5.9＋5.5＋5.7）÷5＝5.88（元）

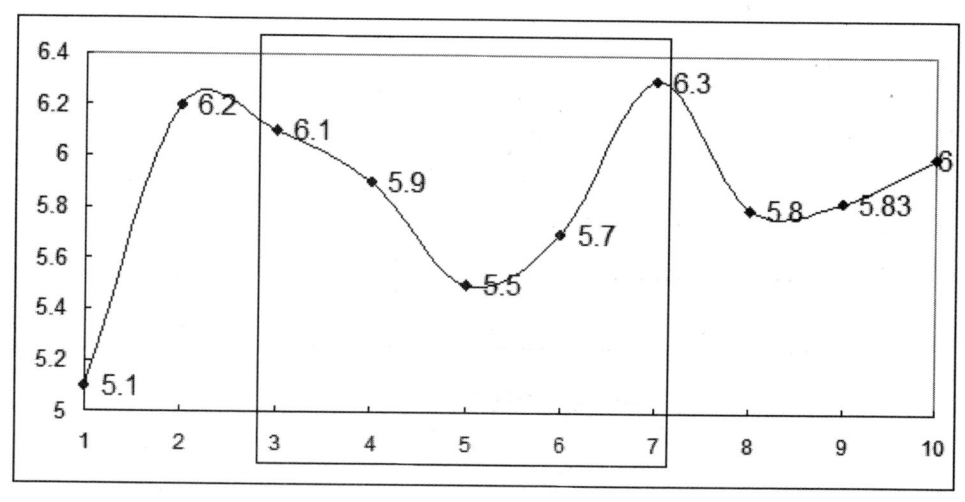

图1-3　均线的计算（三）

如上页图1-3所示,第七天的收盘价为6.3元,把该日收盘价和之前四天的收盘价加起来,把加起来的总和再除以5便得到了第七天的5日均值。

即:(6.1+5.9+5.5+5.7+6.3)÷5=5.9(元)

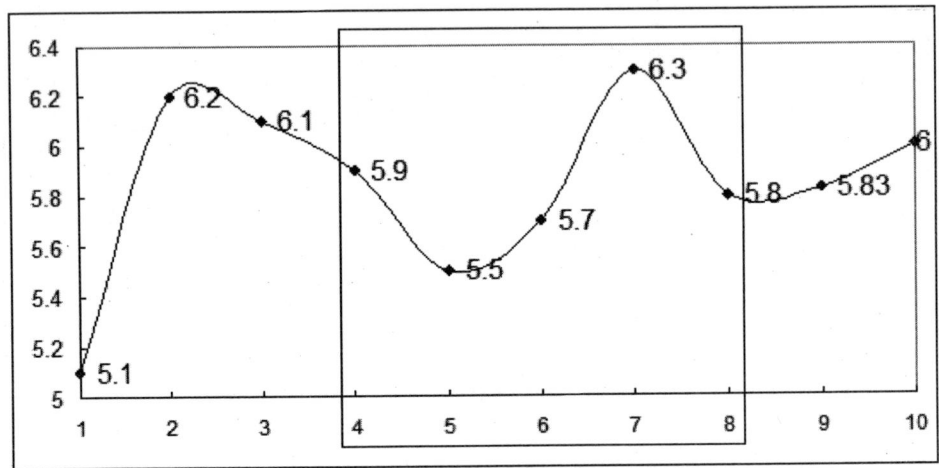

图1-4 均线的计算(四)

图1-4所示,第八天的收盘价为5.8元,用同样的方法将该月收盘价和之前4天的收盘价相加,相加后得出的值再除以5,就得到了第八天的5日均值。

即:(5.9+5.5+5.7+6.3+5.8)÷5=5.84(元)

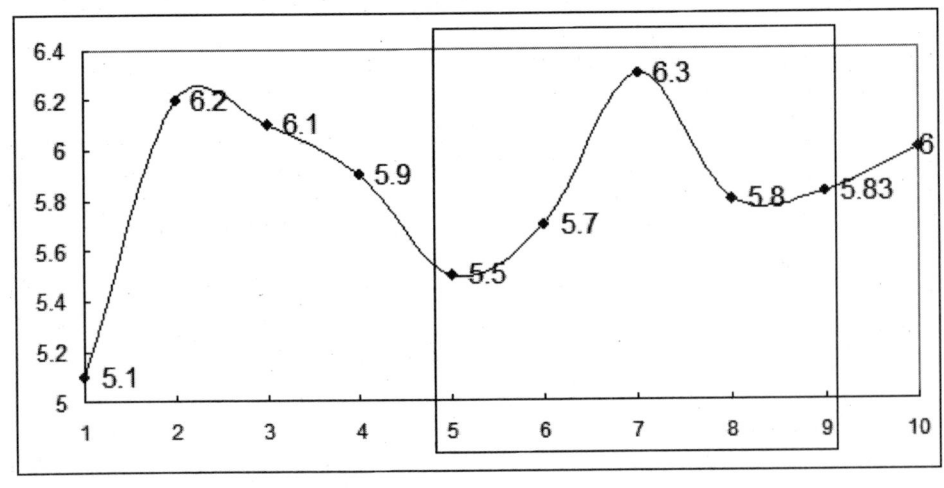

图1-5 均线的计算(五)

如上页图1-5所示，第九天的5日均值算法同上。

即：（5.5+5.7+6.3+5.8+5.83）÷5=5.826（元）

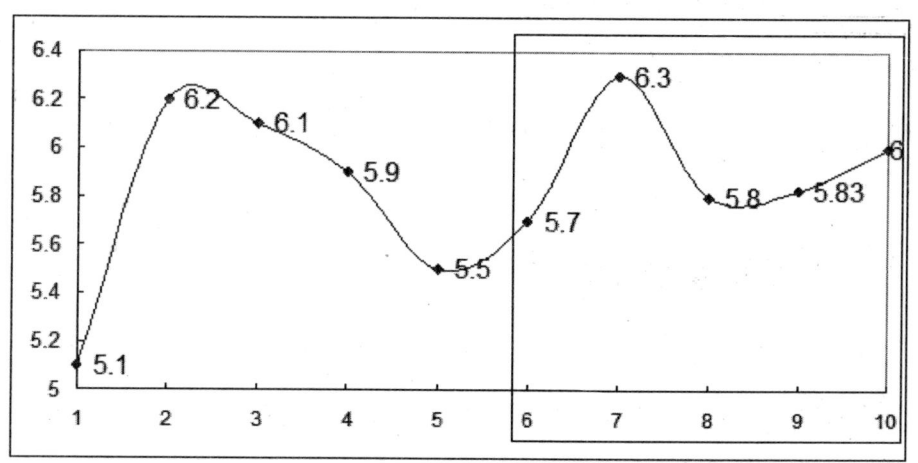

图1-6 均线的计算（六）

图1-6所示，第十天的5日均值的算法同上。

即：（5.7+6.3+5.8+5.83+6）÷5=5.926（元）

我们将这10天的5日均值全部画在价格走势图上，就形成了一条波动起伏的曲线，这条线在股价走势上就称为5日均线或5MA。5日均值所走出的曲线便是5日均线，同理，N日均值走出的曲线便是N日均线。

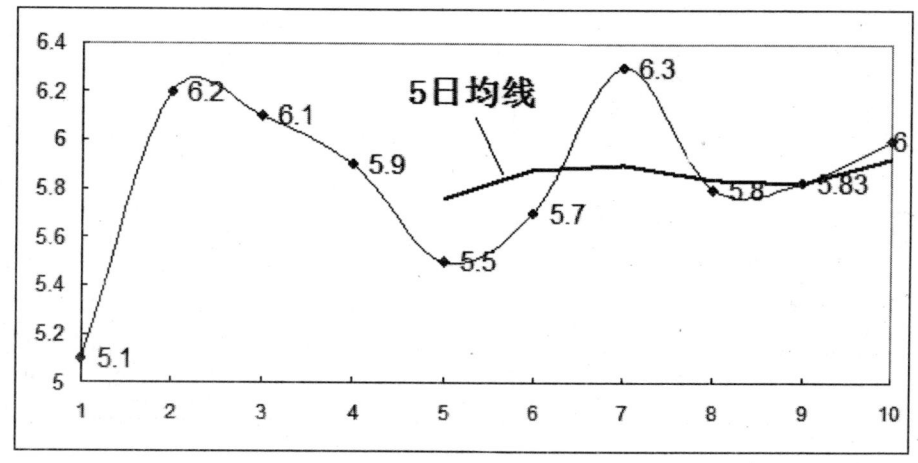

图1-7 5日均线

如上页图1-7的粗黑线就是5日均线走势。不同的均线有不同的含义与用途,有的人喜欢用3日均线,有的人喜欢用5日均线或10日均线,也有人喜欢用20日或60日均线,也有人擅长于更多计算天数的100日、200日或更多天数的均线。至于计算多少天均值最好,因人而异。

二、均线的参数与含义

均线的参数是指参与均值计算的天数。如5日均线参与计算的天数是5,而20日均线参与计算的天数则是20,那么N日均线的参数就是N了。

常见股票软件默认的参数多为:5、10、20、60、120和250等,由于参与计算的范围不同,每个参数的均线含义也各有不同特点。

下面分别举例说明。

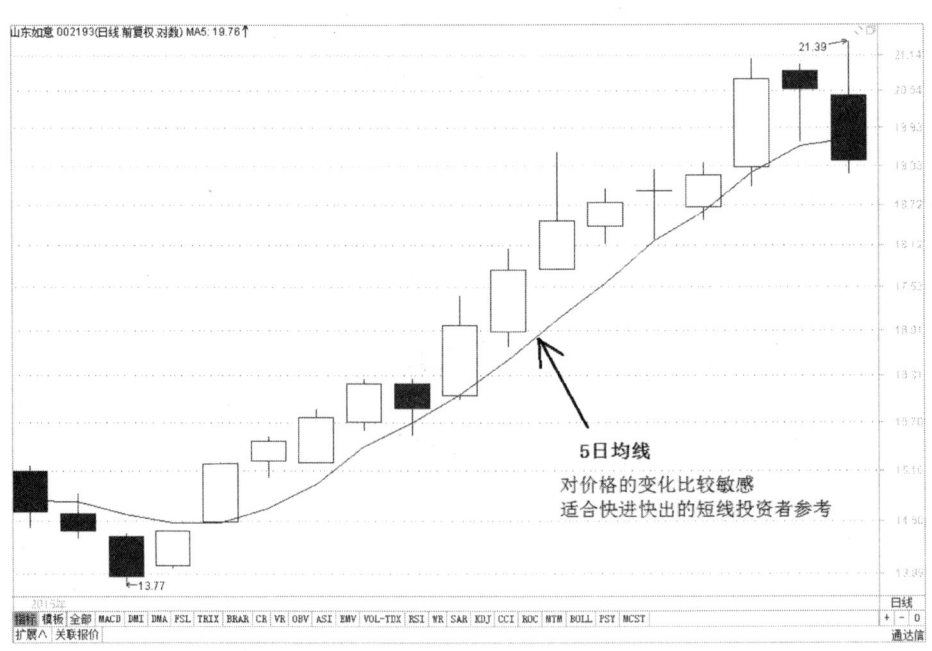

图1-8　5日均线

如图1-8所示,一般来说,一个星期共有5个交易日,所以5日均线又被称为

"周均线",代表了一周以来股价震荡的中心价格。

5日均线就是指当天价格和最近4天价格之和的均值,体现的是最近5个交易日的平均收盘价位,因此它的波动会比较大、比较敏感,适合短线投资者使用。

所谓短线投资者,是指不在乎股价长期走势,只看准短期获利的投资者。中线和长线投资者则跟他们不同,中线或长线投资者更看重中长期的走势,而不在意短期的波动。

所以短期均线更敏感、更灵活快捷,适合快进快出的短线投资者参考。

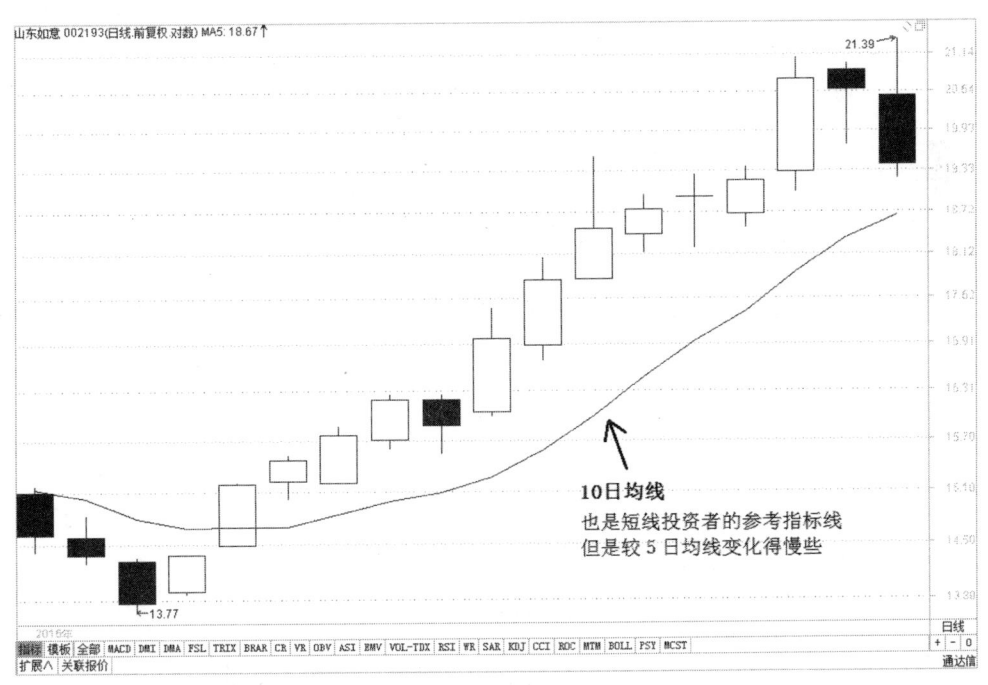

图1-9　10日均线

如图1-9所示,10日均线就是指当天的价格和最近9天价格的平均价,它所体现的就是最近10个交易日的平均收盘价位。由于参与计算的天数较5日均线增加了1倍,所以它的稳定性较5日均线强一些,但同时也减弱了一些灵敏性,因此它的波动较缓、敏感度略降,这条指标线通常也是短线投资者必用的参考线。只是相对于5日均线来说,10日均线的稳定性更高些,而灵敏度略低些。

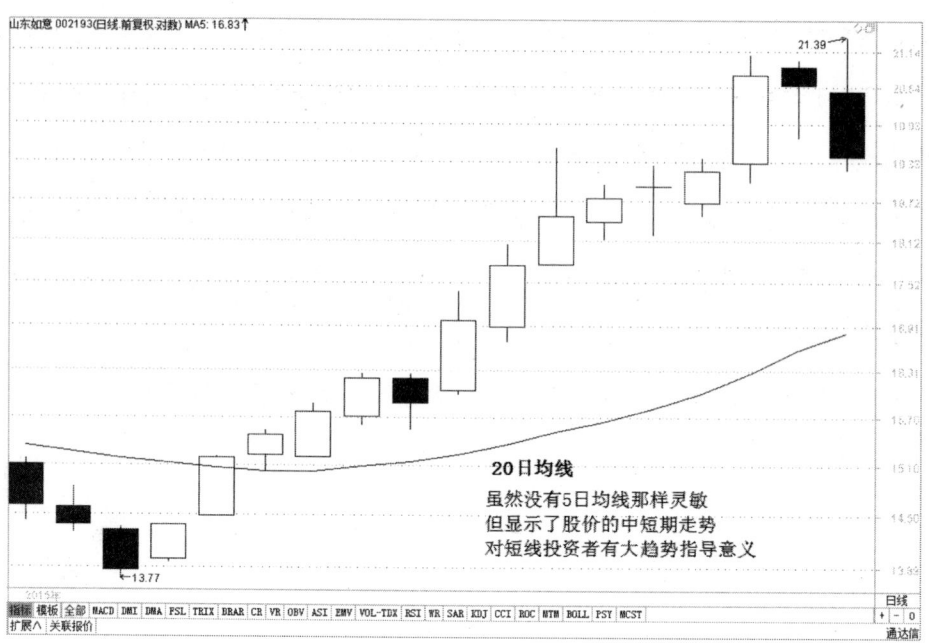

图1-10 20日均线

如图1-10所示，20日均线，表示的大约是1个月的时间，所以20日均线又被称为"月均线"。

图1-11 60日均线

20日均线是指当天价格和最近19天价格之和的平均值，体现的是最近20个交易日或最近1个月以来的平均交易价，因此它的波动没有10日均线大、更没有5日均线敏感，它通常是中短线投资者使用的参考线之一。相对于5日均线与10日均线，20日均线的稳定性更高些。股价站在20日均线之上时，做短线的胜算才高。

如上页图1-11所示，大体上说，一个季度有3个月时间，约60个交易日，所以60日均线又被称为"季均线"。

60日均线是指当天价格和最近59天价格的均值，所体现的是最近60个交易日的平均价位，因为参与计算的天数较多，所以它的波动不大、不像5日均线那样过于敏感，通常是中线或长线投资者参考的均线之一。相对于5日均线、10日均线、20日均线，它的稳定性更高了。它的缺点是不能捕捉到短线获利的机会，更多被用于寻找中线或长线获利的机会。

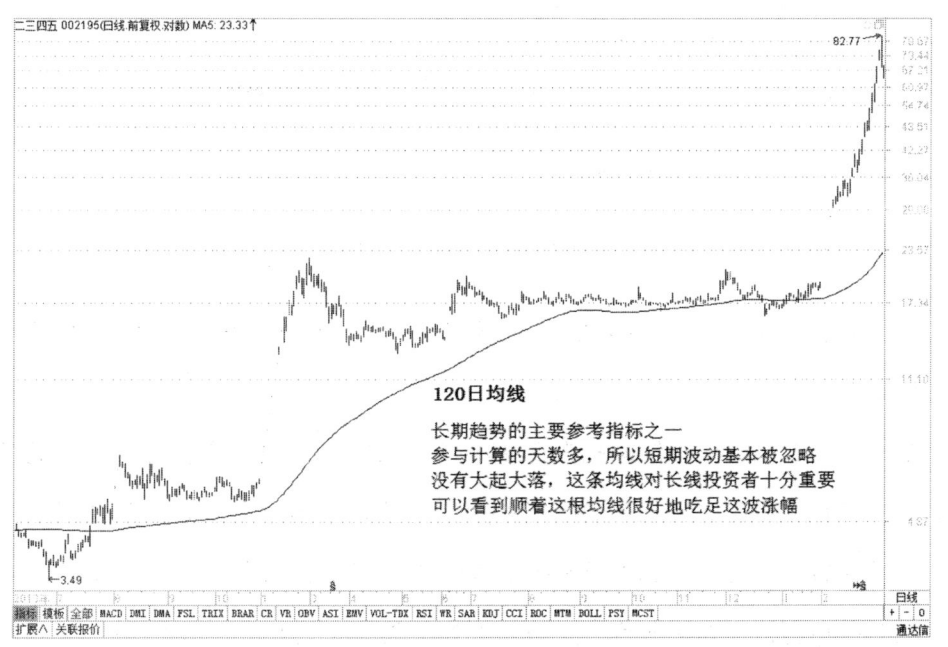

图1-12　120日均线

如图1-12所示，半年约有120个交易日，所以120日均线又被称为"半年均线"或"半年线"。

120日均线是指当天价格和最近119天价格的均值，因为参与计算的天数多，所以它的波动不大、不敏感，通常是长线投资者参考的均线之一。相对于5日均线、10日均线、20日均线、60日均线，它的稳定性更高。它的缺点就是灵敏度降低，更多被用于长线趋势的分析，研判大势的总体方向。

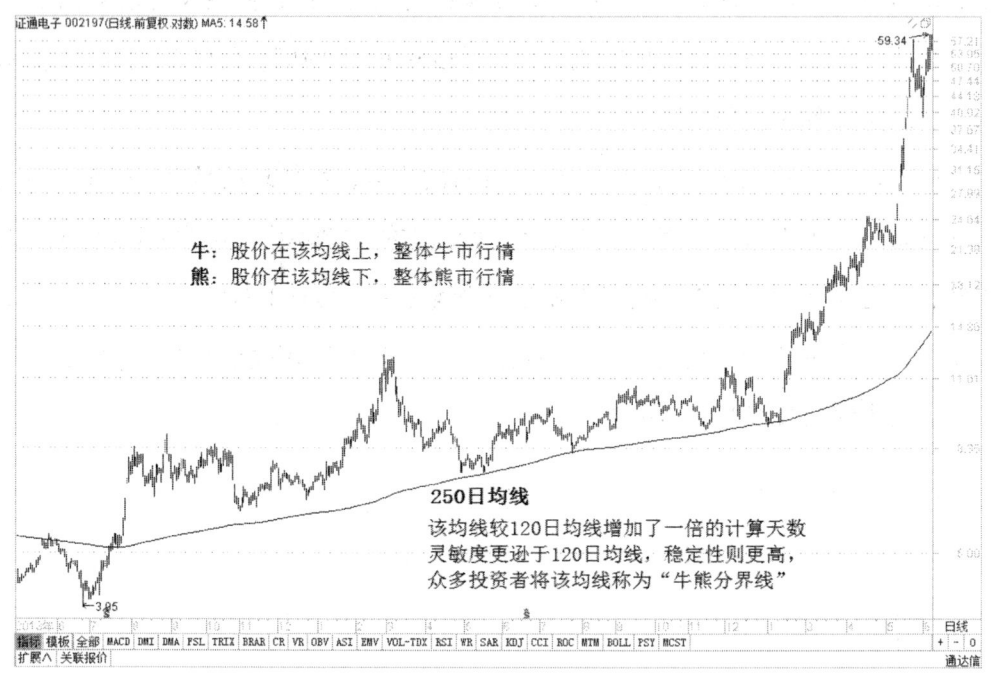

图1-13　250日均线

如图1-13所示，1年里约有250个交易日，所以250日均线又被称为"年均线"或"年线"。

250日均线是指当天价格和最近249天价格之和的均值，因为参与计算的天数非常多，所以它的波动十分缓慢，这也增加了它的稳定性，通常是长线投资者参考的主要指标。它是用于区分大势走向的主要参考线，如果股价在其上方不断上涨，则是牛市行情；如果股价在其下方不断下跌，则是熊市行情。因此250日均线又被称为"牛熊分界线"。

三、均线的特点

1.均线的趋势性

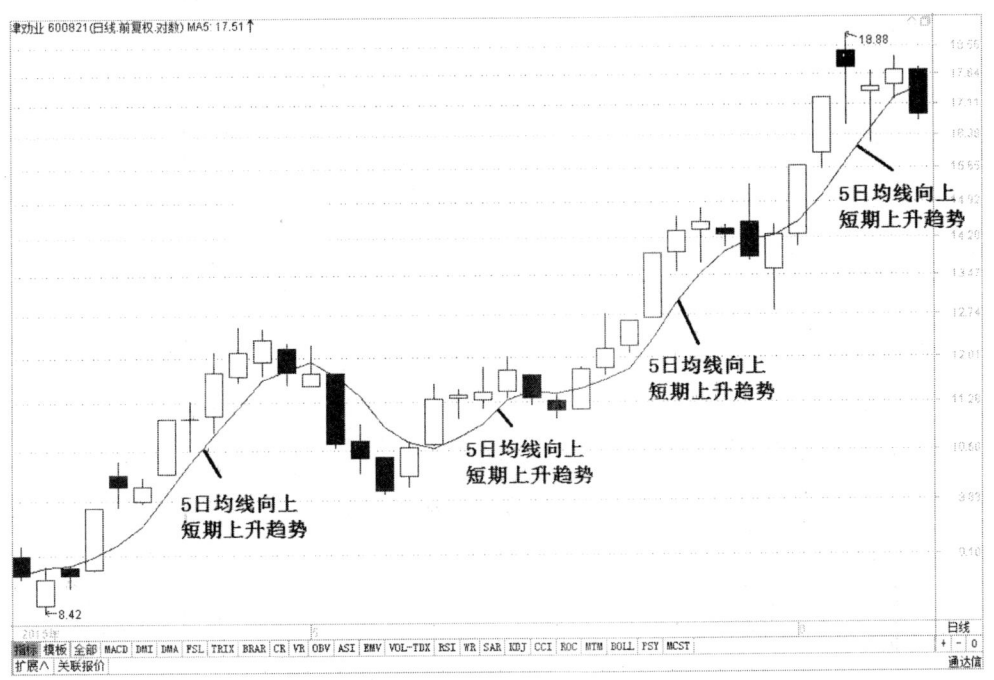

图1-14 均线的趋势性(一)

如图1-14所示,5日均线的走势反映的是最近5天的价格平均走向,所以它可以用来描述最近5天的股价趋势。如果是连续上涨的行情,短期均线也会持续上行,最终形成一条明显的短期上升趋势线。5日均线每次连续向上攀升,都会形成短期上升趋势。所以,均线具有趋势性。均线走势本身也是趋势的另一种表现。

20日均线较平缓地反映了短期或中期甚至长期的股价趋势,虽然没有5日均线那样敏感,但它的作用较5日均线更大些,能捕捉到较大或持续时间较长久的上涨或下跌行情。如图1-15所示,我们可以通过20日均线赚到盆满钵满。

图1-15 均线的趋势性（二）

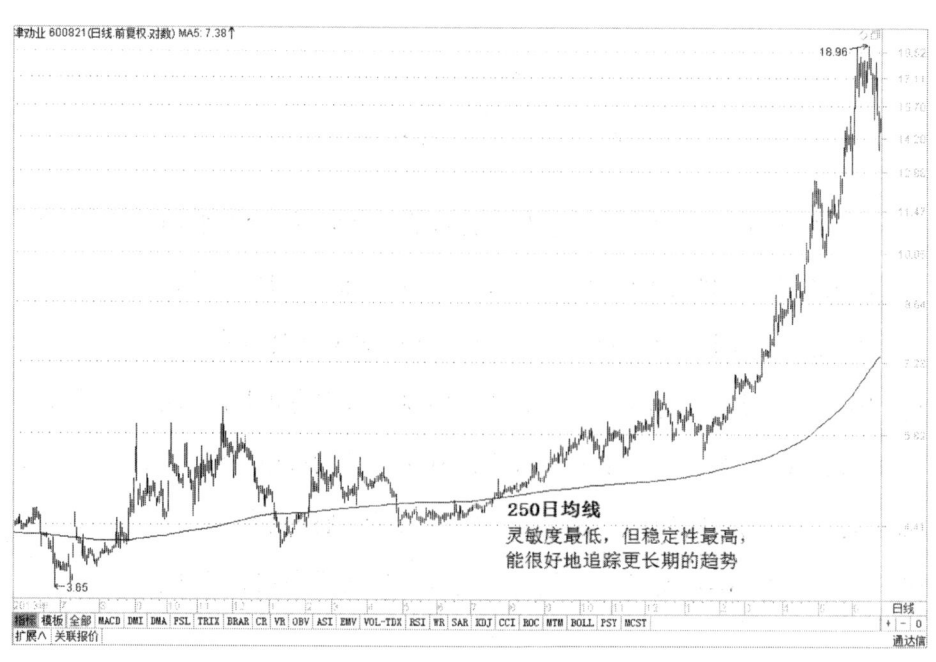

图1-16 均线的趋势性（三）

250日均线较好地反映了股价的总体行进方向，虽然没有提示买在低点和卖出高点，但它能很好地分解股价的高低位，能很好地判断在什么价位之下买入是在低位，什么价位卖出是在高位。

如上页图1-16所示，我们能看到，凡是在250日均线下的价位都是长线低价位买入区，而在该均线之上时，都是牛市的上升阶段。

各种类型的均线都有各自的趋势性。

2. 均线的稳定性

均线具有稳定性，是因为它的计算公式是算术平均，故而在高价或低价出现时，它不会出现过于明显的变化，除非这些高价或低价连续出现。

股价整体或多数向上，则均线趋上。

股价整体或多数向下，则均线趋下。

图1-17　均线的稳定性

如图1-17所示，从均线的计算方式可知，均线不会因为少数几天的大幅变动而改变总体趋势，这就说明均线有很好的容错性和稳定性。这也就是为什么多数投资者都喜欢使用均线指标的原因。

均线虽然具有稳定性，同时稳定本身是优点，但有时在突变之前的滞后也是缺点。

3. 均线的滞后性

均线具有很好的稳定性，但在关键时刻也有可能是缺点。

图1-18　5日均线的滞后性

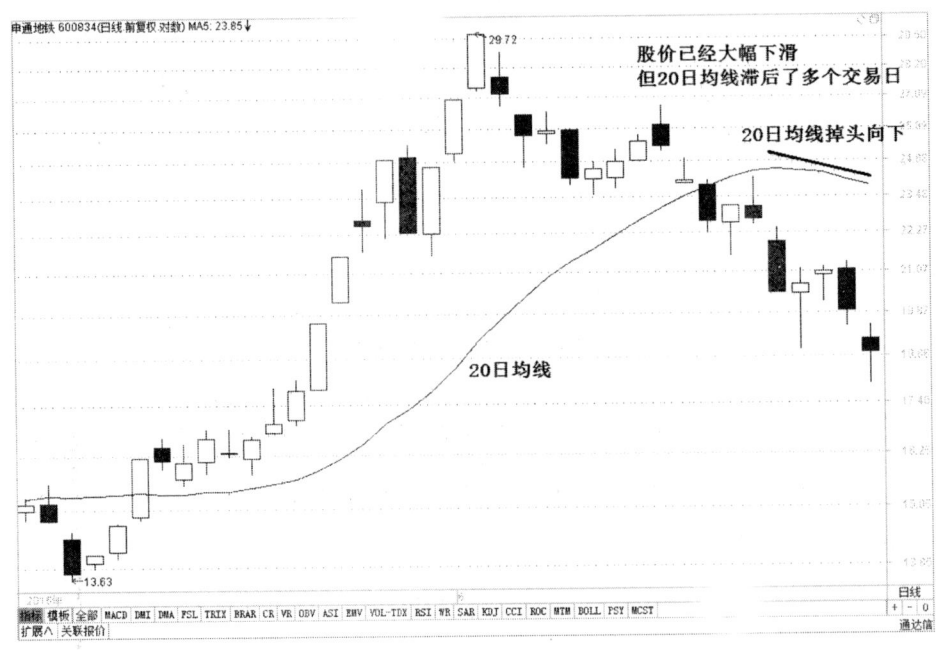

图1-19　20日均线的滞后性

如图1-18、图1-19分别显示了5日、20日均线的滞后性，这跟均线指标的算法有关。参与计算均值的天数越少，每天股价的权重也就越高；而计算均值的天数越多，每天股价的权重也就越低。

权重越高，第二天的价格对均线的影响就越大，均线变动越灵敏；权重越小，第二天的价格对均线的影响就越小，均线的变化越迟钝。

4. 均线的支撑助涨性

图1-20　均线的支撑助涨性（一）

如图1-20和下页图1-21所示，股价在均线仍向上的时候回调，但较为接近或触及20日均线时，反而能转头向上，说明股价得到了20日均线的支撑，才导致股价没有再继续下跌，反而得到了支撑然后反转向上。

这就是均线的支撑助涨性。

图1-21 均线的支撑助涨性（二）

5. 均线的压制助跌性

图1-22 均线的压制助跌性（一）

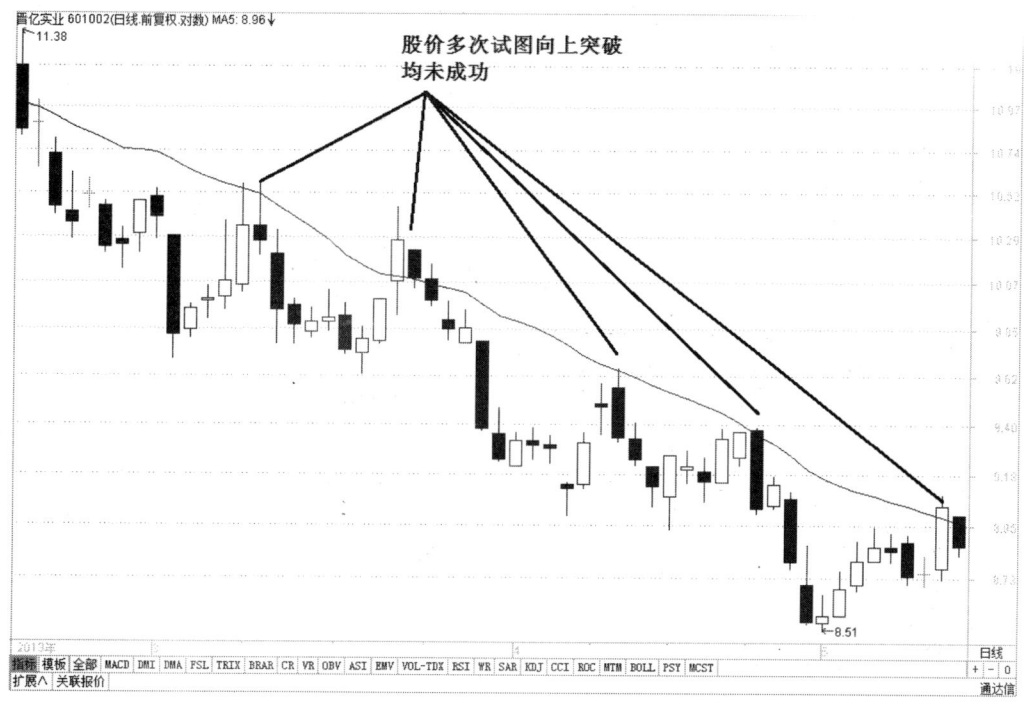

图1-23 均线的压制助跌性（二）

如上页图1-22和图1-23所示，股价在20日均线向下的时候多次奋力反弹，触及甚至突破了但没能站上多少个交易日便又掉头向下，这就说明股价失去了上升动力，受到了该均线的压制，股票价格没有能力再往上涨，即使该股票有能力偶尔一两次突破均线，但还是不能坚持多少时日。

四、均线的多头、空头排列

多头排列：短期、中期、长期均线从上到下依次排列的均线形态。多头排列为强势上升趋势，操作思维以多头买入为主。

空头排列：短期、中期、长期均线从下到上依次排列的均线形态。空头排列为强势下跌趋势，操作思维以空头卖出为主。

图1-24 均线的多头排列

如图1-24所示,均线多头排列分为两种:一种是短期趋势的多头排列,另一种是长期趋势的多头排列。短期趋势的多头排列是指5、10、20日均线不断上涨,并且5日均线在10日均线之上,且10日均线又在20日均线之上。它预示了短线投资者纷纷看好股价将要上涨,不断地买入股票,促使行情不断走高,增加短线获利的机会。

长期趋势的多头排列是指60日、120日、250日均线不断上升,且60日均线在120日均线之上,120日均线又在250日均线之上。它预示了中长线投资者已入驻或股票基本面得到好转而都看好后市,长线获利的机会也相应增加。

均线空头排列，也分为短期和长期空头排列两种类型。短期趋势的空头排列是指5、10、20日均线不断下跌，并且5日均线在10日均线之下，且10天均线在20天均线之下。它预示了短线投资者纷纷不看好这只股票而相继以低价卖出，使行情不断走低。

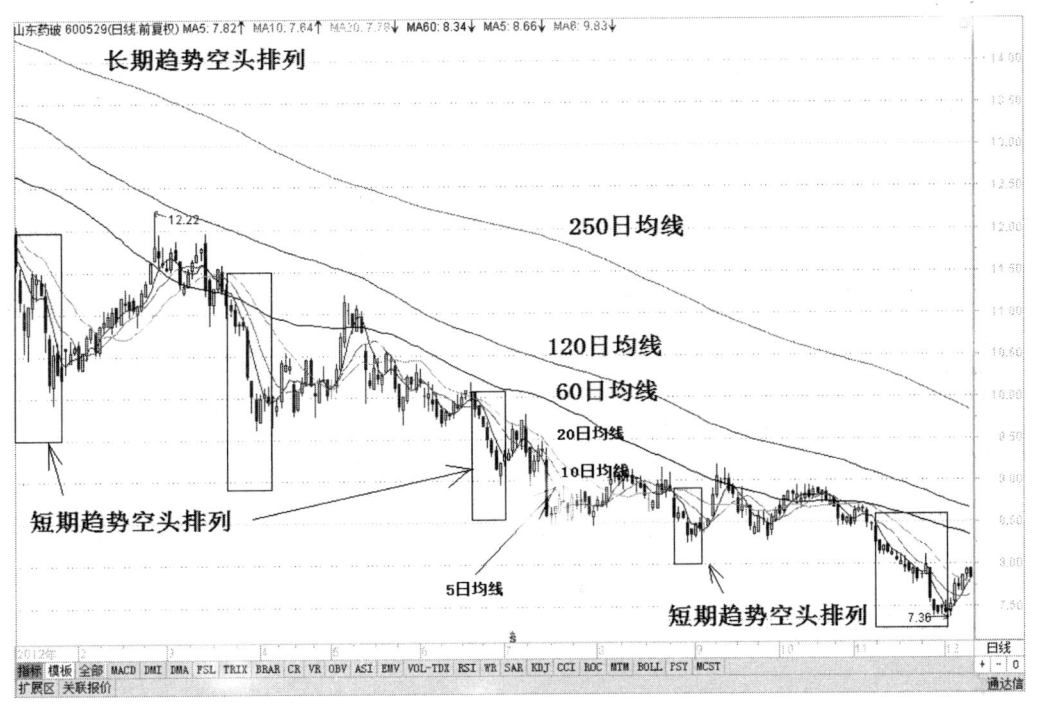

图1-25 均线的空头排列

如图1-25所示，长期趋势的空头排列是指60、120、250日均线不断下跌，且60日均线在120日均线之下，120日均线又在250日均线之下，代表了长期下跌的巨大风险，提示中长期的投资者已经出局，股票已经失去上涨动力，促使中小投资者相继低价卖出手中的股票，所以这种均线形态预示着后市不容乐观。

在多头、空头排列之间，均线之间还会出现一种相互交叉的形态。

五、均线的金叉、死叉

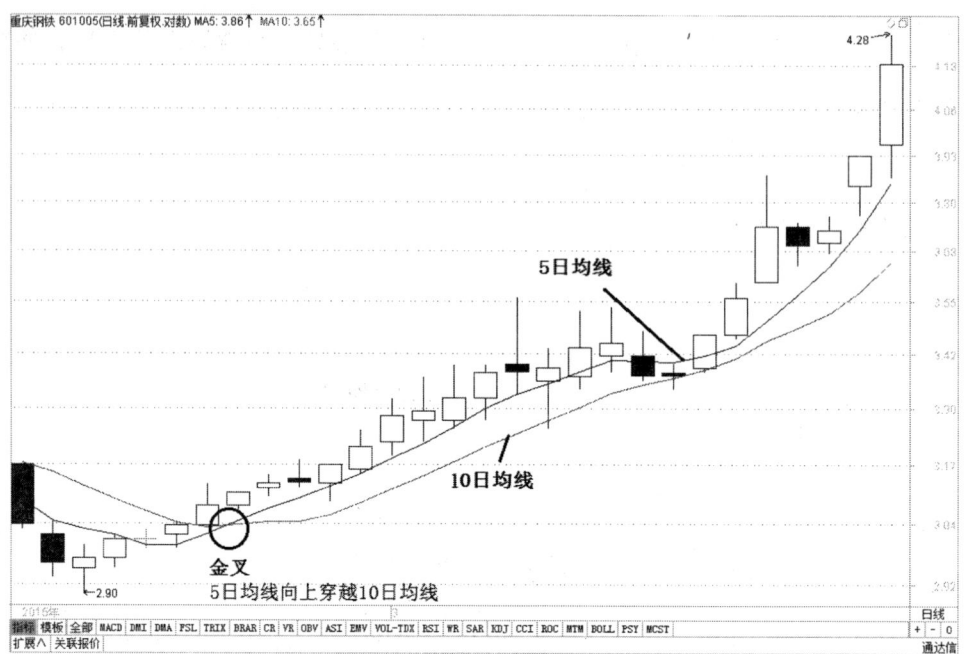

图1-26 短期均线的金叉

图1-27 中长期均线的金叉

如上页图1-26、1-27所示，均线的金叉是较为常见的看涨信号。天数多的均线转头向上，天数少的均线也转头向上并且穿越天数多的均线。5日均线向上穿越了10日均线，60日均线向上穿越了120日均线。

金叉意味着交易者不计成本地追高。如5日均线向上穿越10日均线，则意味着最近5日的平均成本要比最近10日的平均成本高，显示出一波短期的购买浪潮已经开始，随之而来的便是股价的持续上升。

未来如果确实走好的话，均线将具有很好的支撑作用。支撑作用消失后，很可能会出现趋势的反转！

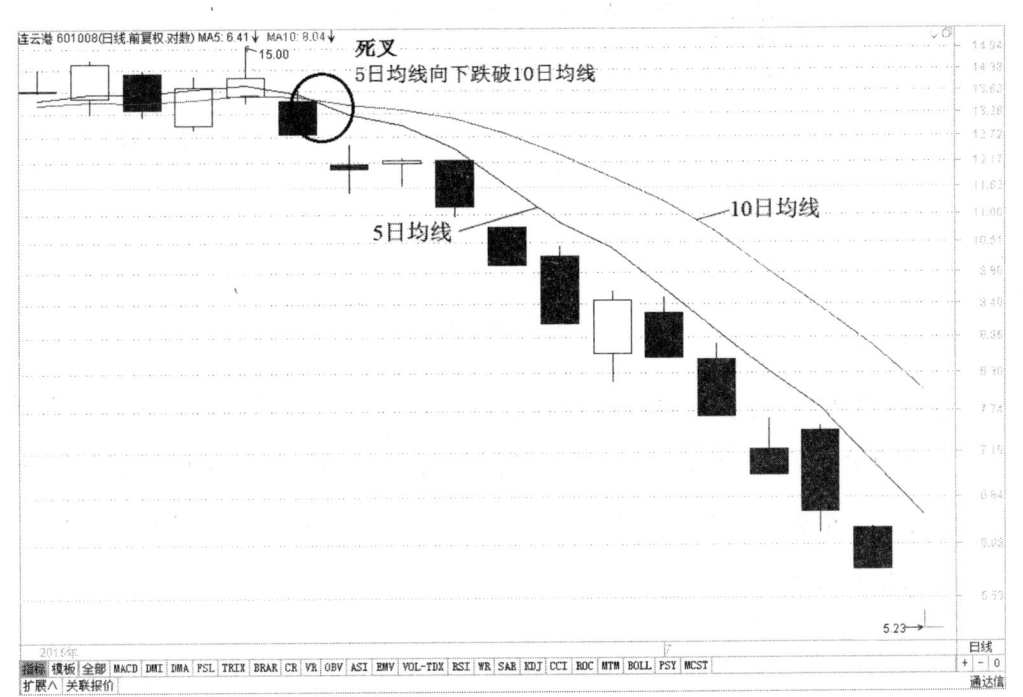

图1-28　短期均线的死叉

死叉是指天数多的均线转头向下，并且天数少的均线也向下跌穿了天数多的均线。图1-28和下页图1-29分别是5日均线向下跌破10日均线；60日均线向下跌破120日均线。

均线的死叉预示着持有者纷纷卖出手中的股票，不惜赔本也要卖。预示着一波短期的抛售浪潮已经开始，随之而来的是股价的持续下跌。

如果未来行情确实走低，这条均线将具有很大的压制股价上升的作用。

图1-29　中长期均线的死叉

均线指标能很好地描述股价各阶段的行进趋势，是单边市时最为可靠的参考指标。但如果是在震荡幅度较大的上升趋势、下降趋势、横向震荡行情中时，我们就要参考震荡系的三大指标了。下面几章我们将分别介绍KDJ、RSI、WR三剑客指标的各自特点。

第二章

股市第一剑客——KDJ 随机指标基础

一、什么是KDJ随机指标

KD随机指标是由乔治·莱恩首创，最早时该指标是用于期货市场的，后来被引入了股市的技术分析中，使之成为股市技术分析中较为经典的震荡指标之一（如图2-1所示）。

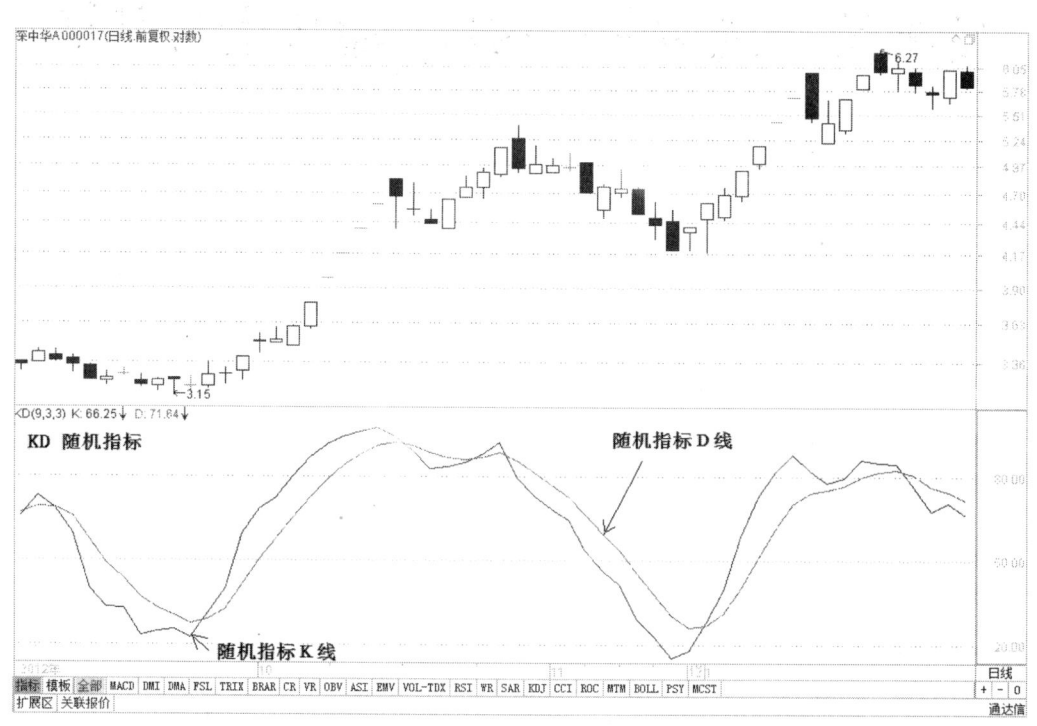

图2-1　KDJ随机指标（一）

后来人们对它进行了改进，增加了J指标，最后组成了更为精进的KDJ指标。即：根据统计学原理，通过一个特定的周期（常为9日、9周、9月等）内出现过的最高价、最低价及最后一个计算周期的收盘价格及这两者之间的比例关系，来计算最后一个计算周期的未成熟随机值RSV，然后根据平滑移动平均线的方法来计算K值、D值与J值，并绘成曲线图来研判股票走势。

如图2-2所示，KDJ指标比较灵敏可靠，一般处在低位金叉时总会带来一次较有把握的买入信号。而在高位死叉时也能卖在这一波上涨中较高的位置上。

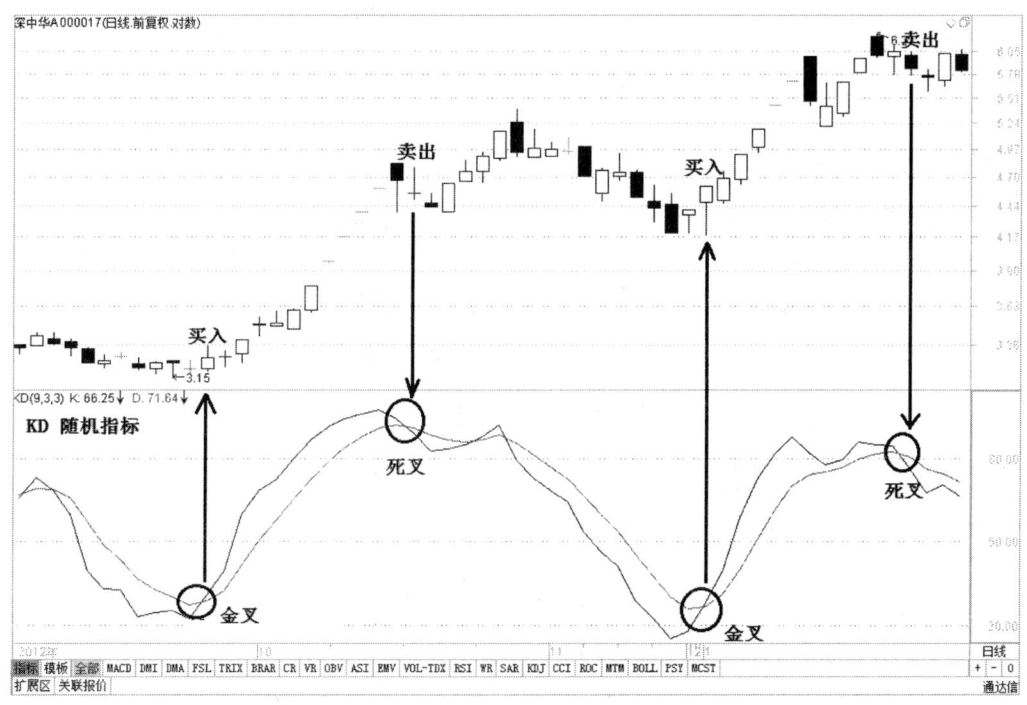

图2-2　KDJ随机指标（二）

随机指标之所以这么受短线投资者的欢迎，就是因为它能很好地捕捉到一个上涨波段较大的利润。

二、KDJ指标的含义

该指标是计算当前价格位于某一阶段最大价格区间的位置比例，如果当前价格正好是这个区间的最高点，则该值等于100；反之，当前价格正好是这个区间的最低点，则该值为0（如下页图2-3、图2-4所示）。

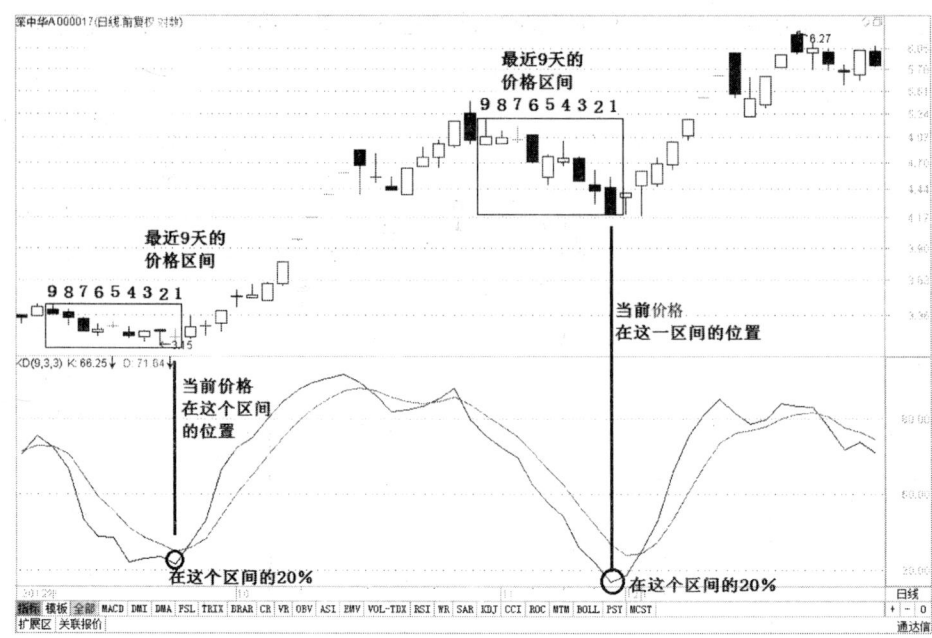

图2-3 KDJ随机指标的含义（一）

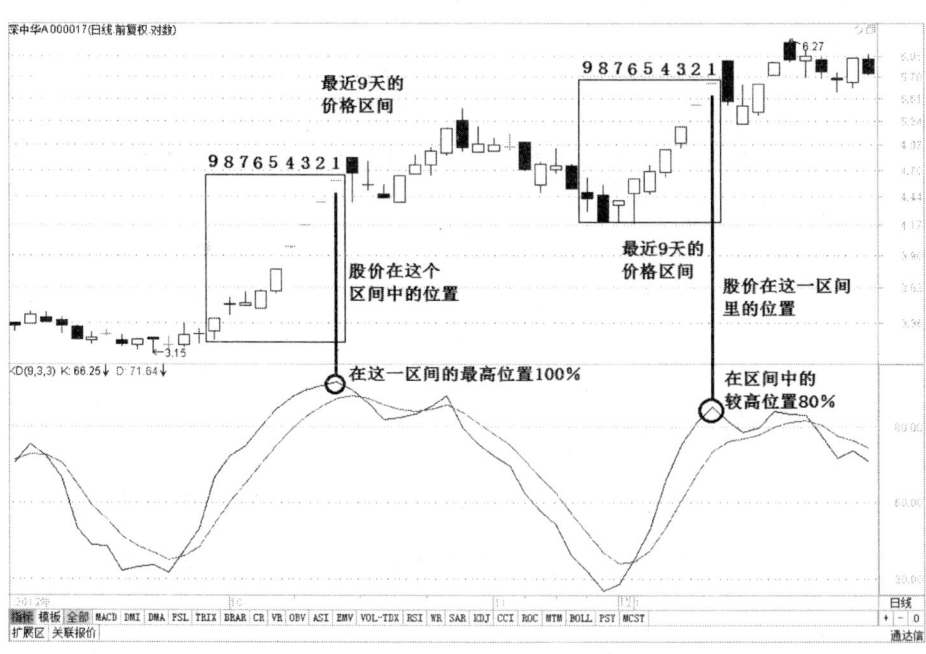

图2-4 KDJ随机指标的含义（二）

一般情况下我们把K、D、J三线都处在0~20%的价格区间叫作超卖区，超卖区代表卖方已经处在极端范围内，很有可能反转上涨。

把股价处在80%~100%的区间叫作超买区，超买区代表买方也已处在极端范围内，很有可能反转下跌。

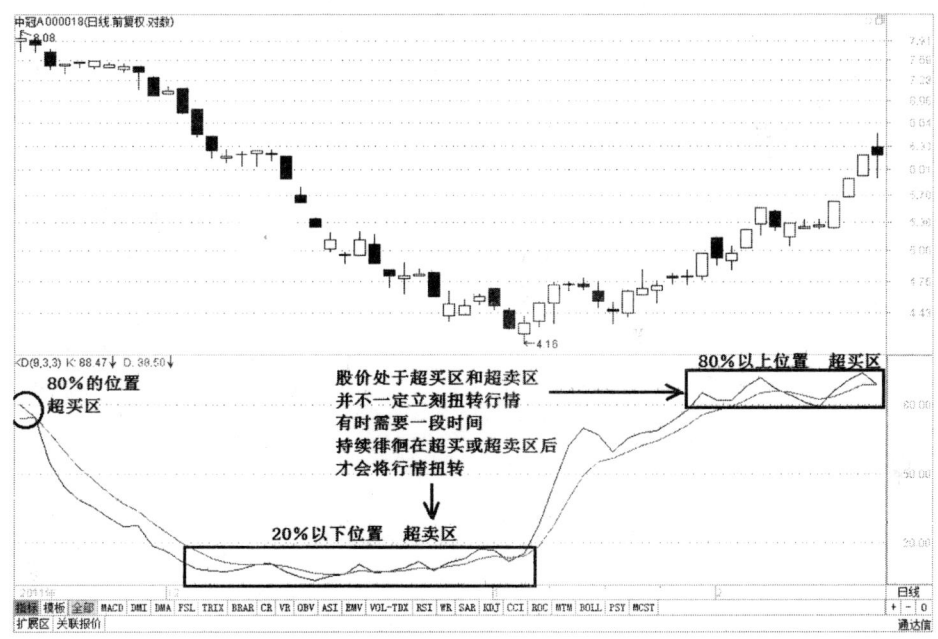

图2-5 KDJ随机指标徘徊高位或低位

如图2-5所示，有时股价也会徘徊在超卖区或超买区维持一段时间，这通常代表行情单边强势上涨或下跌。

三、KDJ 指标的特点

1. KDJ 指标的趋势性

下页图2-6显示了 KDJ 随机指标的上升趋势图，基本点上升趋势线同步向上。

下页图2-7则展示了 KDJ 随机指标在股价处于下降趋势时，K、D 两指标线也处在向下的走向中，基本与下降趋势同步，甚至早于趋势线发出买入信号。

所以 KDJ 随机指标同样具有趋势性。

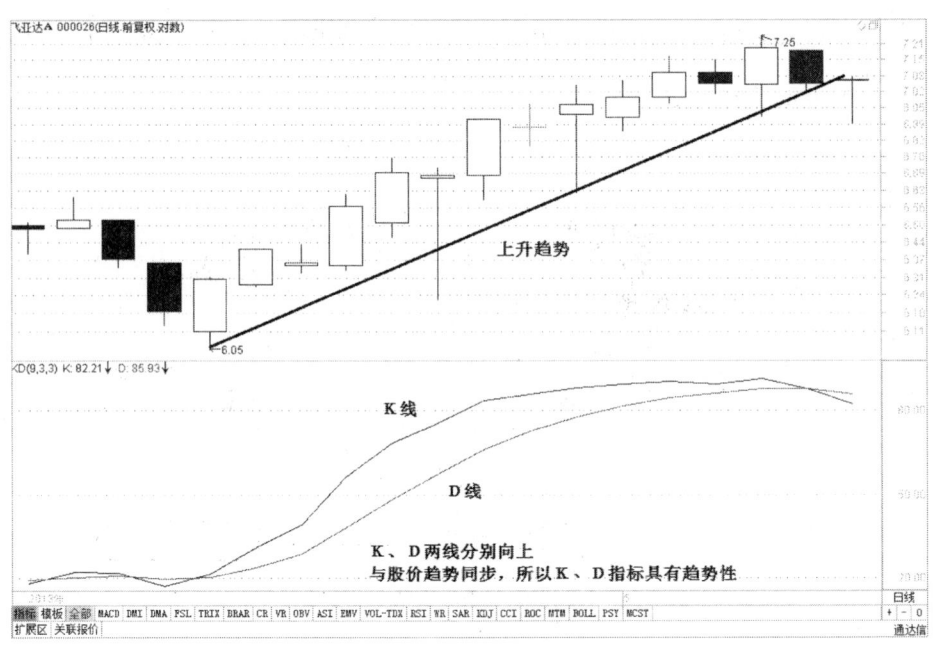

图2-6 KDJ随机指标与上升趋势

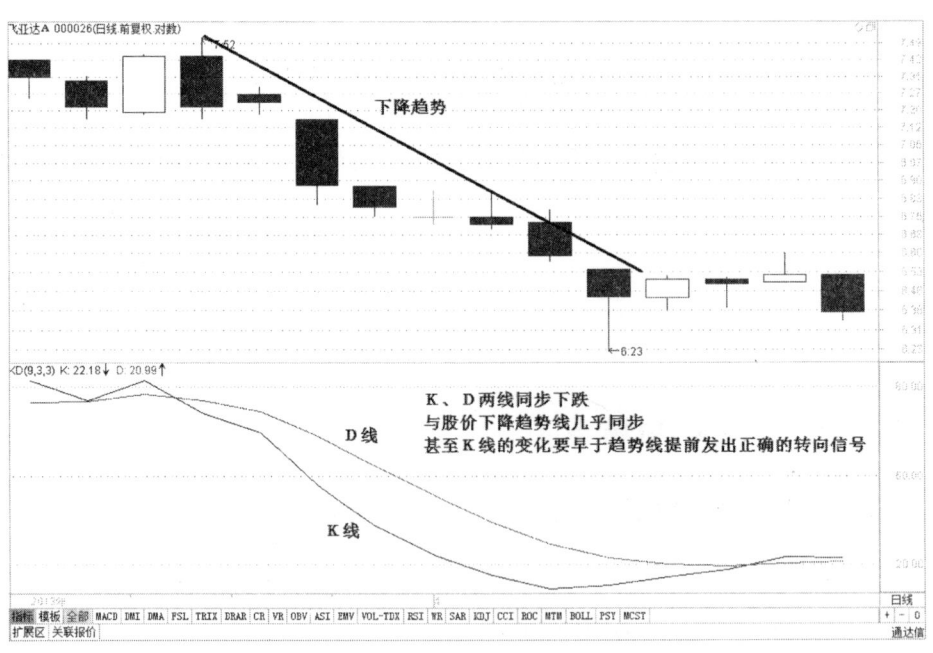

图2-7 KDJ随机指标与下降趋势

2. KDJ指标的稳定性

因为KDJ随机指标的K线和D线也使用了平均算法，所以能在股价杂乱无章的变化中始终显示出股价内在的趋势。这对投资者来说是一个好的指引，方便投资者摸清股价目前的趋势和趋势的力度或变化（如图2-8、图2-9所示）。

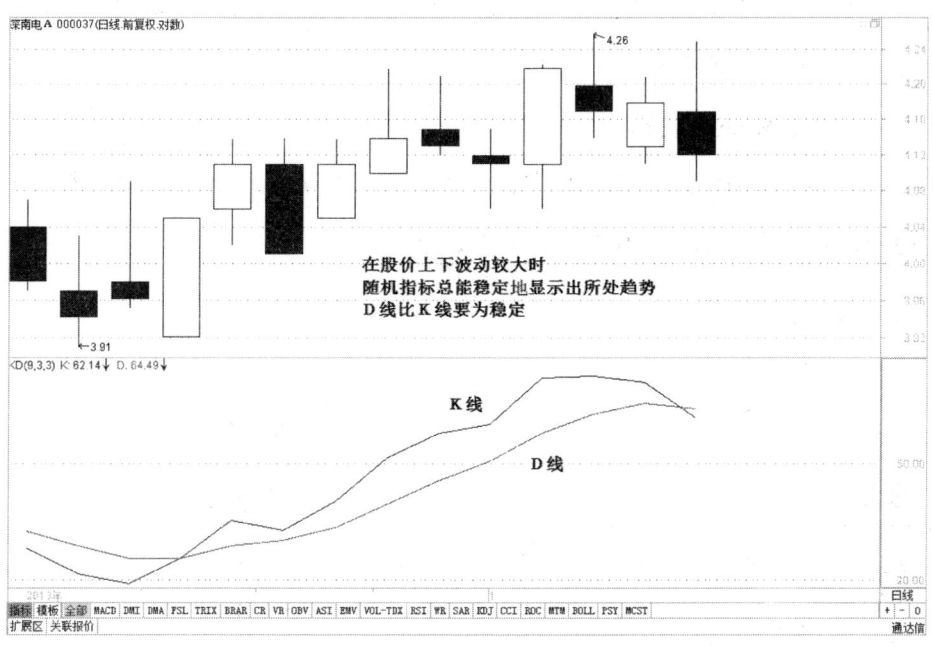

图2-8　KDJ 随机指标的稳定性（一）

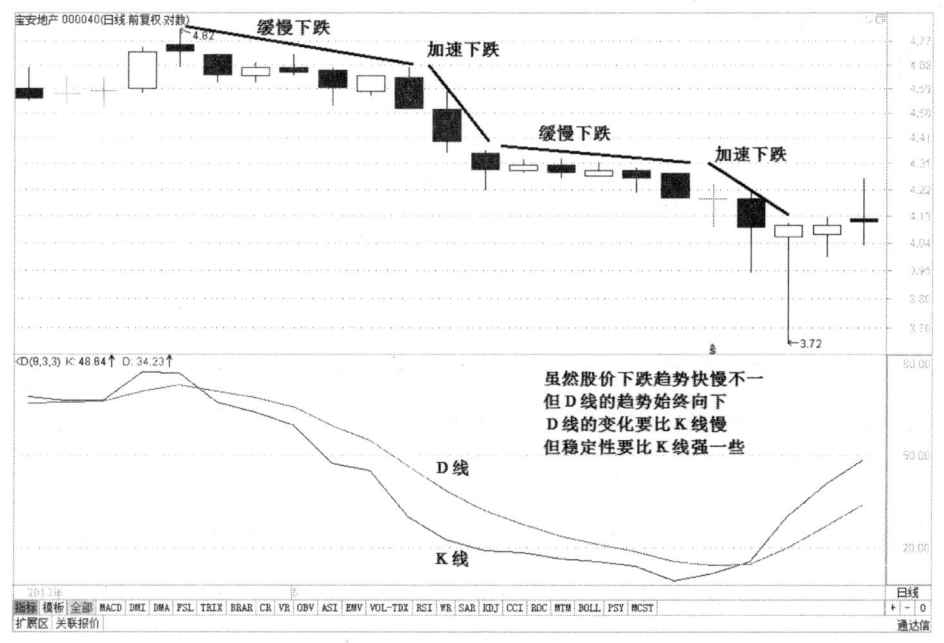

图2-9　KDJ 随机指标的稳定性（二）

如果摸不清股价的趋势，不妨调用一下随机指标的D线来观察，也许会有意想不到的收获。

D线虽然比较稳定，但带来的问题就是它的滞后性。这几乎是所有指标的通病，稳定和滞后是一对孪生兄弟。

3. KDJ 指标的滞后性

KDJ 随机指标中的D线滞后情况并不严重，所以随机指标比较受短线投资者的欢迎而常被使用（如图2-10和下页图2-11所示）。

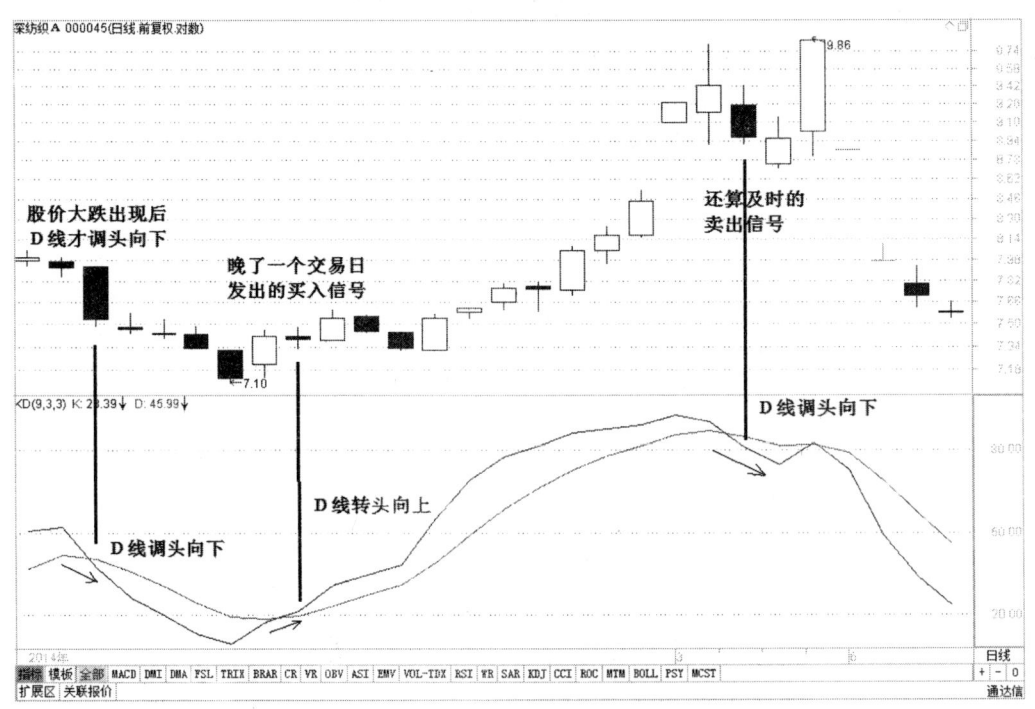

图2-10　KDJ 随机指标的滞后性（一）

KDJ 随机指标滞后现象没有其他指标严重，这主要是由于该指标参与计算的天数比较少，只统计最近9个交易日的价格区间。如果天数增多，也就和长期均线一样慢得离谱了。

下页图2-11显示了参数被放大100倍的 KDJ 随机指标线和股价走势对比。

我们可以看到，参与计算的天数越多，指标越滞后。很多在短周期参数下灵敏的指标在这里就显得迟钝，股价已经涨了一半时，D线才发出买入信号；股价跌了大半时，D线才发出卖出信号，对比D线买入和卖出的价格，居然在这样的大涨行情中出现亏损。

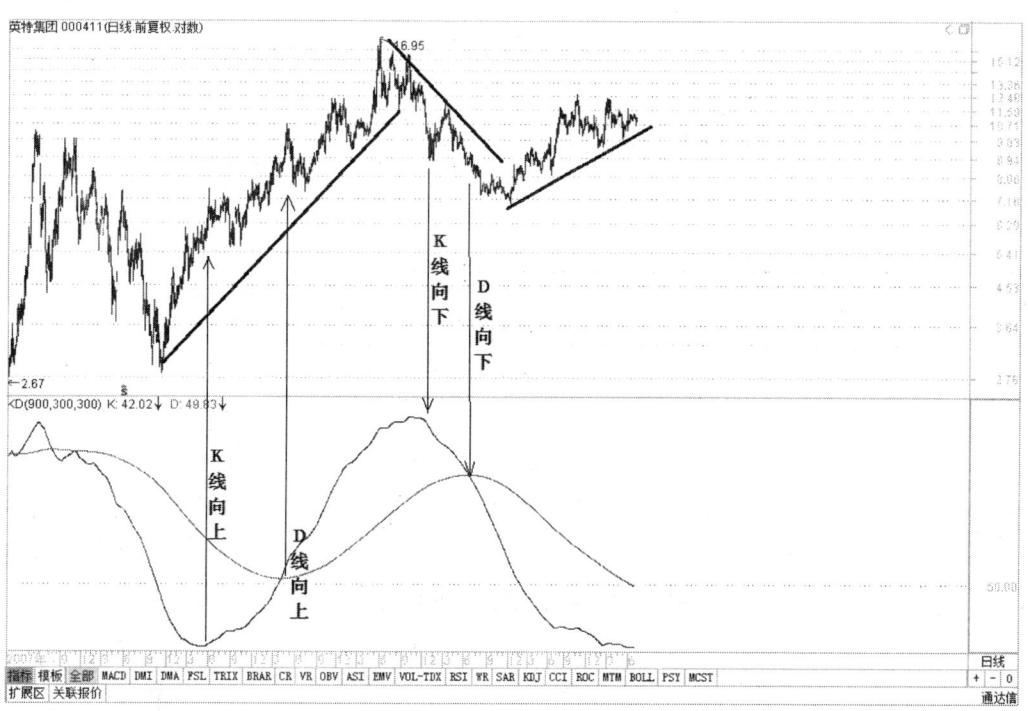

图2-11　KDJ随机指标的滞后性（二）

不过，KDJ指标还是所有指标中最为灵敏的一个，只要我们不把参数放大或增加，滞后性就不那么明显。

4. KDJ指标恒高与恒低的单边市

股价一个劲地往上涨，并且不断创出9天以来的新高，这样随机指标的K、D两线就会一直处在80%～100%的区间里，这就是单边市。有时这种单边市还会持续一段时间，不能简单地认为它已到超买区就将手中的股票卖出或不敢追进（如下页图2-12所示）。

当股价一个劲地下跌并且不断地创出9天以来的新低，这样随机指标的K、D两线就会一直处在0～20%的区间里，形成单边下跌。这种单边市还将持续一段时间，不能草率地认为它已到超卖区就急于买入（如下页图2-13所示）。

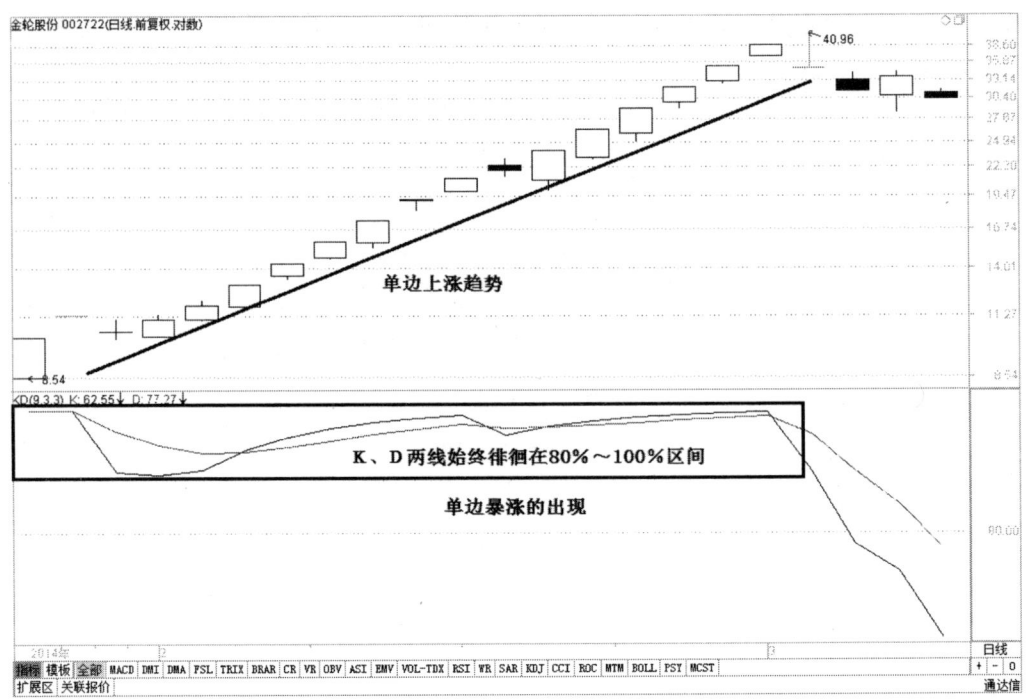

图2-12 恒高与单边上涨行情

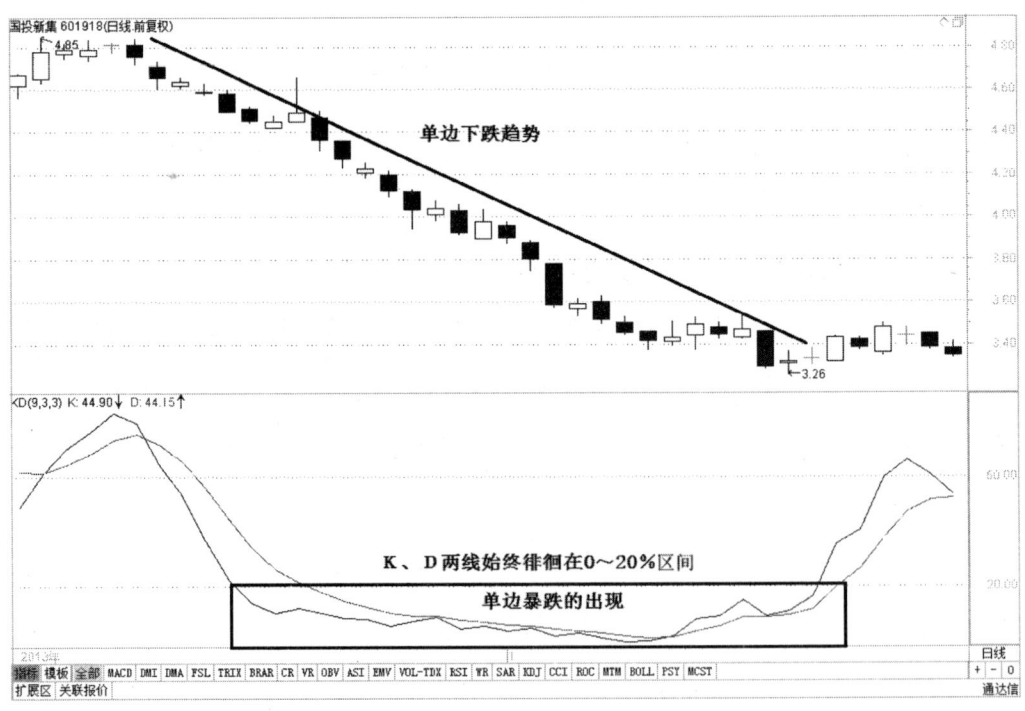

图2-13 恒低与单边下跌行情

四、KDJ指标的多头、空头排列

多头排列：KDJ指标的K线和D线同时向上时，意味着股价在不断地创出短期新高，这有利于看多和做多。此种情形对于短线投资者较有为利。

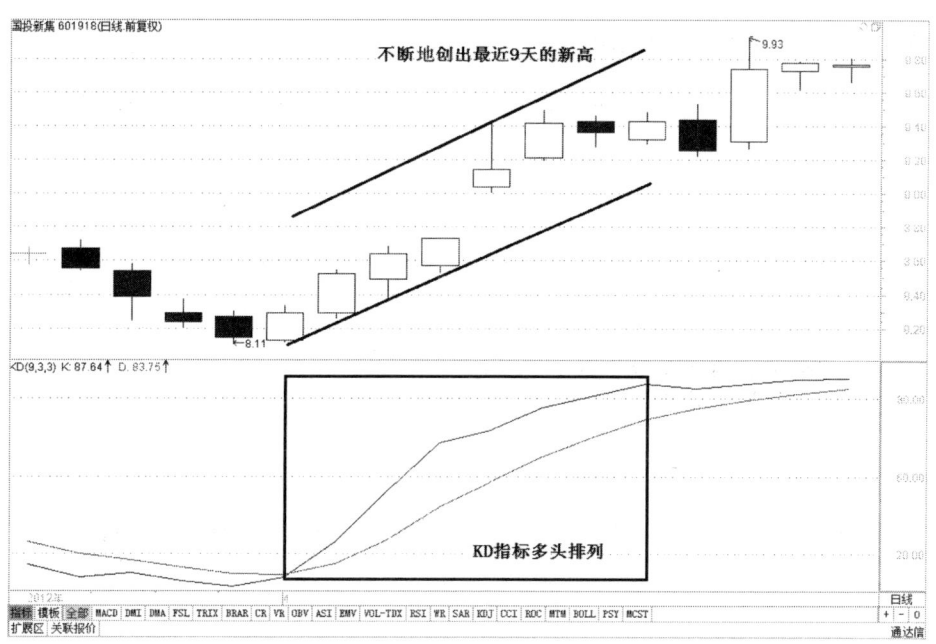

图2-14　KDJ指标的多头排列

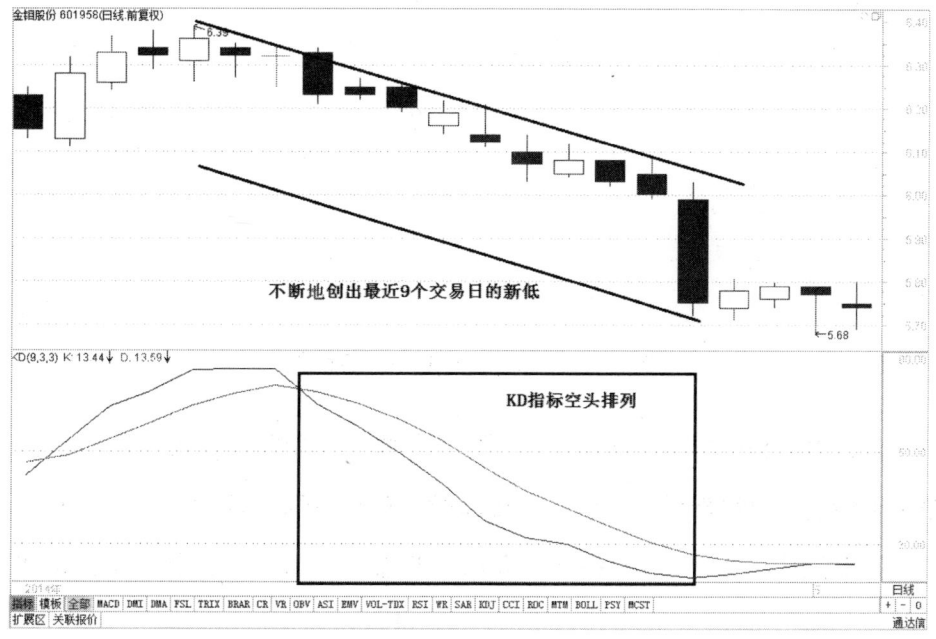

图2-15　KDJ指标的空头排列

如果按照上页图2-14，K、D两线同时向上时买入，有一方向下时卖出，获利也不小。而中、长线投资者就不适合这样操作。

空头排列：KDJ指标的K线和D线同时向下，说明股价在不断地创出短期新低，这不利于看多和做多。对于短线投资者来说这不是个好信号。

如上页图2-15所示，在空头排列之后未必就会上涨。但有些激进的投资者还是会在这里等待机会，如果经验不够丰富，还是不要期望在这种空头排列形态中获得收益。

五、KDJ指标的金叉、死叉

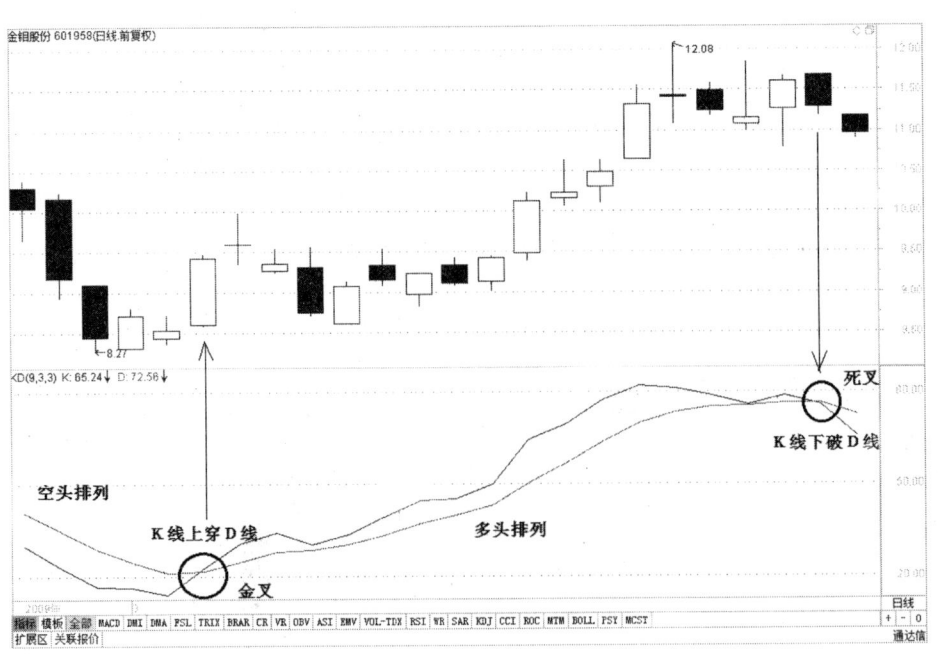

图2-16 KDJ指标的金叉与死叉

金叉：由空头排列演变而来，之所以会出现金叉现象，这是因为在空头排列中股价不断创出阶段新低，在金叉出现前股价没有再创出新低，反而逆转上涨，若这种情况能持续两个交易日以上，就会出现金叉。这个形态预示着下跌动能减小，上涨动能在暗暗增强，这是短线投资者可参考买入的重要信号之一（如上页图2-16）。

死叉：由多头排列演变而来，因为在多头排列中股价不断创新高，在死叉出现前股价没有再创出新高，反而反转向下跌，这一情况持续两个交易日以上，就会出现死叉。这个形态预示着上涨力度在减小，下跌动能在不断增加，是短线投资者可参考卖出的重要信号之一（如上页图2-16所示）。

下面再介绍一下更为精准的信号，即低位二次金叉和高位二次死叉。

六、KDJ指标低位二次金叉

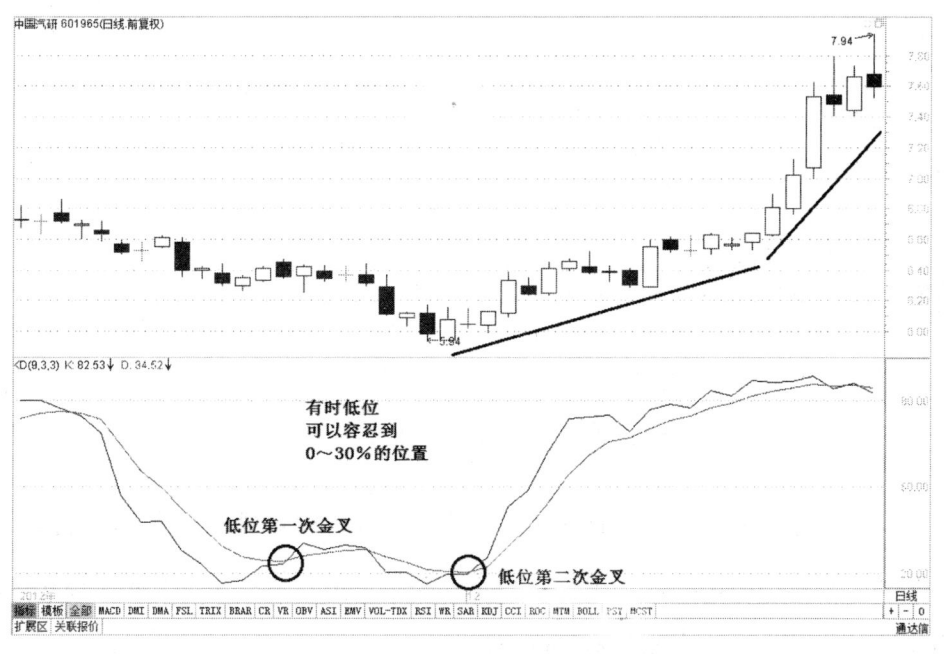

图2-17　KDJ指标的低位二次金叉

第一次金叉发生时，说明股价再下跌的动能在减少，已经开始有做多的投资者在尝试买入。结果没能止住下跌，在第二次发生金叉时，说明多方正要发动第二次反攻，很可能将空方击倒，这将最终导致行情逆转向上。

低位二次金叉经常出现，可靠性要比单一的金叉要高很多，这是因为二次金叉时多方的坚定决心比单一金叉时更强（如上页图2-17所示）。

七、KDJ 指标高位二次死叉

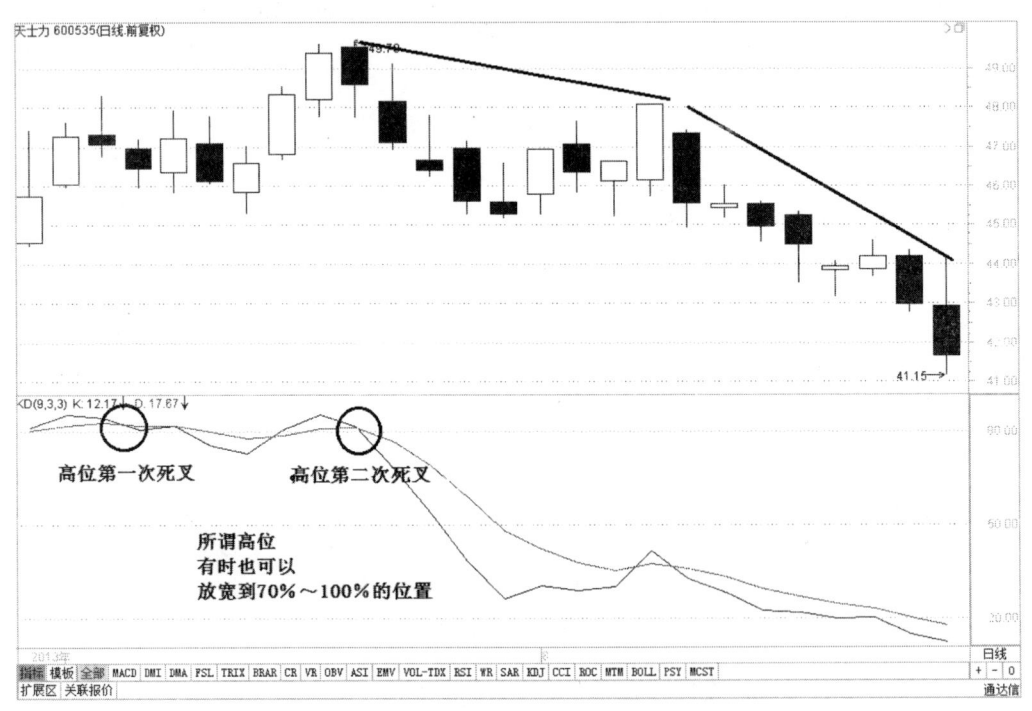

图2-18　KDJ 指标的高位二次死叉

在第一次死叉发生时，持有该股的投资者多少有些忌惮，股价下跌的潜在可能性在增加，不少投资者都有见好就收的预想。在第二次死叉出现时，这些预想成为卖出的理由，从而导致股价完全下跌。

如图2-18所示，高位二次死叉也经常发生，比一般的死叉可靠性要高出很多。

与二次金叉、二次死叉类似的是 KDJ 指标的顶、底背离。

八、KDJ 指标的顶、底背离

顶背离：是指股价不断创出新高，而 KDJ 指标的读数却没有相应增加反而减小（如图2-19所示）。

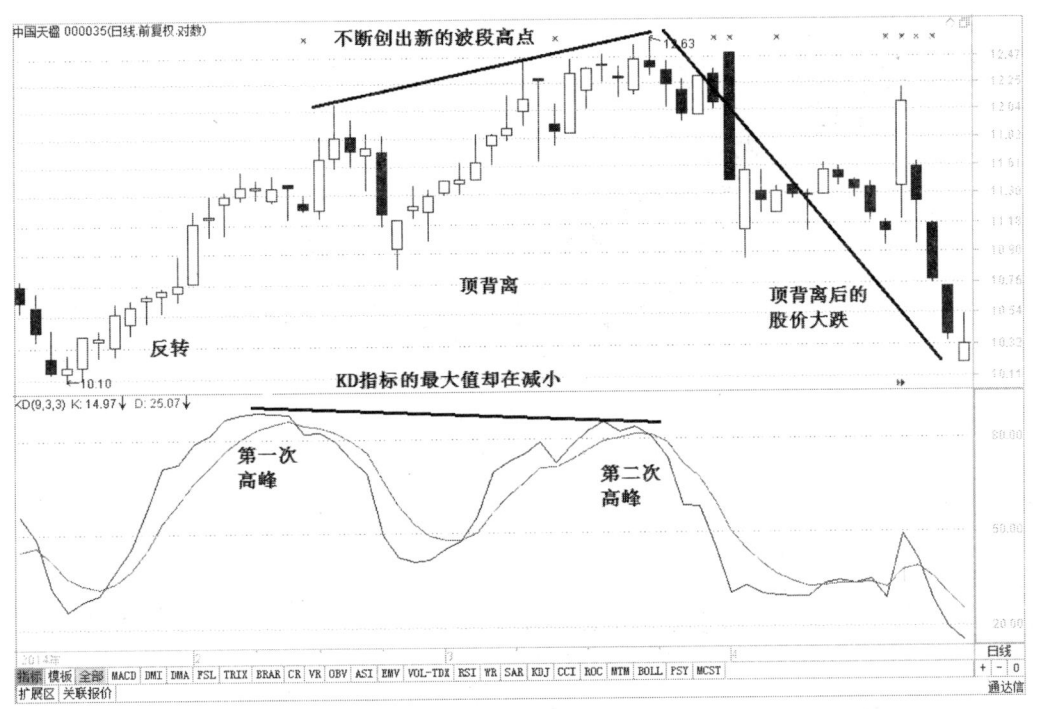

图2-19　KDJ 指标的顶背离

顶背离说明股价之前的下跌幅度较大，所以稍微有一点反弹或反转，KDJ指标就会出现比较大的变化，从而形成第一个高峰，当股价被证实反转后，再创出新高的可能性增加，但如果创新高的力度不够大时，就会在后面的峰值出现时读数还没有第一次高峰的读数高。

也就是说，当多方上攻的力度相对第一次高峰要小，股价虽然在不断创出新高，但已现颓态，是反转下跌的有效判断依据。

底背离：是指股价不断创出新的低点，但 KDJ 指标的读数却没有相应地降低，而是不断抬高。

如图2-20所示，股价不断地创出新的低点，看似空方（看空、做空）很强悍，实际上相对于之前的下跌幅度来说，下跌力度已有所收敛，这可以从KDJ指标的读数没有随之相应地降低看出，最终可能会引起反转。

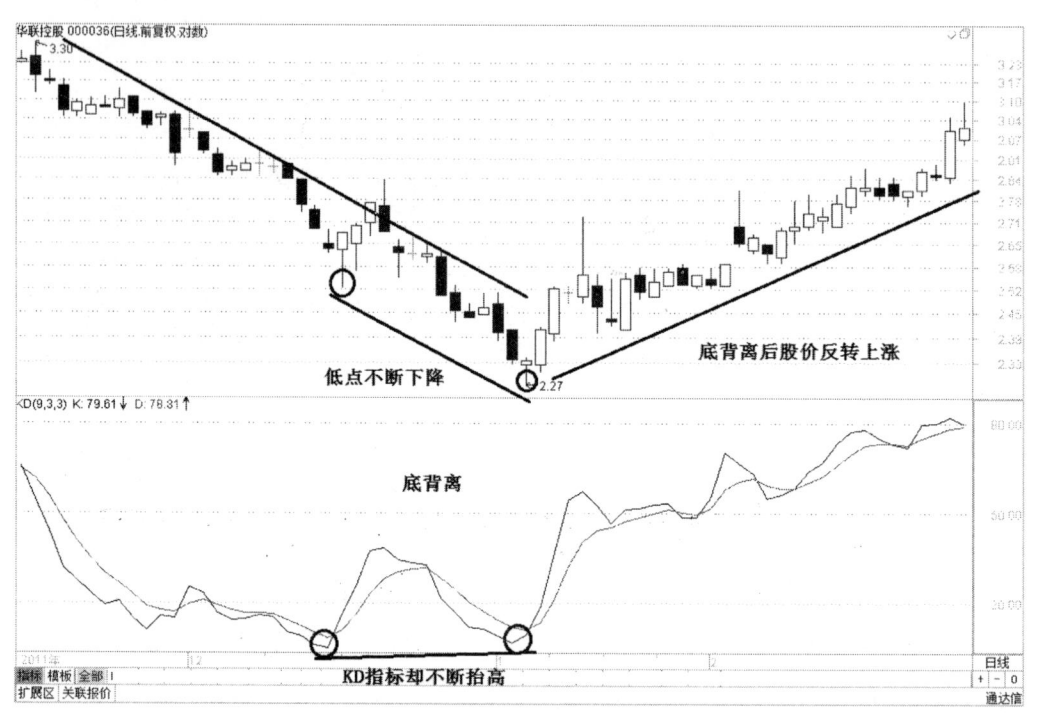

图2-20　KDJ指标的底背离

九、KDJ指标J线处于高位或顶背离

J线处于高位，则代表了短期股价很可能到了高位，行情很有可能转而下降。特别是J线处在高位时又出现了J线的顶背离，则更加大了见顶可能。

图2-21显示了J线两次高于100点高位线，并且相邻的两次J线高位还出现了顶背离反转形态，其后续走势确实停止了继续上涨，可见J线高位与顶背离信号不可小觑。

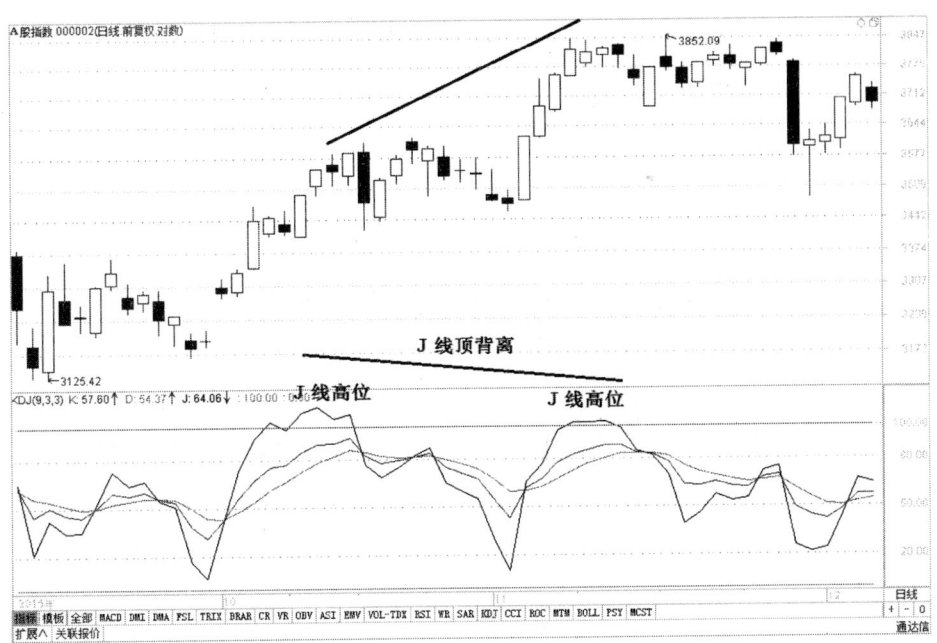

图2-21　KDJ指标J线顶背离（一）

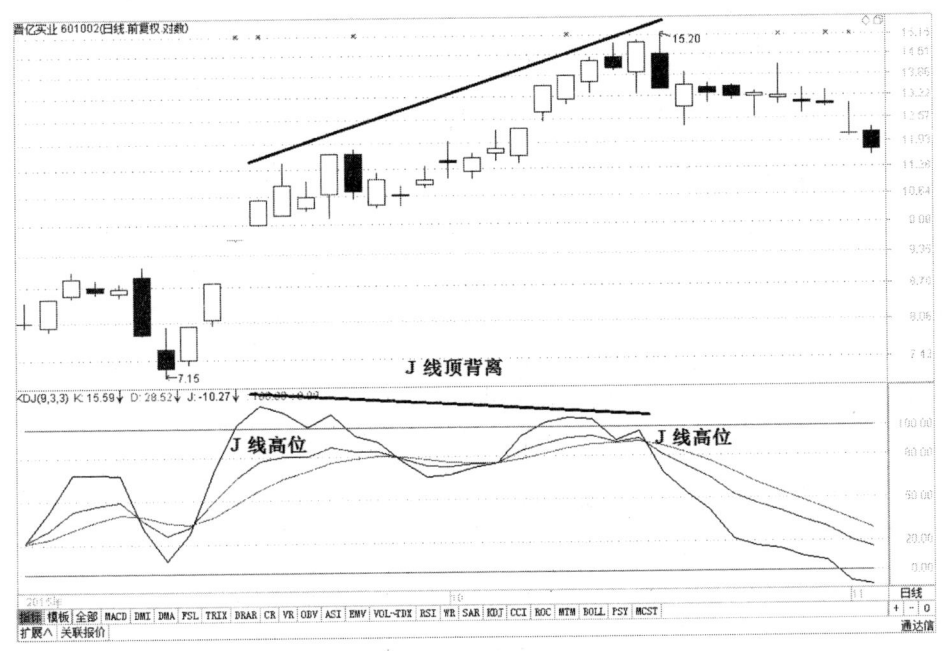

图2-22　KDJ指标J线顶背离（二）

图2-22显示了J线两次高于100点高位线，并且相邻的两次J线高位也同样出现了顶背离反转形态。虽然K、D两线没有发出顶背离信号，但是J线信号更为

灵敏可靠。从其后续的走势也可以看到行情果然转而下跌，不再上涨。

J 线高位或顶背离是一种可靠的卖出信号。

十、KDJ 指标 J 线处于低位或底背离

J 线处于高位是较可靠的卖出信号。那相反的情况呢？

J 线处于低位代表了短期股价很可能到了底部，行情有可能转而上升。特别是 J 线处在低位时又出现了 J 线的底背离，这就加大了见底可能（如图2-23 所示）。

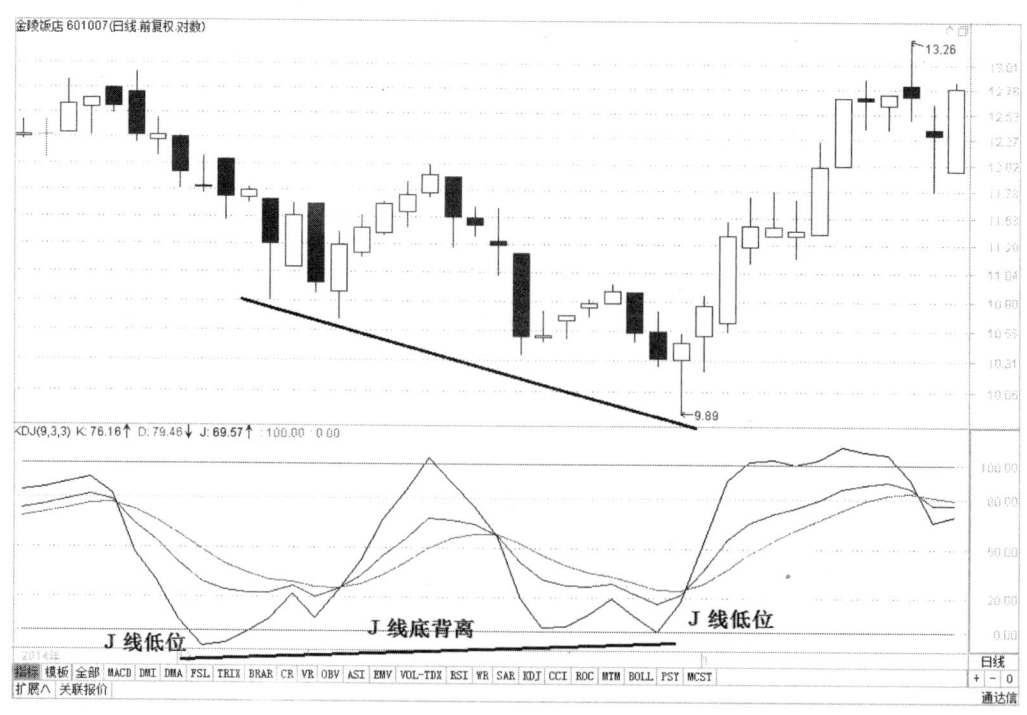

图2-23　KDJ 指标 J 线底背离

图2-23显示了 J 线两次低于 0 点低位线，而且相邻两次 J 线低位更是出现了底背离反转上涨形态，后续走势预计会反转上涨。

图2-24 KDJ指标J线顶背离后续走势

图2-24是J线底背离后，出现股价连续上涨行情。

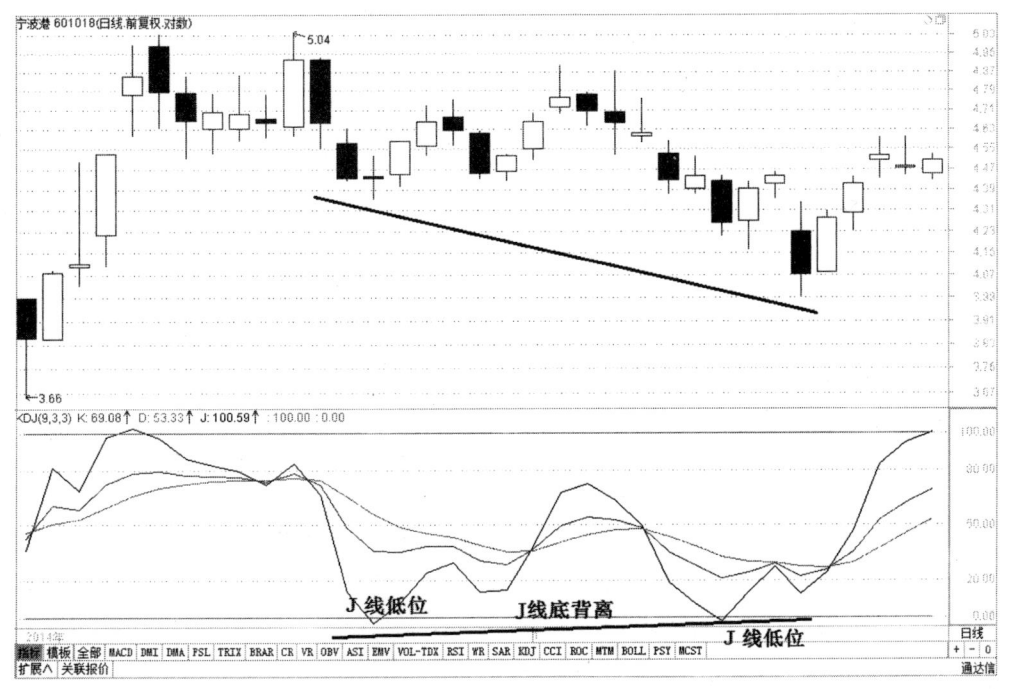

图2-25 KDJ指标J线底背离

如图2-25所示，该股也同样出现了相邻两次的J线低位，而且也出现了J线底背离反转上涨形态。

出现上述形态说明行情已经或即将出现反转。

J线低位或底背离，是较为可靠的买入信号！

KDJ指标的各项特点已经介绍完了，下一章我们将介绍RSI指标。RSI指标也跟KDJ指标类似，但是有各自的特点，感觉上比KDJ指标的反应稍快些。

第三章

股市第二剑客——RSI 强弱指标基础

一、什么是 RSI 强弱指标

RSI强弱指标是Welles Wilder（维尔斯·韦德）首先提出。早期该指标同 KDJ 随机指标一样也是用于期货市场的行情研判，后来逐渐被引入股票市场技术分析里来，成为股市技术分析中较为经典的指标之一（如图3-1所示）。

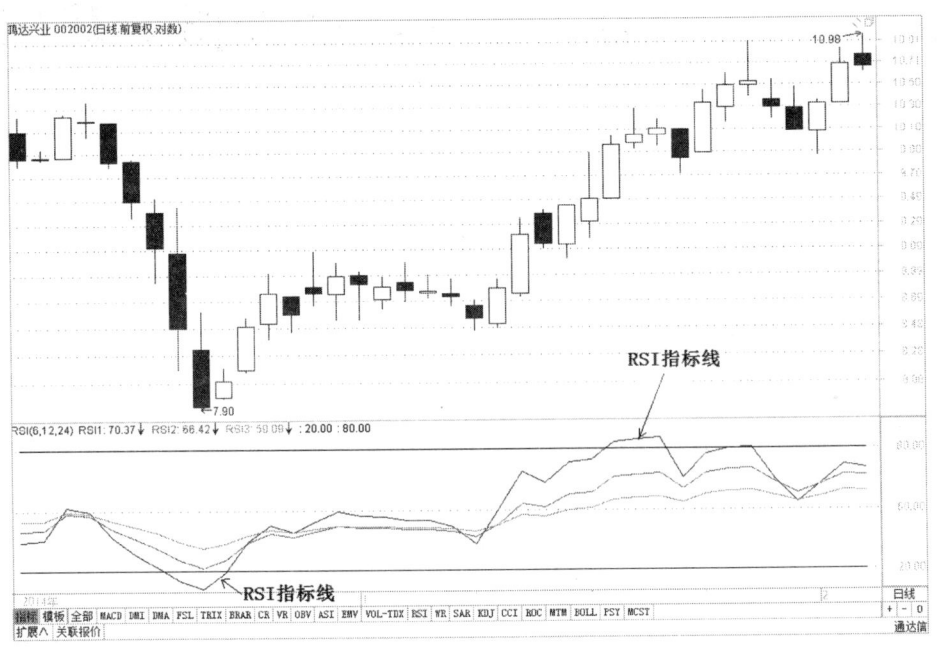

图3-1　RSI 强弱指标

RSI 指标的灵敏度也比较高且可靠，一般指标线处在20点低位以下向上穿越20点线时总会带来一次较有把握的买入信号。而指标线处在80点高位以上向下穿越80点线时也可能是卖出的较好位置。

如下页图3-2所示，RSI 强弱指标之前已经跌破20点线，而且现在出现了指标线上穿20点线的情况，说明之后走势很可能停止下跌而开始上涨（如下页图3-3所示）。

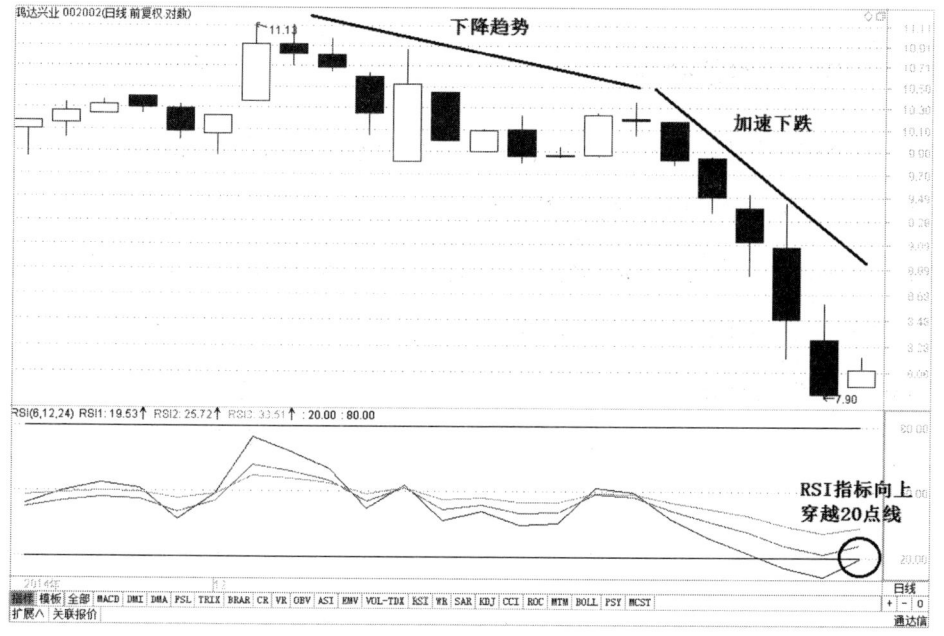

图3-2　RSI 强弱指标由低位上穿20点线

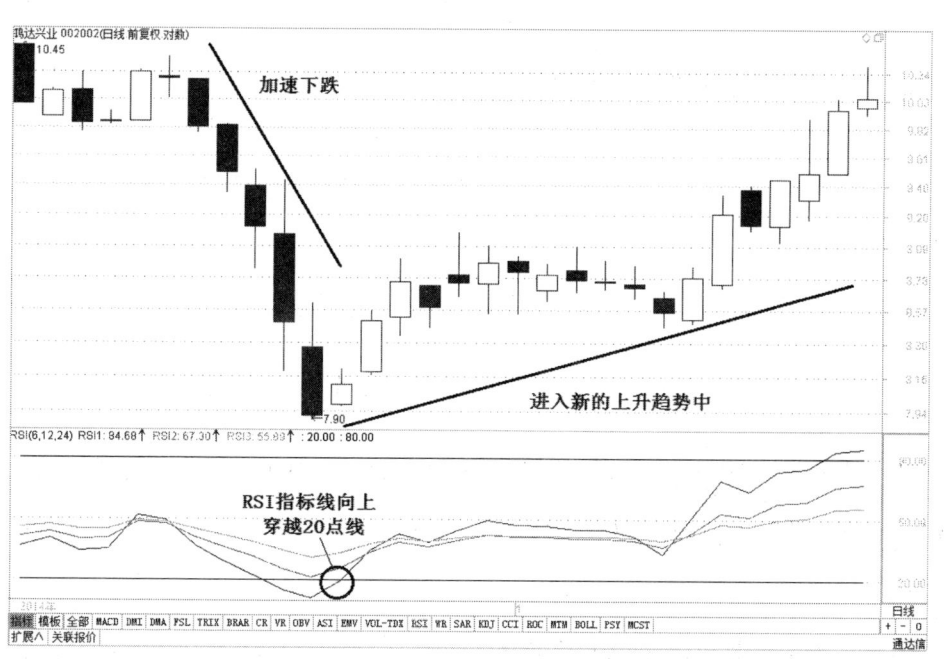

图3-3　RSI 强弱指标低位上穿20点线的后续走势

RSI 强弱指标也是很多投资者使用的指标之一，就是因为它能较好地捕捉到一个上涨波段的较大的利润。

那么，RSI 强弱指标含义是什么呢？

二、RSI 指标的含义

RSI 指标是通过每个交易日与上一交易日收盘价的价格变动，再用价格上涨时的价格变动来与之相比，形成百分率。如果股价连续大幅上涨，则该值等于80或趋于100，如果价格连续下跌则该值为20或趋于0，指标在0或100波动说明行情是在单边上升或下降行情中，在20%到80%之间波动则是常见的震荡行情（如图3-4和下页图3-5所示）。

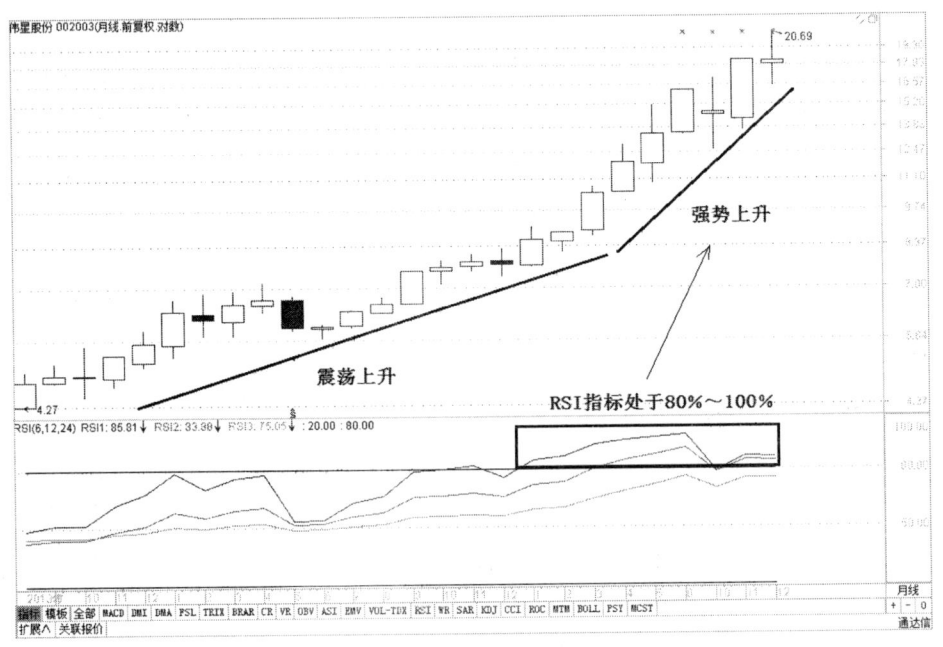

图3-4　RSI指标线恒高

传统上我们把股价处在这个价格区间的0～20%叫作超卖区，超卖区代表卖方已经处在极端范围内，继续下跌的可能性开始降低。除非行情能一直保持单边下跌趋势。

传统上我们又把 RSI 指标处于80%～100%时叫作超买区，超买区则代表了买方也已处在极端范围内，同样有可能反转下跌。

在这之外，RSI 指标处于20%～80%一般没有什么参考价值，只说明行情处在不断的震荡之中（如下页图3-6所示）。

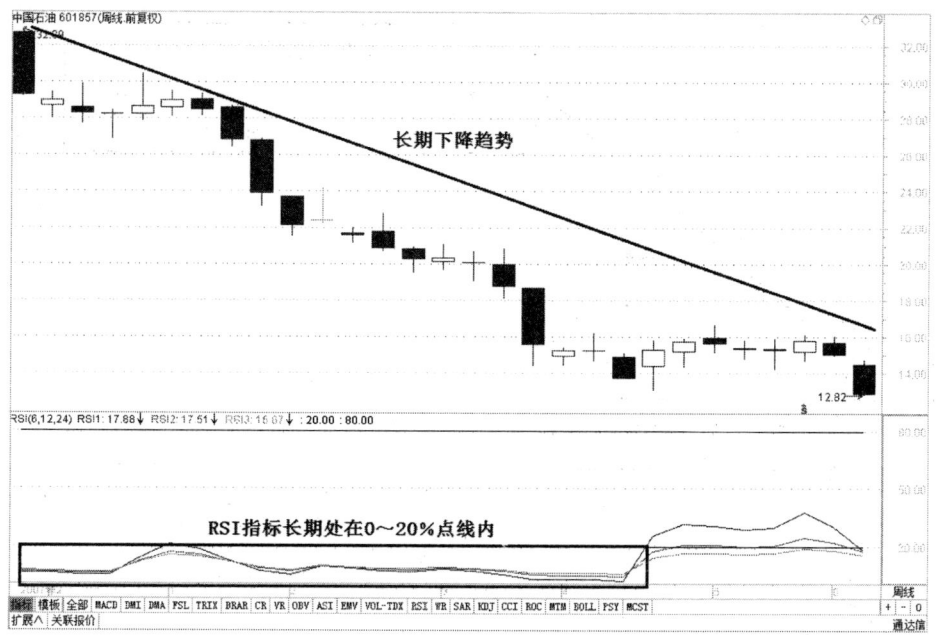

图3-5 RSI 指标线恒低

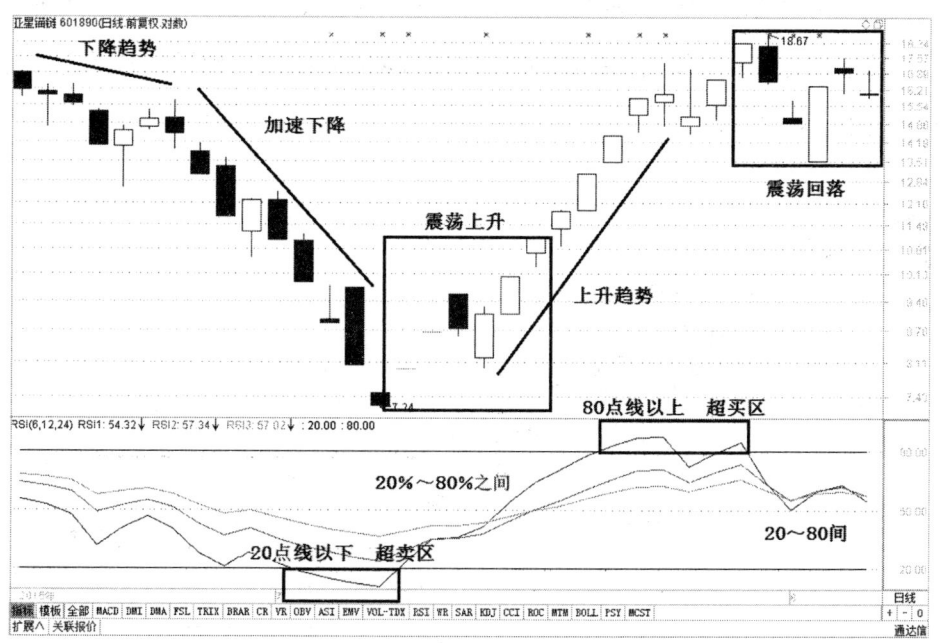

图3-6 RSI 指标

偶尔会出现股价长期徘徊在超卖或超买区,这代表了行情将继续维持单边强势上涨或下跌。

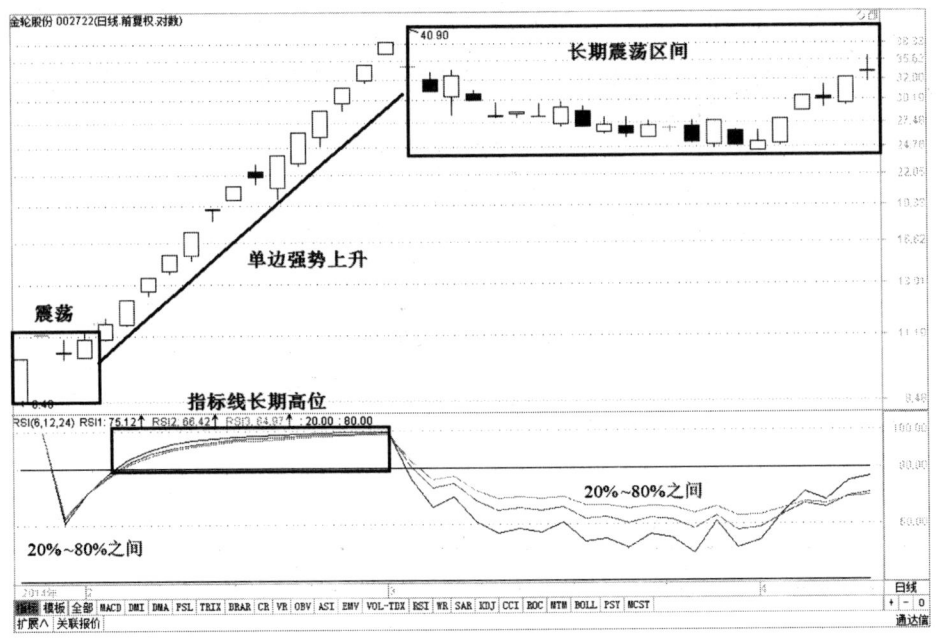

图3-7 RSI 指标与单边上涨行情

图3-7显示了某股 RSI 强弱指标长期处在80点之上，并且导致行情强势单边上升，直到行情回落进入长期盘整震荡区间中，同时 RSI 强弱指标进入了代表震荡的20%~80%这个区间。

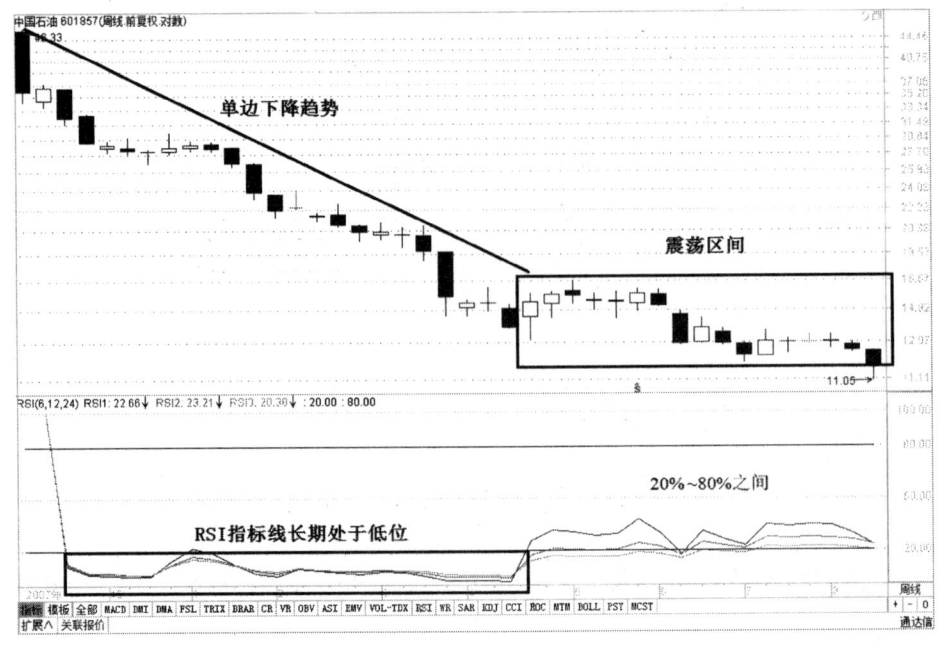

图3-8 RSI 指标线与单边下跌行情

上页图3-8则展示了该股 RSI 强弱指标长期处在20点低位之下，同时股价也同步下跌形成长期的单边下降趋势。后续走势进入震荡区间，同时 RSI 强弱指标也显示进入了代表震荡的20%~80%点。并且指标线有再次进入20点低位以下的可能。

三、RSI 指标的特点

1. RSI 指标的趋势性

图3-9　RSI 指标与上升趋势

图3-9为 RSI 强弱指标的上升趋势图。前期指标线一直处在20%~80%，说明行情仍处在震荡行情之中，之后股价连续两个大阴线下跌，致使RSI指标线向下跌破20点线，然后次日又上穿20点线，形成买入信号，与股价同步进入了上升趋势中。

可见指标线也具有与股价或股价均线类似的趋势性。

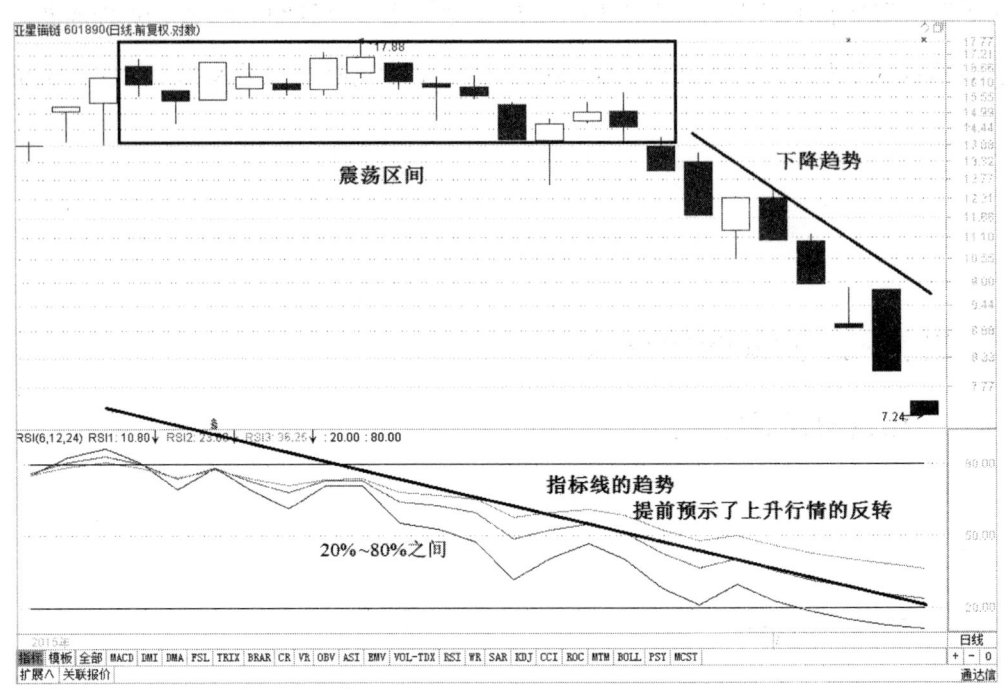

图3-10　RSI指标与下降趋势

图3-10展示了RSI强弱指标在股价仍处在上升途中横向震荡区间中时，指标线已提示行情可能已经接近顶部，不再适合持股。果然，股价随后跌破盘整区间下延，并大幅下跌。

所以RSI强弱指标也同KDJ指标一样具有趋势性，甚至是前瞻性。

2. RSI指标的稳定性

同样，RSI强弱指标的指标线也使用了平均算法，所以也能在股价看上去杂乱无章的变化中找出内在的运行轨迹。

如下页图3-11所示，个股止跌并在低价区形成一个向上倾斜的整理区间，股价的波动越来越小，而始终未能向上突破那条横向压制线。同时我们能看到RSI指标线也已形成向上的趋势线，并且有可能导致股价向上突破该横向压制线。

而到了图3-11的右上方时，股价确实突破了这个压制线，但随之而来的可能是顶背离信号，这预示着本次上升行情或将就此告一段落了。

图3-11 RSI指标的稳定性（一）

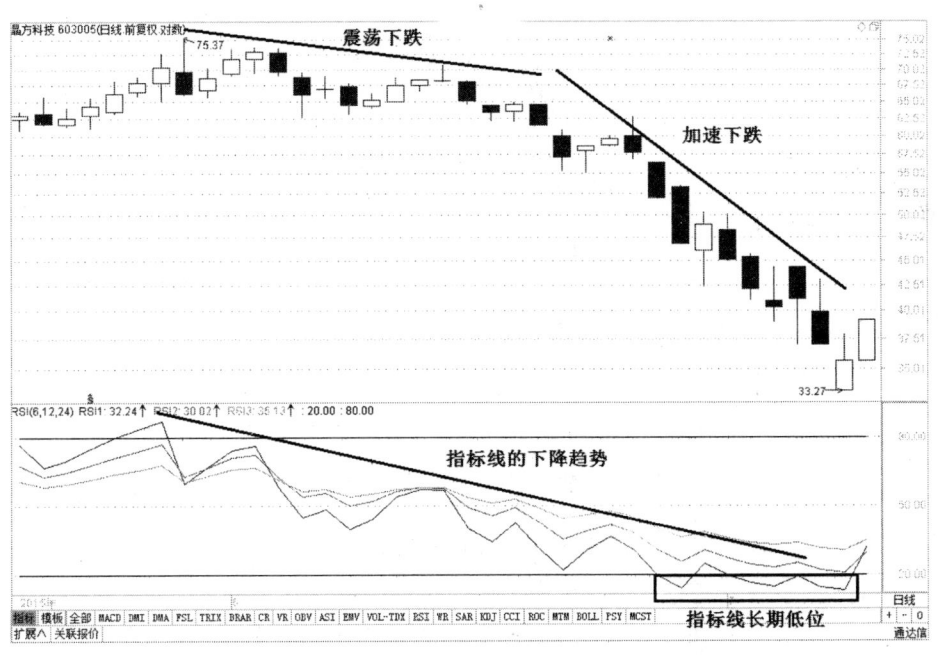

图3-12 RSI指标的稳定性（二）

从图3-12可以看到股价一开始是缓慢式的震荡下跌，虽然幅度不大，但是RSI强弱指标线已经开始有明显的下降趋势了，直到股价大幅下跌，这时的RSI

指标也已经进入了20点以下的低位区，说明股价可能正在酝酿反转，卖出的力量开始有所收敛。

从以上两个案例可以看到 RSI 强弱指标能很好地过滤掉行情中的干扰因素，能较好地帮助投资者看清主要趋势。

要是在分不清股价的趋势时，不妨调用一下这个 RSI 强弱指标来观察，也许会解开难题。

3. RSI 指标的滞后性

RSI 强弱指标的滞后情况也不严重，也因此常与 KDJ 随机指标配合而大受短线投资者的青睐（如图3-13所示）。

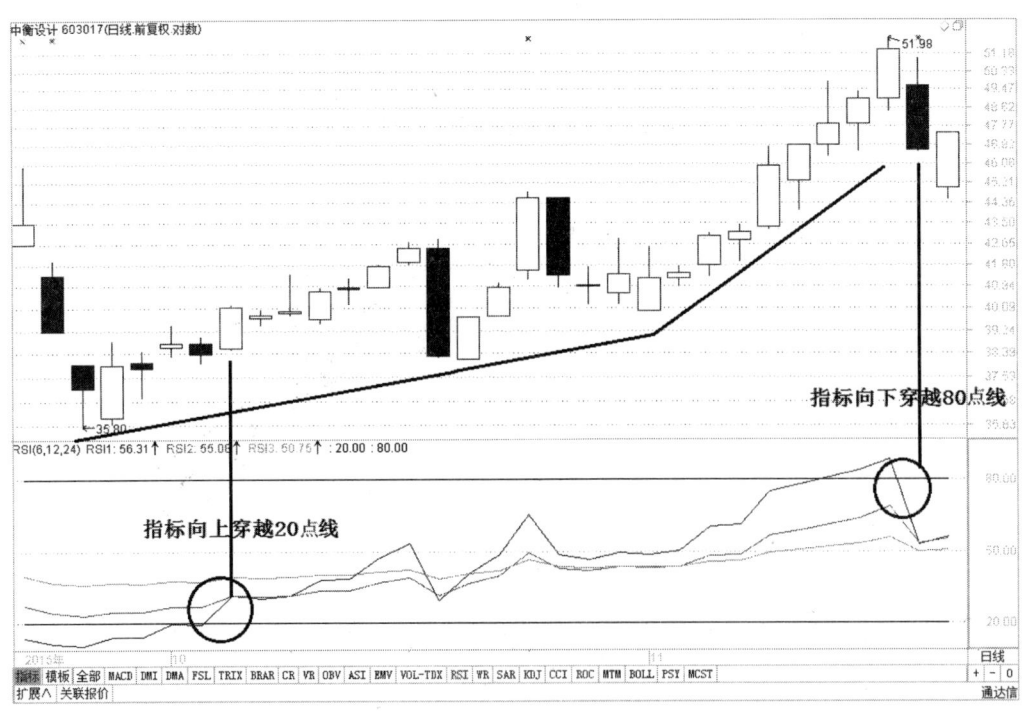

图3-13　RSI 指标的滞后性

滞后现象没有其他指标严重，这主要是由于该类指标参与计算的天数比较少，股票软件默认的话，一般是只统计最近24个交易日的价格区间。如果天数增多，也就和长期均线一样慢得离谱了。

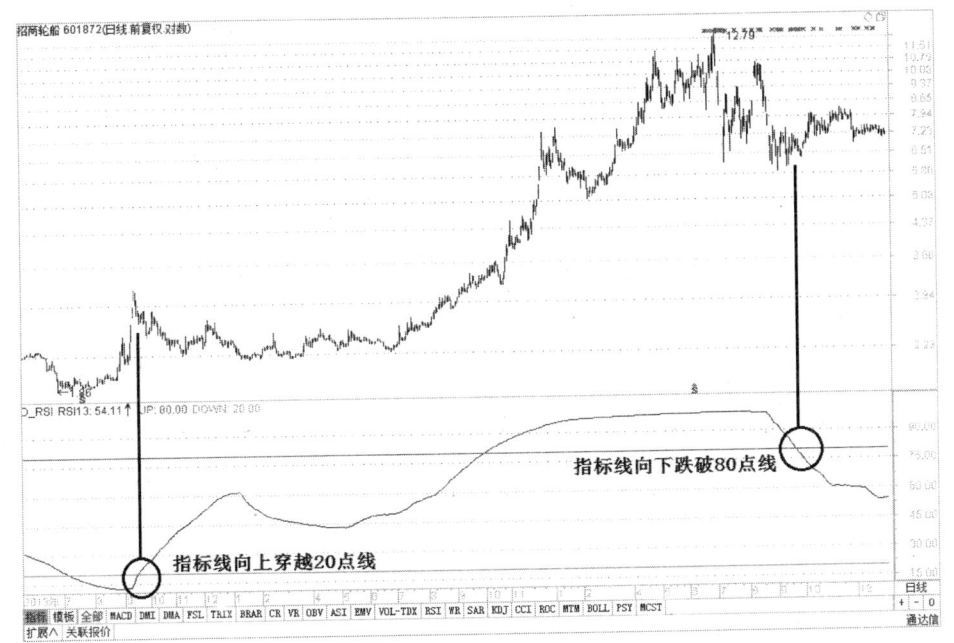

图3-14 放大RSI指标参数导致的严重滞后性

图3-14显示了参数被放大到20倍的RSI强弱指标线和股价走势对比。

可以看到,参与计算的天数越大,指标就越滞后。在短周期参数下灵敏的指标在这里就显得迟钝,股价已经涨了一波,却买在第一波的高位,到了顶部却又没能及时卖出,而是在顶部回落的震荡过程中才提示卖出。

RSI强弱指标能较好地避开风险,如能与KDJ指标配合使用,将大大提高操作的准确性。

4. RSI指标恒高与恒低的单边市

股价一个劲地向上涨,走出单边向上的趋势,而RSI强弱指标长期处在80点线之上(如下页图3-15所示)。

后期股价进入了震荡下跌的盘整区间,而指标线也进入了表示盘整震荡的20%~80%区间(如下页图3-16所示)。

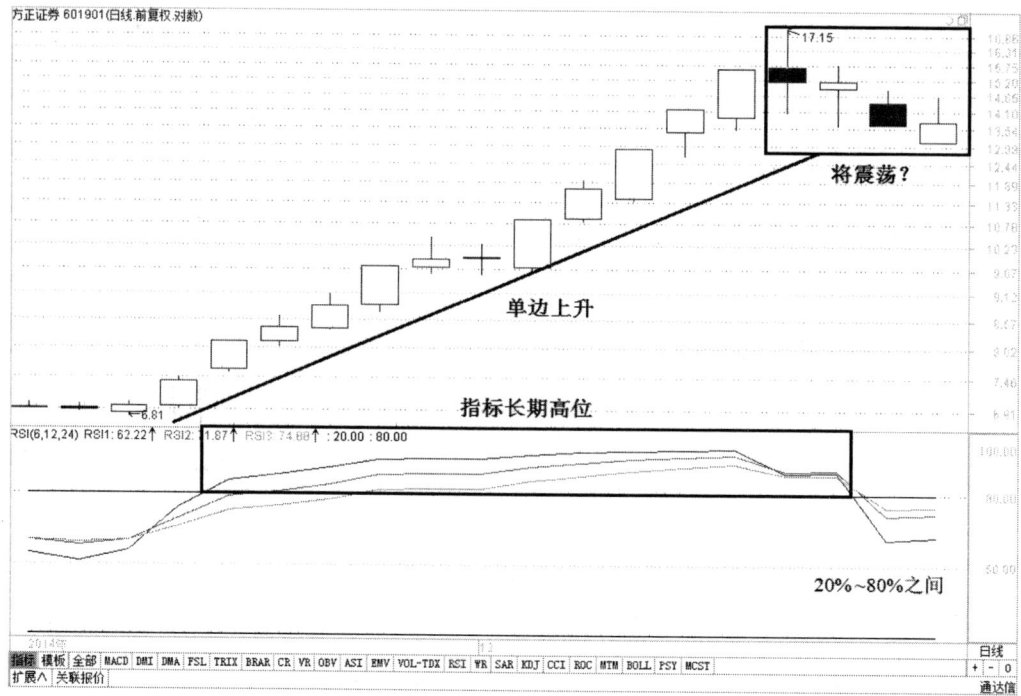

图3-15 RSI指标恒高

图3-16 RSI指标恒高与后续走势

如图3-17所示，当股价开始明显进入下跌行情时，并且不断创出新低，这样就可能导致 RSI 强弱指标线一直处在0～20%的低位区间里，走势上看就是一边倒的单边下跌行情。

图3-17　RSI 指标恒低

四、RSI 指标的多头、空头排列

多头排列：RSI 指标的三条线全部向上时，意味着股价在不断创出短期新高或上涨力度在增强，利于看多和做多，这对于短线投资者较为有利。

如下页图3-18，三线第一次向上时买入，直到三线向下时卖出，获利也不小。

空头排列：RSI 指标中的三条线同时向下，说明股价在不断地创出短期新低或下跌力度在不断加强，这种情况就不利于看多和做多，这对于短线投资者来说不是个好信号。

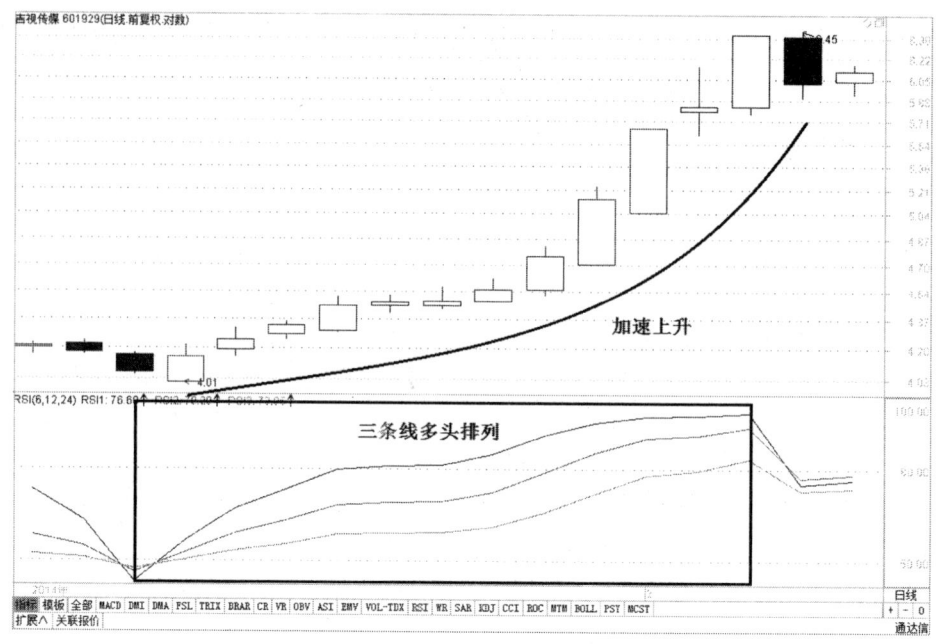

图3-18 RSI指标的多头排列

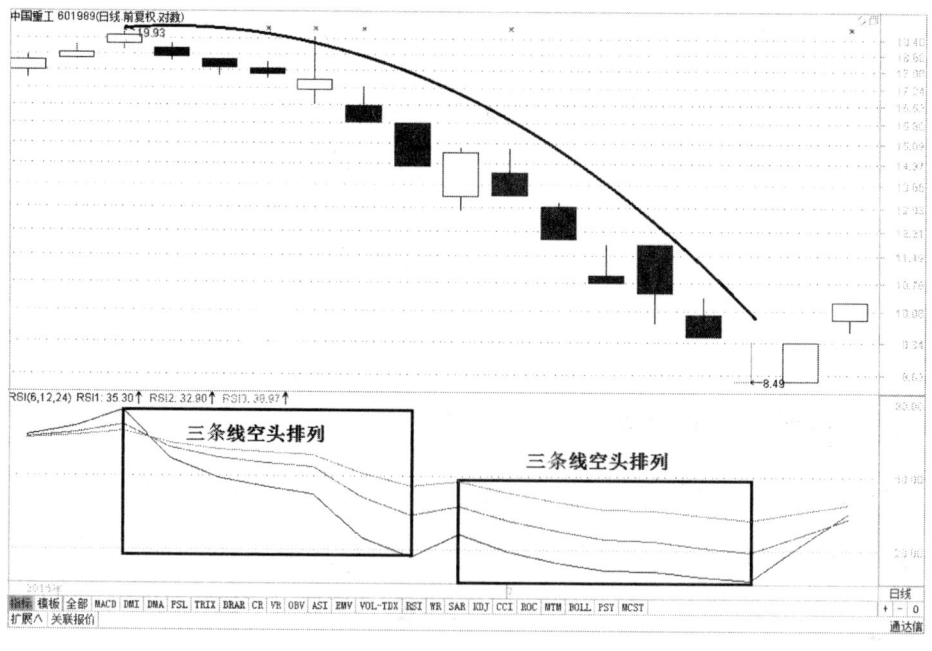

图3-19 RSI指标空头排列

如图3-19所示,在指标三线空头排列出现时,股价未必就一定会上涨。但有些激进的投资者还是会在这里等待机会,如果经验不够丰富,还是不要期望在这种空头排列形态中获得收益。因为风险一旦控制不好,将导致巨大的损失。

五、RSI 指标的金叉、死叉

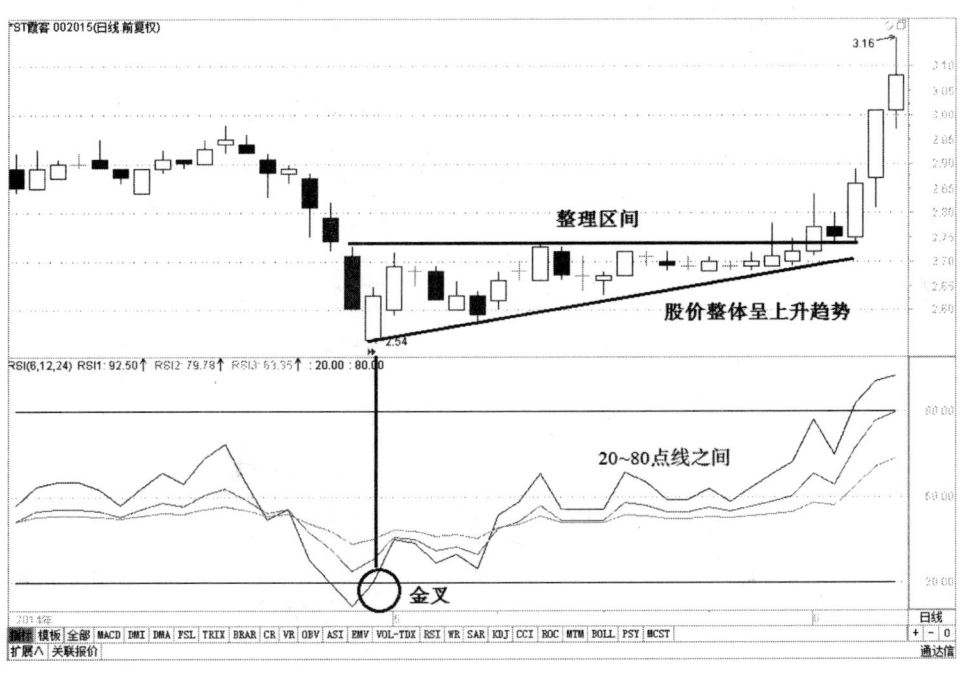

图3-20 RSI 指标金叉

金叉:金叉就是指指标线跌破了20点线之后,开始重新向上穿越20点线的形态。之所以会出现金叉现象,是因为此前股价不断创出新低,使 RSI 指标线不断下行,最终跌破20点线,随后股价止跌,指标线又开始向上行走,并有效向上突破了20点线,这时就会出现 RSI 指标的低位金叉。这将预示着下跌动能已经减小,上涨动力在慢慢增强,是短线投资者参考买入的重要信号之一(如图3-20所示)。

死叉:与金叉正好相反,死叉是由指标线在80点线高位之上向下跌破80点线的形态。这个形态预示着上涨力度已经减小,下跌动能在开始增加。是短线投资者参考卖出的重要信号之一(如下页图3-21所示)。

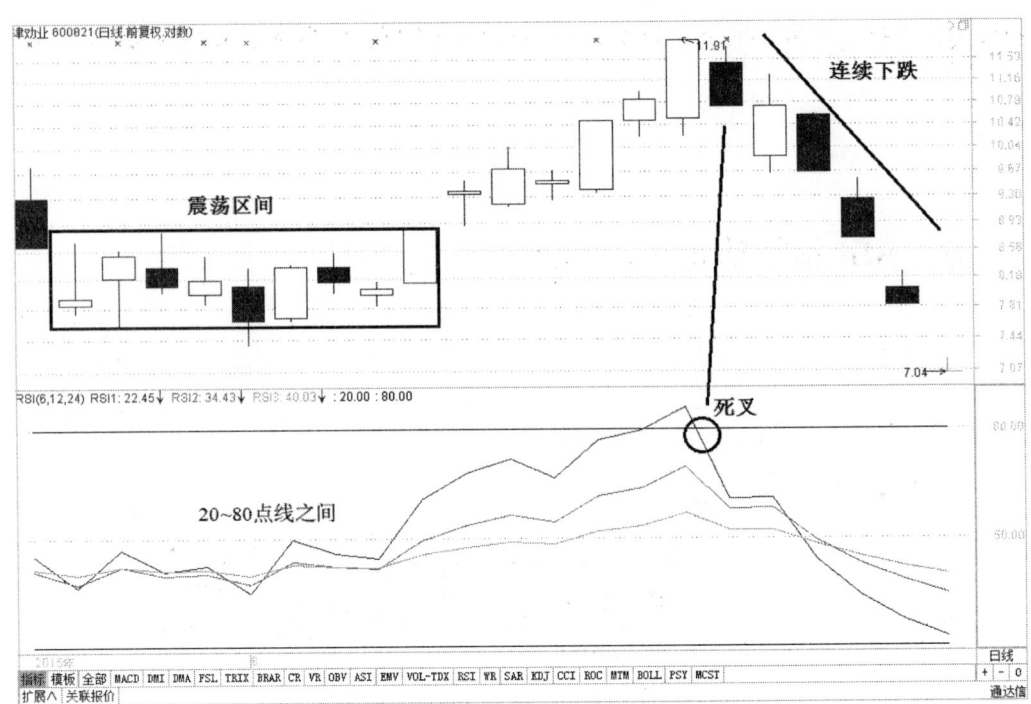

图3-21 RSI指标死叉

下面再介绍一下更为精准的信号,即低位二次金叉和高位二次死叉。

六、RSI指标低位二次金叉

如下页图3-22所示,第一次金叉发生时,收的是一根锤子K线,本应预示已夯实底部,但是行情却继续下行,说明股价底部尚未形成,在这之后不久再次形成的低位金叉和大阳K线,则预示着多方已经开始大举反攻。继续下跌的动能在减少,已经有不少做多的投资者加入其中。这种情况空方很可能被多方所击倒,最终导致行情逆转向上。

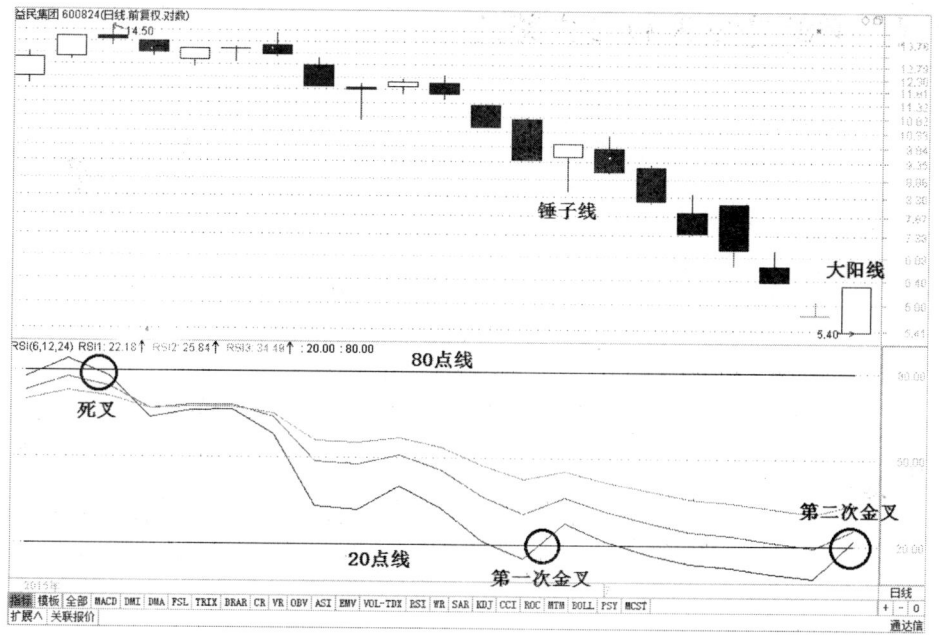

图3-22 RSI指标低位二次金叉

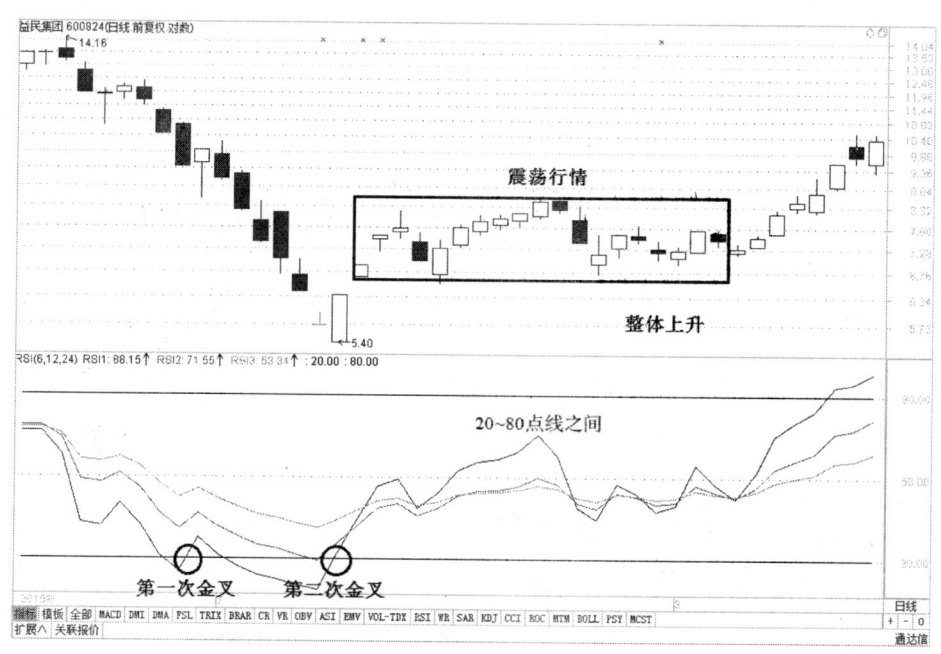

图3-23 RSI指标低位二次金叉的后续走势

如图3-23所示,低位二次金叉虽然不是经常出现,但一旦出现的话,它的可靠性要比单一的金叉信号要高得多!

七、RSI 指标高位二次死叉

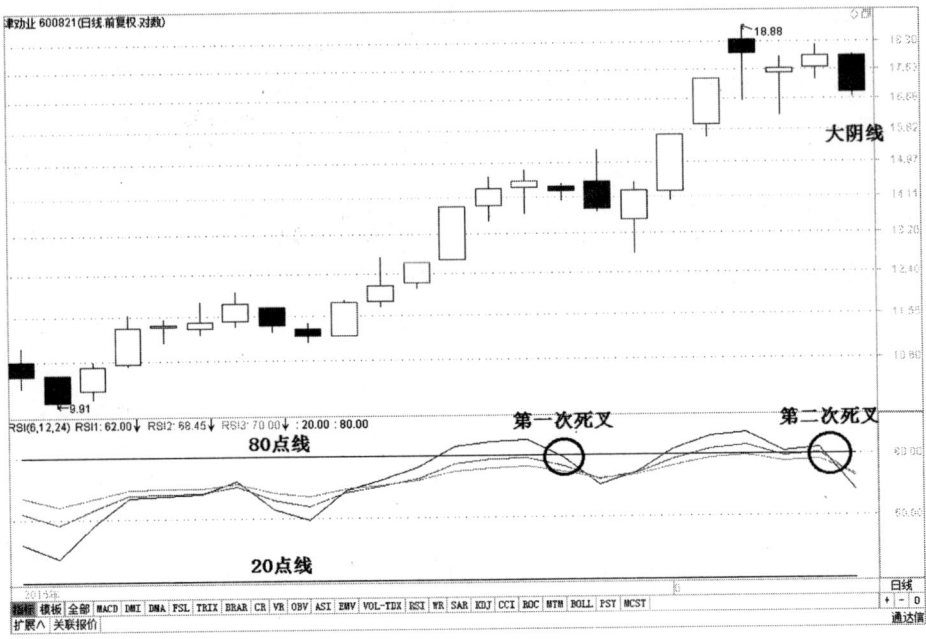

图3-24　RSI 指标高位二次死叉

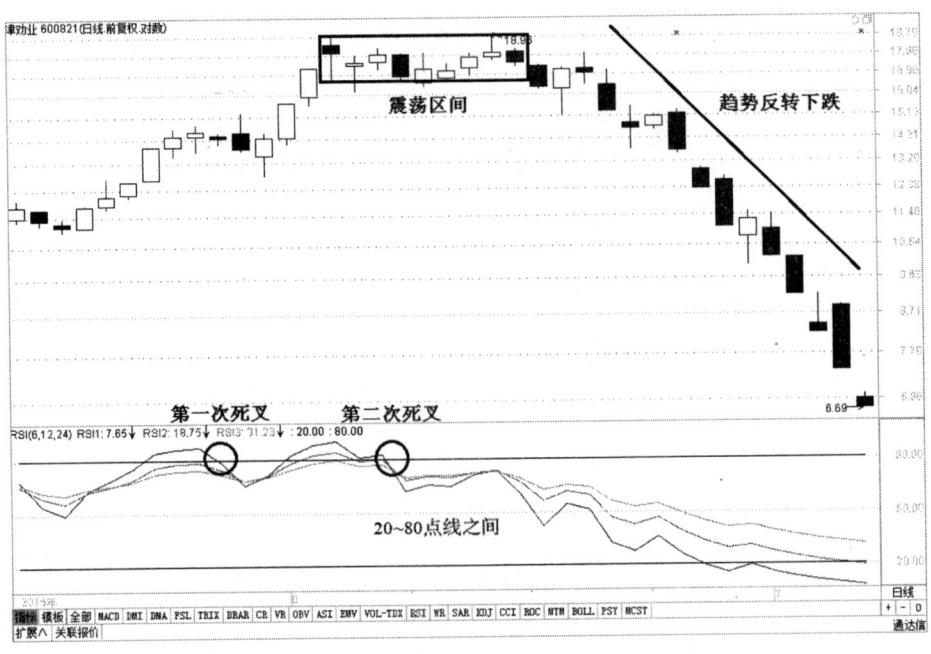

图3-25　RSI 指标高位二次死叉的后续走势

第一次死叉发生时，持股的投资者已经开始有所警惕，股价下跌的可能性在增加，不少投资者都有见好就收的想法。当第二次死叉出现时，这些想法成为卖出的理由。墙倒众人推，从而导致股价反转下跌（如上页图3-24、图3-25所示）。

如上页图3-25是高位二次死叉之后的后续走势，股价确实上涨无力了，在横向盘整了一段时间之后，最终选择了反转下跌，可见高位二次死叉的威力之大！

高位的二次死叉也不是经常发生，但比起一般的单一死叉信号更可靠。

与二次金叉和二次死叉类似的是RSI指标的顶背离和底背离。

八、RSI指标的顶、底背离

所谓顶背离，是指股价不断地创出新高或保持着一条上升的趋势，而RSI指标的读数却没有相应增加，而是高点不断降低（如图3-26所示）。

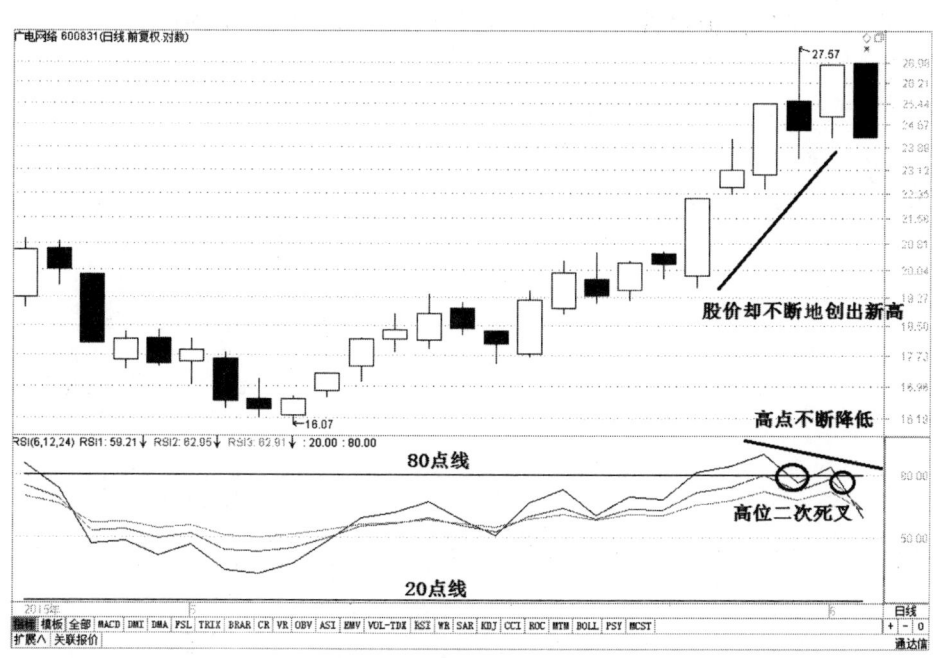

图3-26　RSI指标的顶背离信号

也就是说，当多方上攻的力度相对第一次高峰要小，股价虽然在不断地创出新高，但已呈现疲态，是反转下跌的有效判断依据之一。

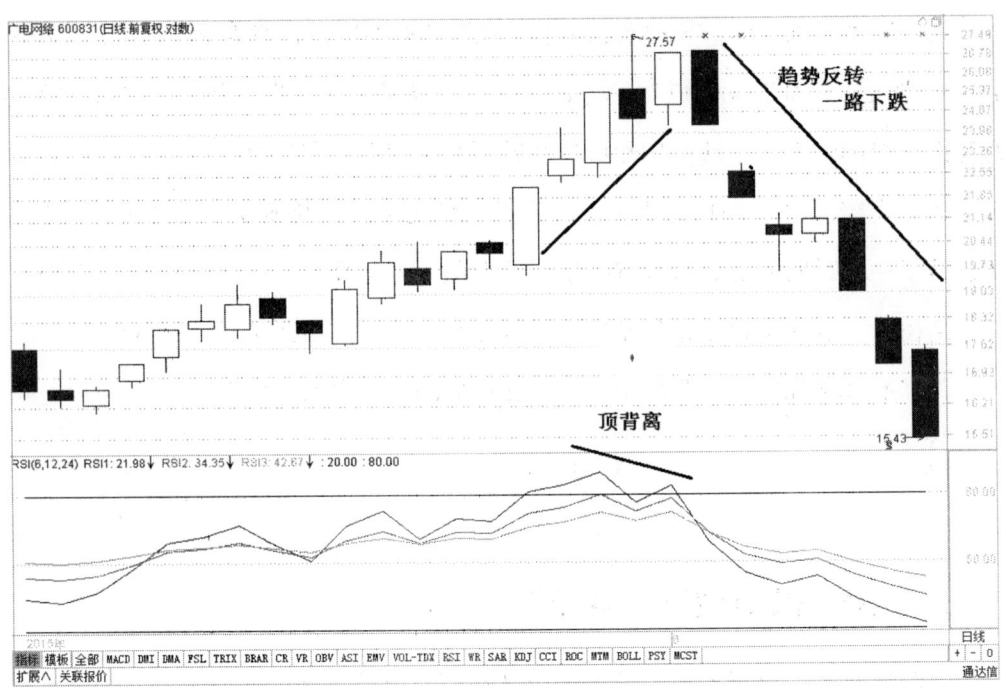

图3-27 RSI指标的顶背离信号及后续走势

图3-27所示的是顶背离信号出现后该股的后续走势一路下跌!

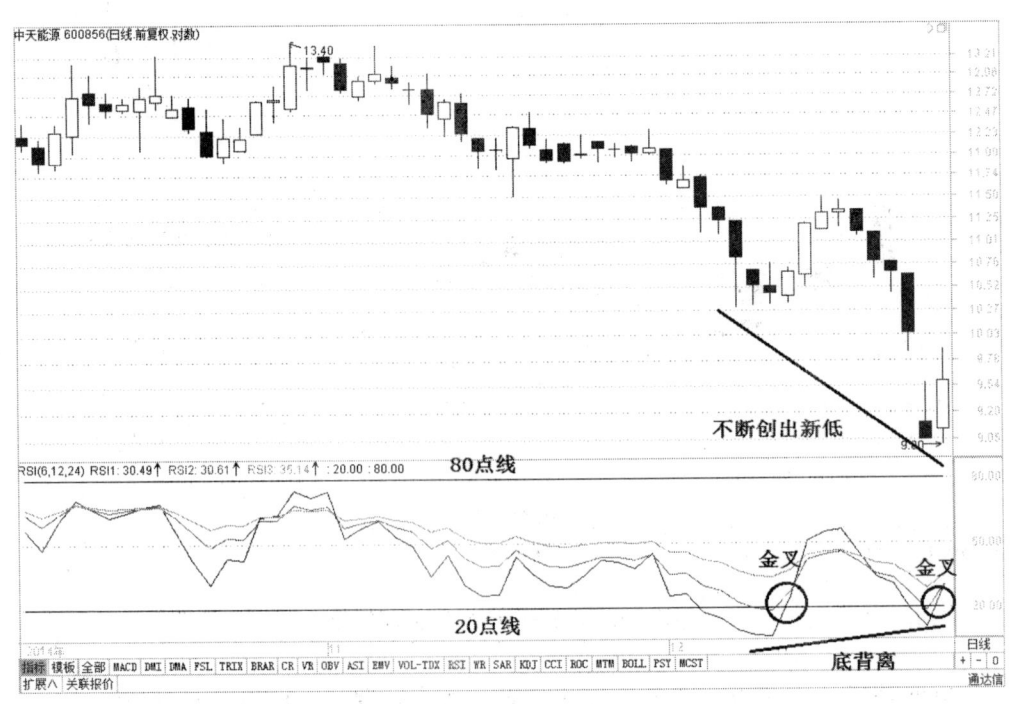

图3-28 RSI指标的底背离信号

底背离：底背离是指股价在不断地创出新的低点，但 RSI 指标的读数却没有相应地降低，而是不断地抬高。

上页图3-28中，股价不断下跌并创出新的低点，看上去空方很强势，实际相对于之前的下跌幅度来说，下跌力度已有所收敛，因为 RSI 指标线的读数没有随之相应地降低，这将预示着空方力度的大释放将最终导致下跌无力而反转上涨。

图3-29　RSI 指标的底背离信号及后续走势

图3-29是底背离信号出现后该股后续大涨的走势，获利颇丰！

介绍完了 KDJ 和 RSI 指标，接下来介绍的就是著名的 WR 指标。这个 WR 指标的反应速度很快，感觉是三剑客指标中对股价每日变动最为敏感的指标。通常发出信号最快的也是它。这只是一般情况，具体请看下一章。

第四章

股市第三剑客——WR威廉指标基础

一、什么是 WR 威廉指标

WR 威廉指标是 Larry Williams（拉利·威廉）所创，刚开始该指标是不对外公开的，后来其在著作中披露了这一独特指标，这个指标便成为股市技术分析中较为常用的指标之一。

图4-1　WR 威廉指标

图4-1是软件所用的 WR 指标，但不方便与 KDJ、RSI 两个指标同时观看，因为计算的方式不同，传统 WR 指标在低位代表上涨力度强，而在高位则代表下跌力度强，所以我们需要把计算方法改一下，这样就能与 KDJ、RSI 指标的高低位概念统一了。

如下页图4-2所示，在指标线上点击鼠标右键，可以看到修改指标公式的选项，点击进入公式编辑器。

图4-2 修改WR威廉指标(一)

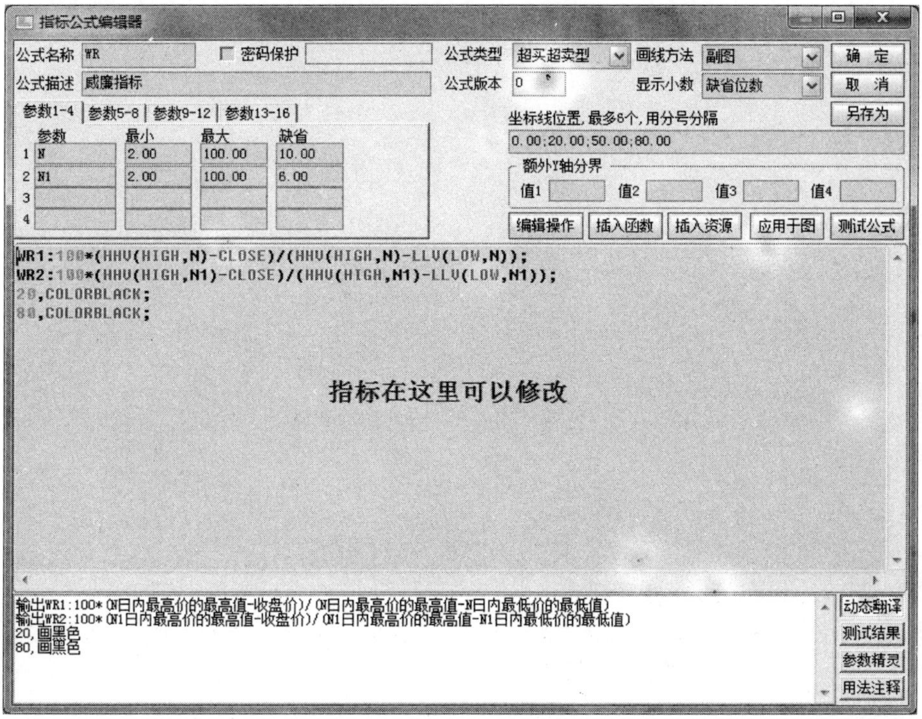

图4-3 修改WR威廉指标(二)

我们需要把该指标的坐标调一调,把原来用80表示的股价低位改为用20表示，把原来用20表示的股价高位改为用80表示（如上页图4-3和图4-4所示）。

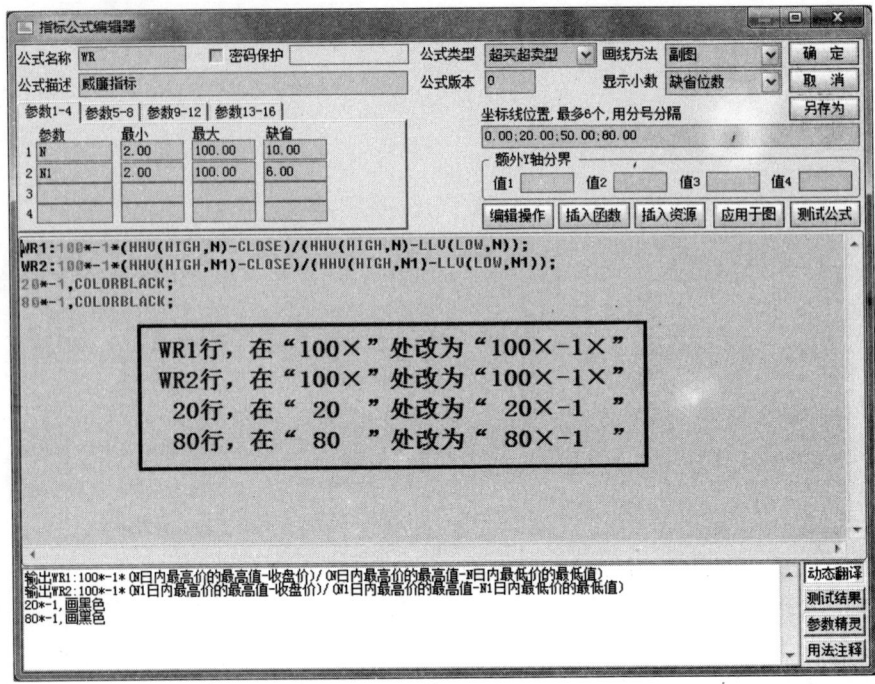

图4-4　修改WR威廉指标（三）

修改完后点击"确定"按钮即可。

图4-5　修改之前的指标图

图4-5是修改前的WR指标走势图。股价在波段低位时,指标线却在高位,而股价在波段高位时,指标线却在低位。

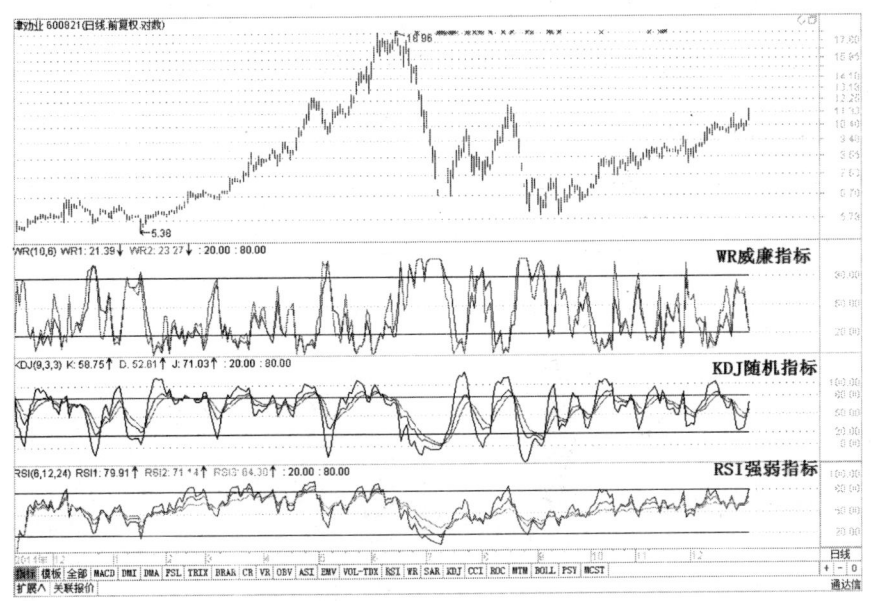

图4-6 修改之后的WR威廉指标与其他指标的比较

如图4-6所示,要想直观看到三个指标同处高位或同处低位是不可能的。所以我们选择了改变WR威廉指标的指标代码。

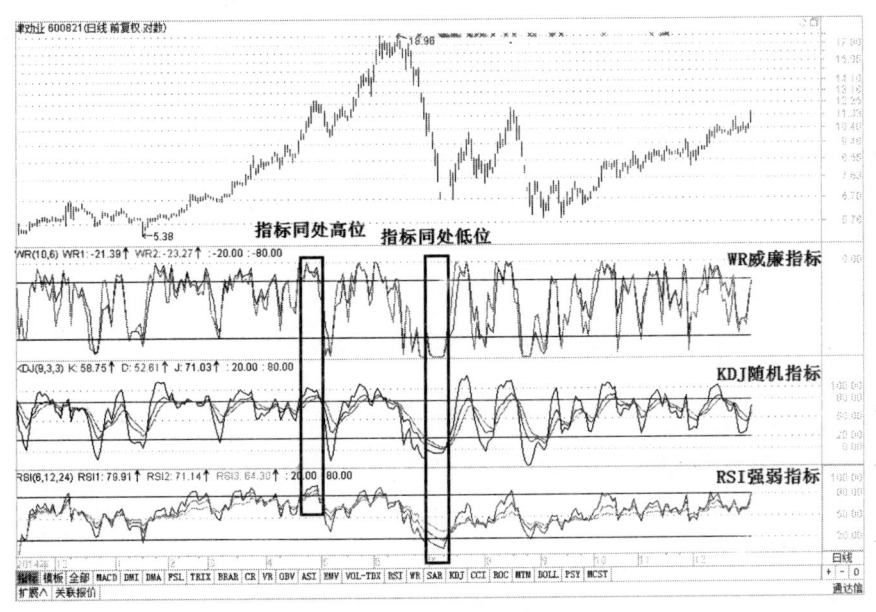

图4-7 三剑客指标

图4-7是更改指标公式之后，WR威廉指标、KDJ随机指标、RSI强弱指标三指标同列的行情分析图。

可以从改变后的代码很容易观察到三指标同处高位或三指标同处低位的信号。

本书后面就将一直使用这个改动后的WR指标进行解说。

WR威廉指标的灵敏度较高且可靠，一般来说该指标线处在-80点低位以下时，股价向上穿越-80点线时总会带来一次较有把握的买入机会。指标线处在-20点高位以上向下跌破-20点线时也可能是卖出的较好时机。

图4-8　WR威廉指标的灵敏度

如图4-8所示，WR威廉指标之前在-20点高位见顶，开始一路下跌，形成明显的下降趋势，随后指标线也跟着进入了-80点线之下，然后，股价又开始向上攀升，使WR威廉指标向上穿越了-80点线。这应该是一个很好的买入机会。

如下页图4-9所示，可以看到该信号发出后，股价进入了一条明显的上升通道。

图4-9 后续走势

二、WR 威廉指标的含义

WR 威廉指标是通过计算当前股价处在某时段价格区间的百分比位置。如果股价连续大涨，指标值就等于或趋于 –20 ~ 0，要是价格连续下跌则该值就等于或趋于 –80 ~ –100，指标在0或–100波动说明行情是单边上升或单边下跌，在–20 ~ –80中间波动则是各种常见的震荡行情（如下页图4-10、4-11）。

传统上我们把 WR 的数值处在 –80 ~ –100 叫作超卖区，超卖区代表卖方已经处在极端范围内，卖无可卖，继续往下跌的可能性开始降低。除非行情还能保持单边下跌趋势。

相反，我们把 –20 ~ 0 叫作超买区，超买区则代表了买方也已处在极端范围内，买方后劲若有不足，也同样有可能反转下跌。

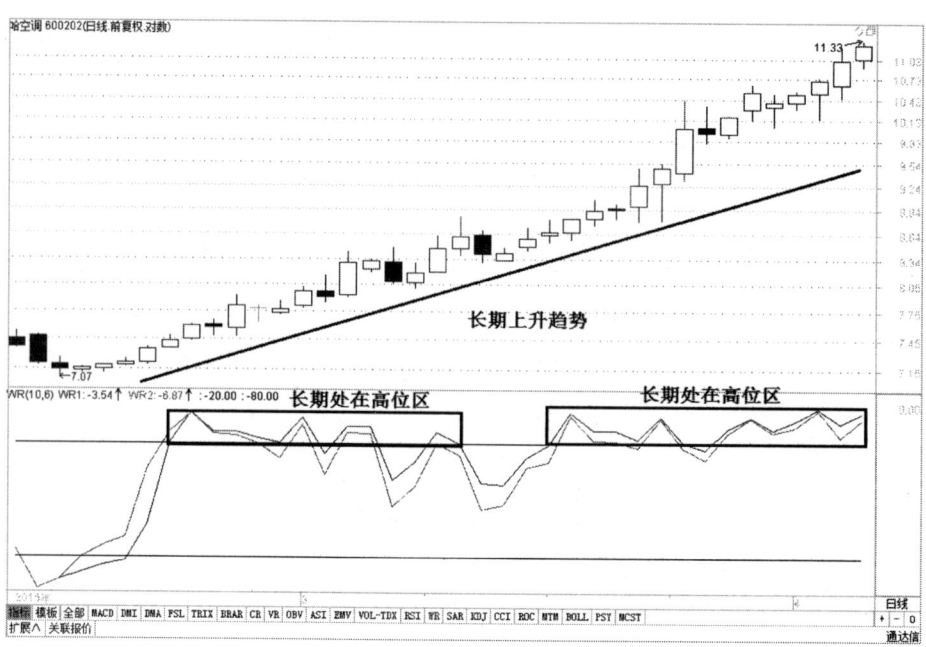

图4-10 WR威廉指标恒高

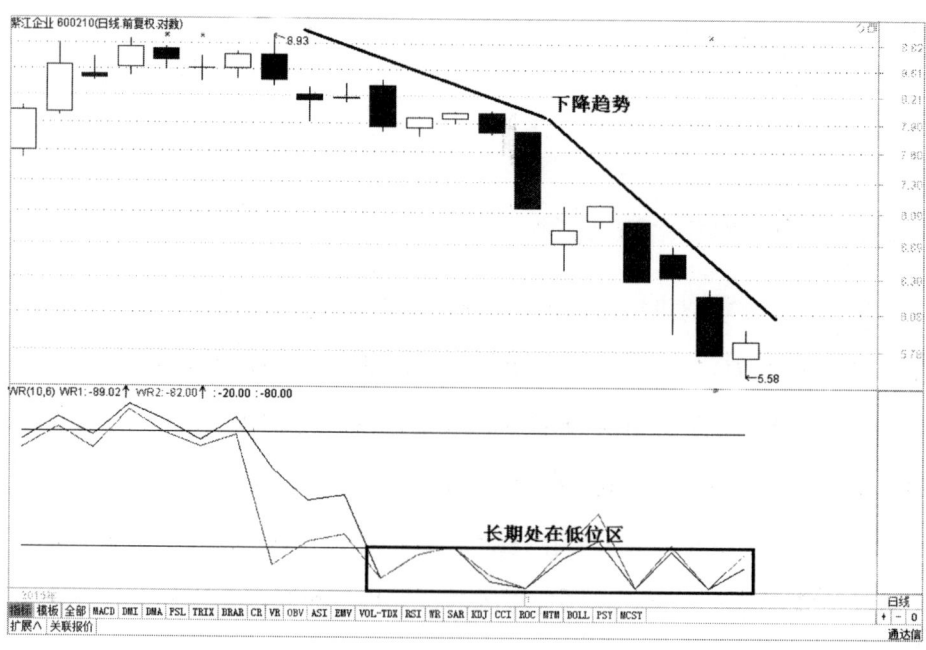

图4-11 WR威廉指标恒低

除此之外，WR的数值处在-20～-80一般没有什么参考价值，只能说明行情处在不断的震荡之中（如下页图4-12所示）。

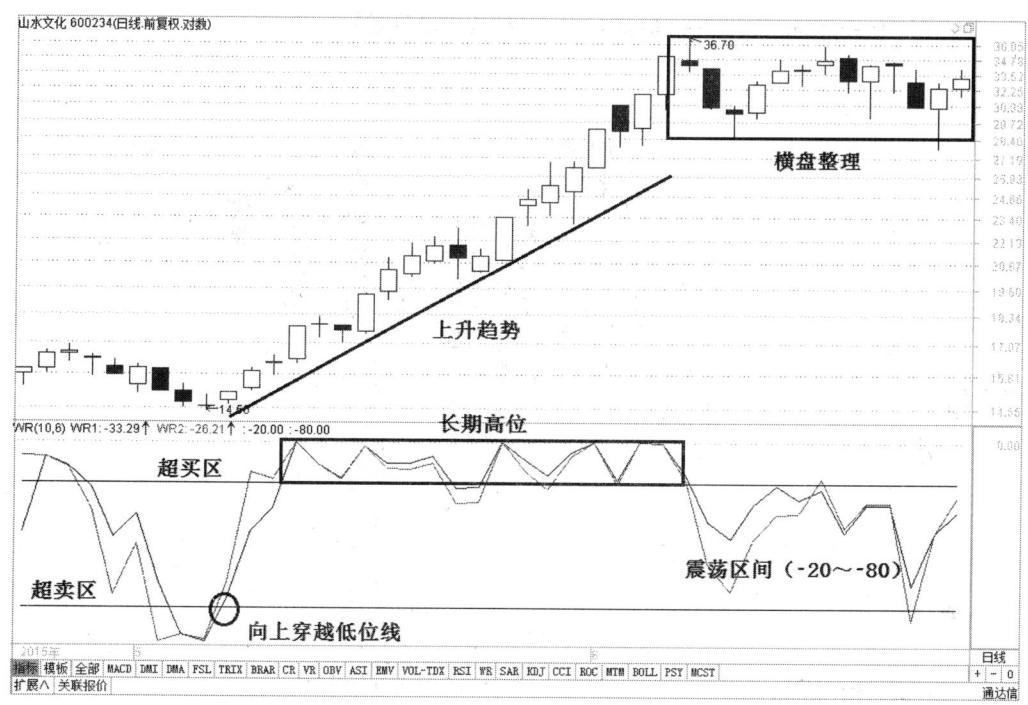

图4-12 WR 威廉指标

三、WR 指标的特点

1. WR 指标的趋势性

下页图4-13是 WR 威廉指标的上升趋势图。前期指标线一直处在-80点线低位区之下，说明行情仍处在下跌行情中，之后股价连续三天都上涨，WR 指标线最终向上突破了低位区，然后基本呈现上升趋势，与股价的上升趋势同步。

可见 WR 威廉指标也具有与股价或股价均线类似的趋势性，都可以辅助判断趋势的未来发展。

下页图4-14展示了股价处在上升趋势之中时，也同样可以看到一条支撑指标线上升的支撑线；股价在下降趋势中时，也一样可以看到一条同步下降的下降压制线。

指标线的趋势性与股价走势的趋势基本是同步的。

图4-13　WR威廉指标的趋势性

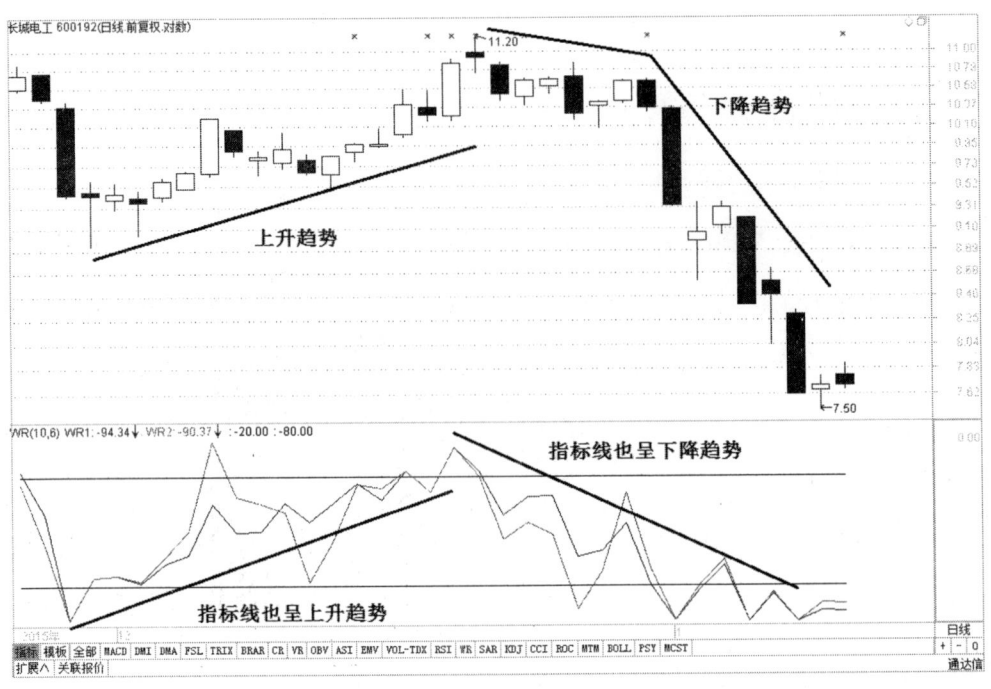

图4-14　WR威廉指标的趋势性

2. WR 指标的稳定性

WR 威廉指标的指标线也同样使用了均衡算法，所以能在股价看上去千变万化中找出内在的运行轨迹。

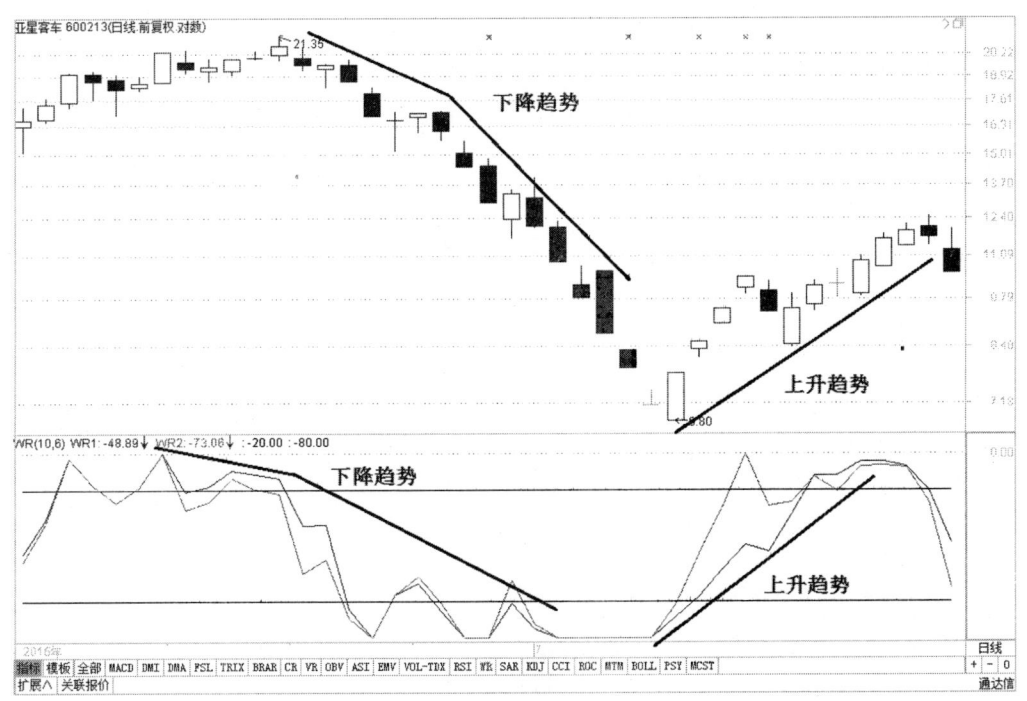

图4-15 WR 威廉指标的稳定性

如图4-15所示，股价前已经处在高位，而 WR 威廉指标线出现卖出信号，因为股价不断地创出新高而指标线的新高却不见，反而是高点开始降低，这说明股价继续上涨的动力已显不足，所以后期股价确实没有再创新高，反而进入了新一轮的下降趋势之中。

股价下跌一段时间，指标线也长期处在低位区区域时，说明未来继续下跌的可能性也在减小，一旦指标线向上突破，就是很好的买入信号。

可见，WR 威廉指标的稳定性也是极为可靠的。

3. WR 指标的滞后性

WR 威廉指标的滞后情况不是很严重，不管是什么指标都或多或少有滞后的现象存在，只是滞后的现象严重与不严重的区别。

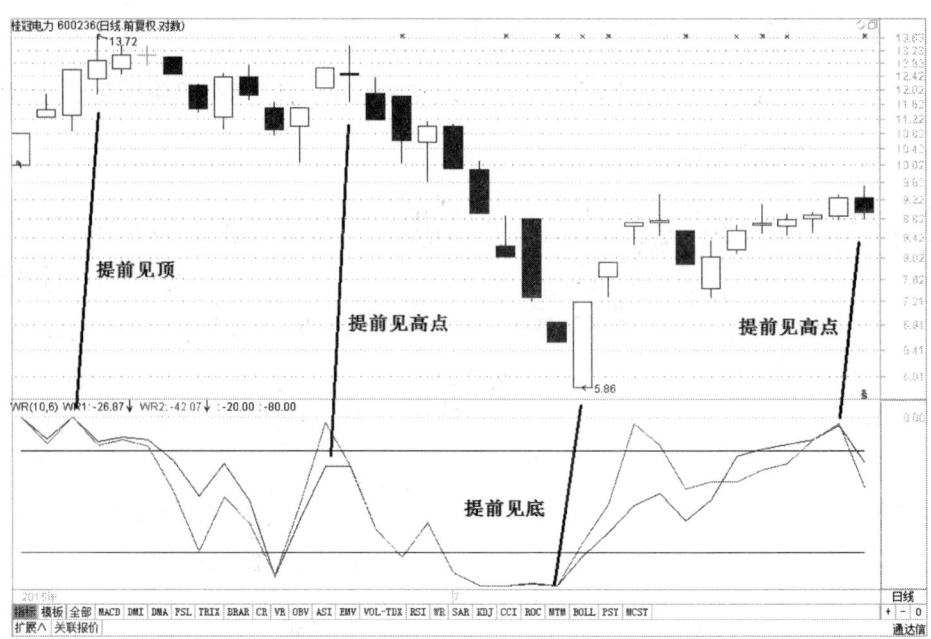

图4-16 WR 威廉指标的滞后性

图4-17 WR 威廉指标

WR 威廉指标滞后现象没有其他指标严重，反而是有不少提前的信号出现（如图4-16所示）。主要是由于 WR 威廉指标计算时不用均线进行平滑，而是直接用当日的收盘价格进行计算，这使得指标能更快地反映出当前的行情。

如果指标计算的天数增多，滞后性也不是很严重。

上页图4-17显示了参数被放大到5倍的WR威廉指标线和股价走势对比。可以看到，参与计算的天数虽然增加，但指标并未出现滞后现象。

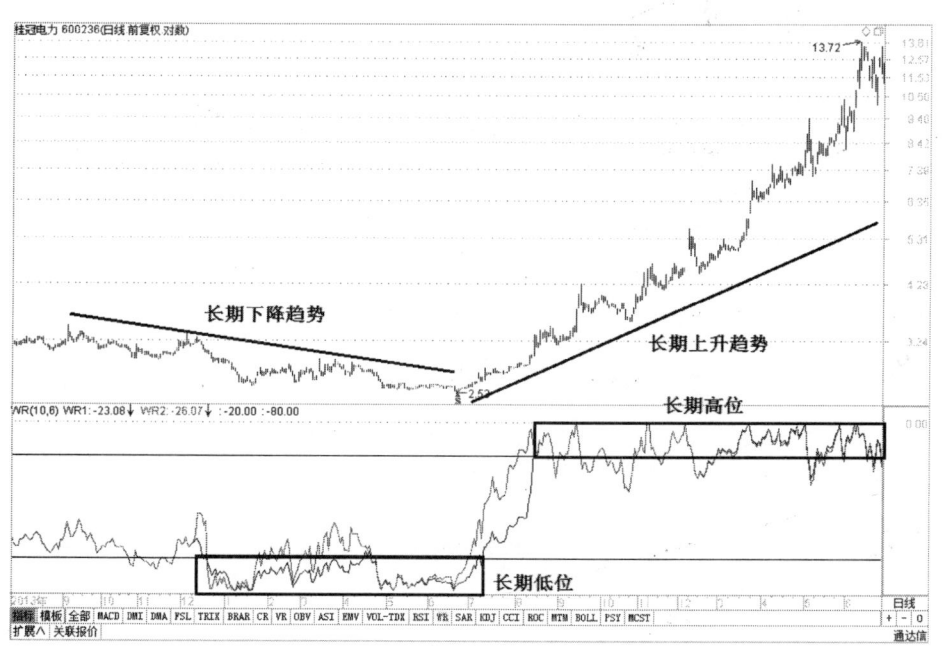

图4-18　长期视角下的WR威廉指标

如图4-18所示，进一步把参数放大到20倍，那么WR威廉指标的视野将被扩大，甚至能用于捕捉中长线的买卖机会。

WR威廉指标能最大限度地避开均线带来的滞后性，所以在三剑客中，WR威廉指标是较为重要的快刀型参考指标。

4. WR指标恒高与恒低的单边市

股价一个劲地向上上涨，导致价格不断攀升，WR指标值也一直处在高位区，股价则走出单边向上的趋势，如下页图4-19所示。

当股价开始明显进入下跌行情时，并且不断地向下创出新低，这样就会导致WR威廉指标线一直在低位区间里，从走势上看就是一边倒的单边下跌行情（如下页图4-20所示）。

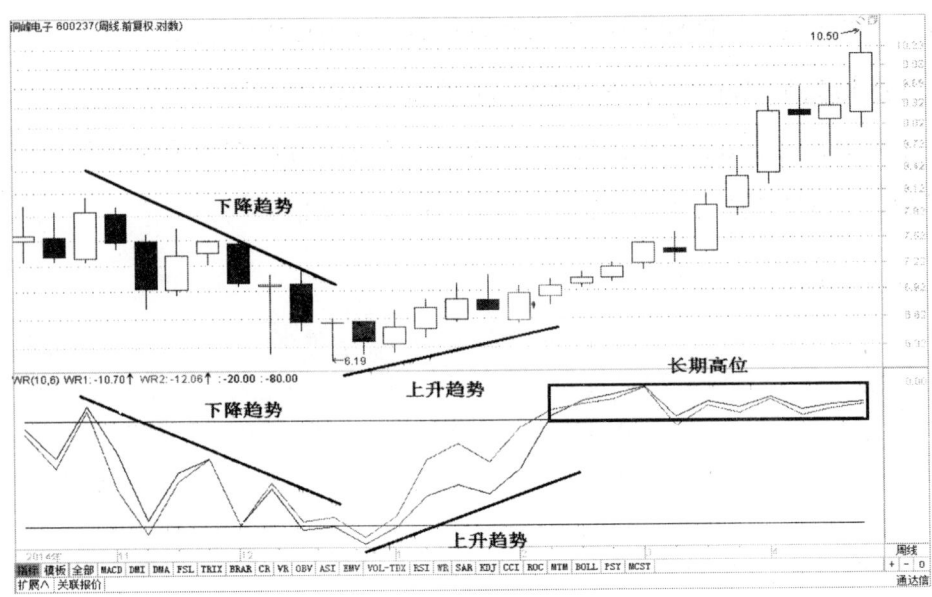

图4-19 WR威廉指标与恒高

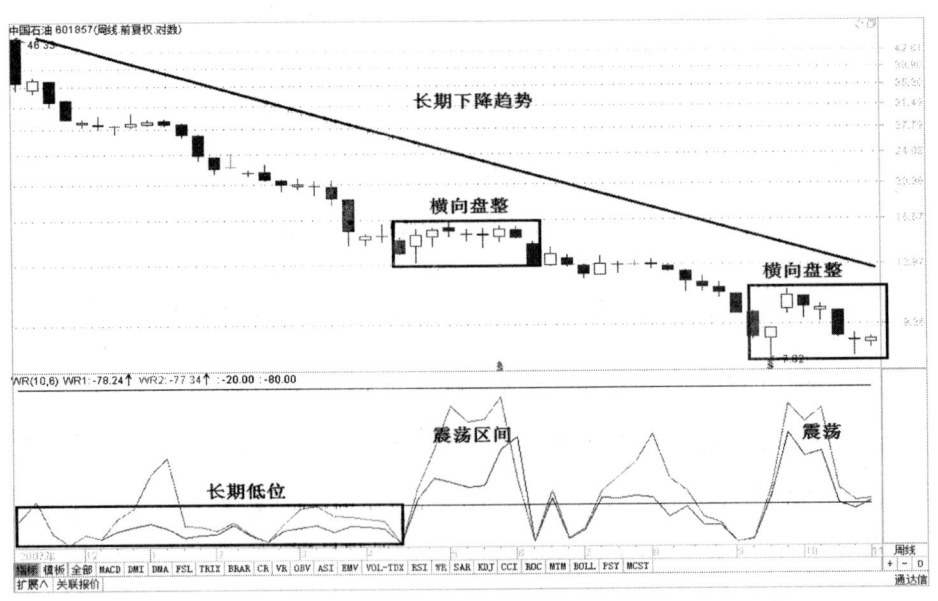

图4-20 WR威廉指标与恒低

四、WR指标的多头、空头排列

多头排列：多头排列是指WR指标的两条线全部向上时，意味着股价在不断地创出短期和较短期新高或上涨力度在增强,利于看多和做多,对于短线投资者较为有利。

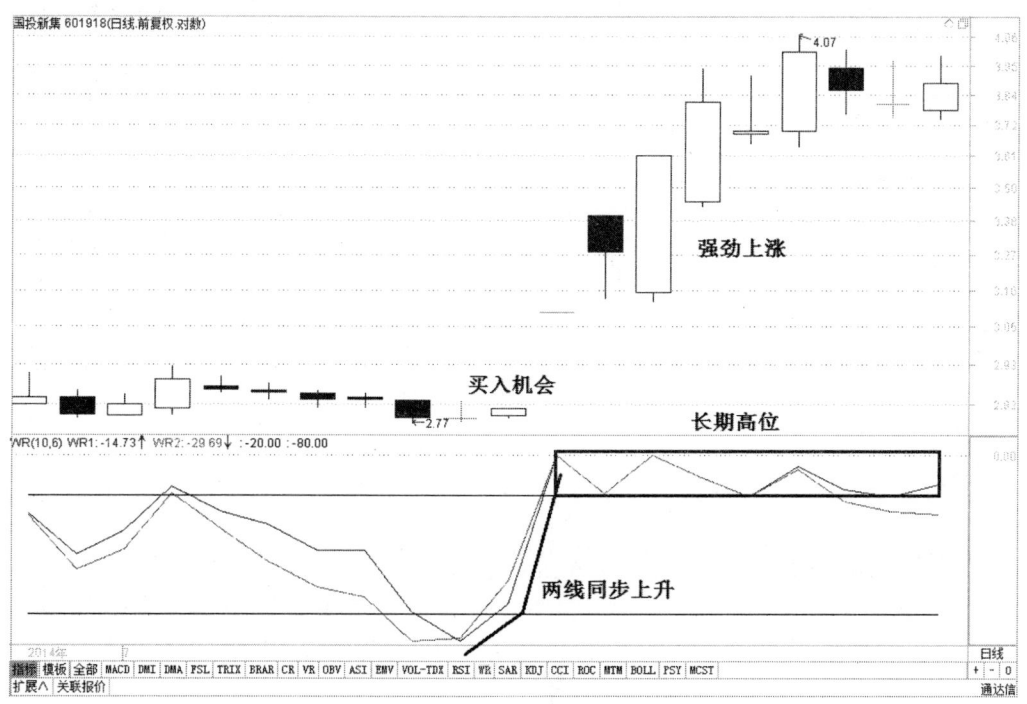

图4-21 WR威廉指标多头排列

如图4-21所示,双线第一次同步向上并且突破低位线时买入,再根据其他信号判断持有还是卖出,也可获利不少。

如下页图4-22所示,双线同步向上突破低位区时,盘中价格的波动极小,可以任意买入,不用在乎几毛几分钱的差价,因为到了第二个交易日,股价连续涨停,再去追高已经没有机会了。

空头排列:空头排列是指WR指标中的两条线同时向下,说明股价在不断地创出短期或较短期新低,这种情况就不利于看多和做多。对于短线投资者来说这不是个好信号,至少应该加强警惕。

如下页图4-23所示,两指标线同时向下跌破了高位区,K线图上留下一个长长的上影线,这说明股价未来上涨的力度已显不足,极有可能就此反转下跌,需要提高警惕!

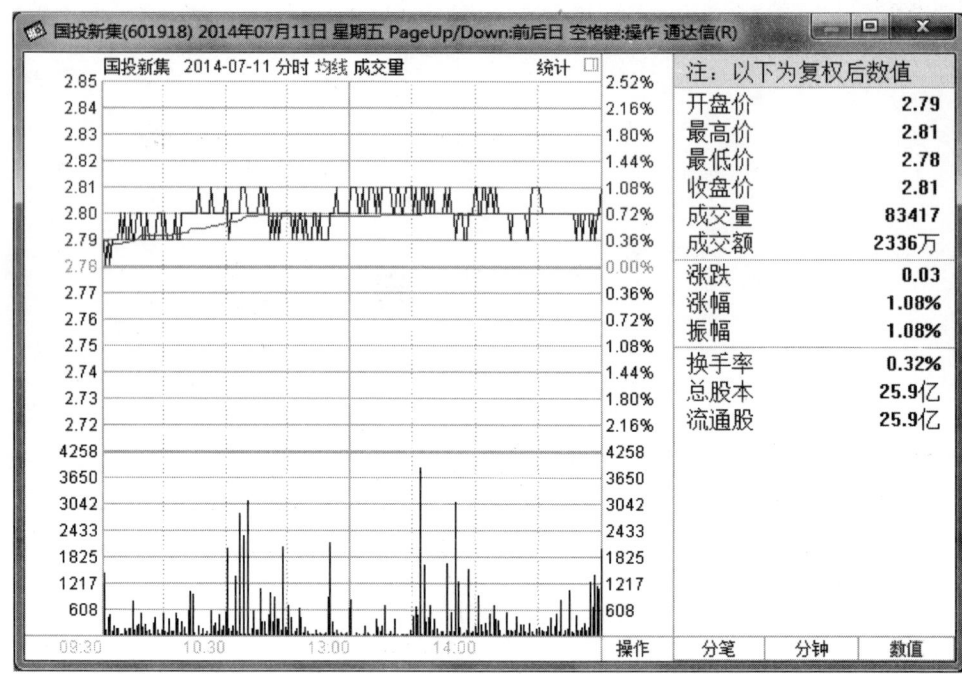

图4-22 2014年7月11日分时走势图

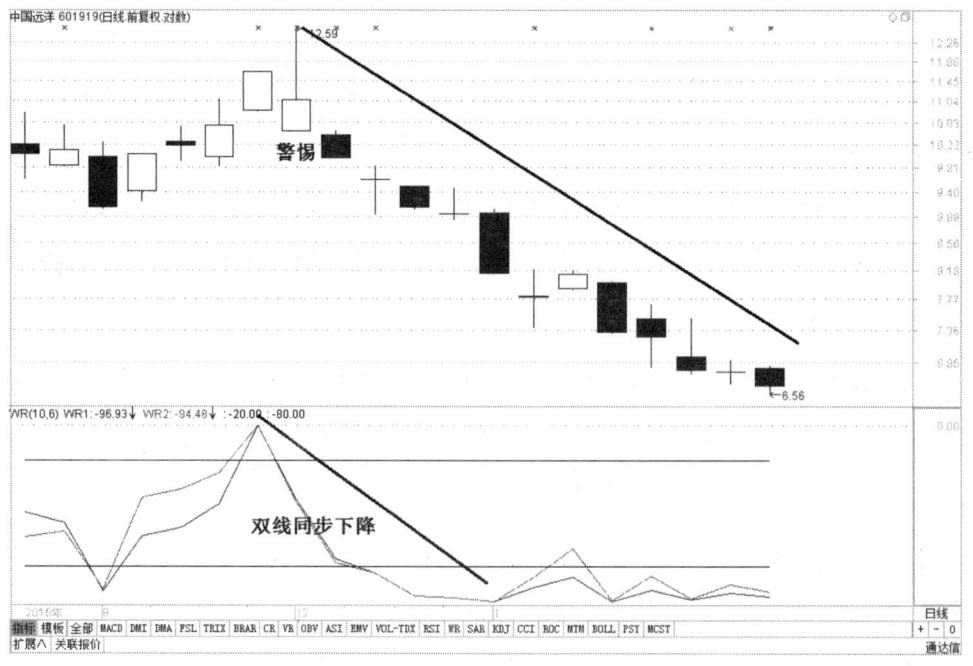

图4-23 WR威廉指标空头排列

五、WR 指标的金叉、死叉

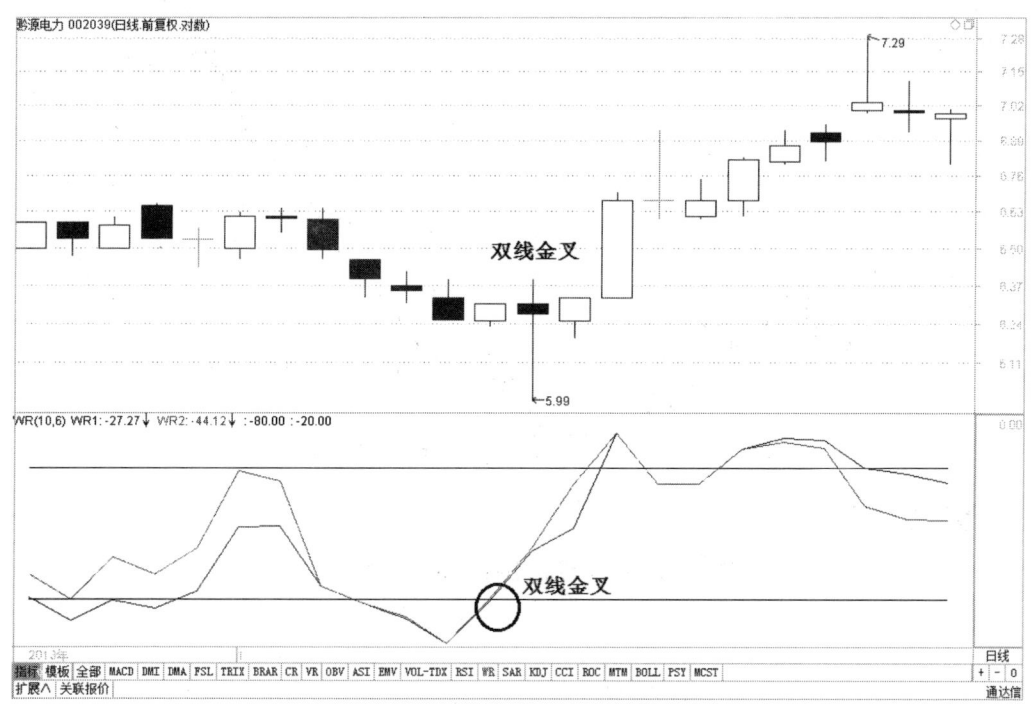

图4-24　WR 威廉指标的金叉

金叉：金叉是指指标线跌破了低位区之后，开始重新向上穿越低位区的形态。之所以会出现金叉现象，是因为此前股价不断创出新低，导致 WR 指标线不断下行，最终跌破低位区，随后股价止跌，指标线又开始向上爬升，并有效向上突破了低位区，这时就会出现 WR 指标的低位金叉。这将预示着下跌动能已经减小，上涨动力在慢慢增强，是短线投资者参考买入的重要信号之一，如图4-24所示。

双线金叉：双线金叉是指两条指标线同时发生金叉的情况，这预示着上涨的动能在加强，是短线投资者重要的买入参考信号，如下页图4-25所示。

死叉：死叉与金叉正好相反，死叉是由处在高位的指标线向下跌破高位区的形态。这个形态预示着上涨力度已经减小，下跌动能在开始增加，是短线投资者参考卖出的信号之一，如下页图4-26所示。

图4-25 WR威廉指标金叉的后续走势

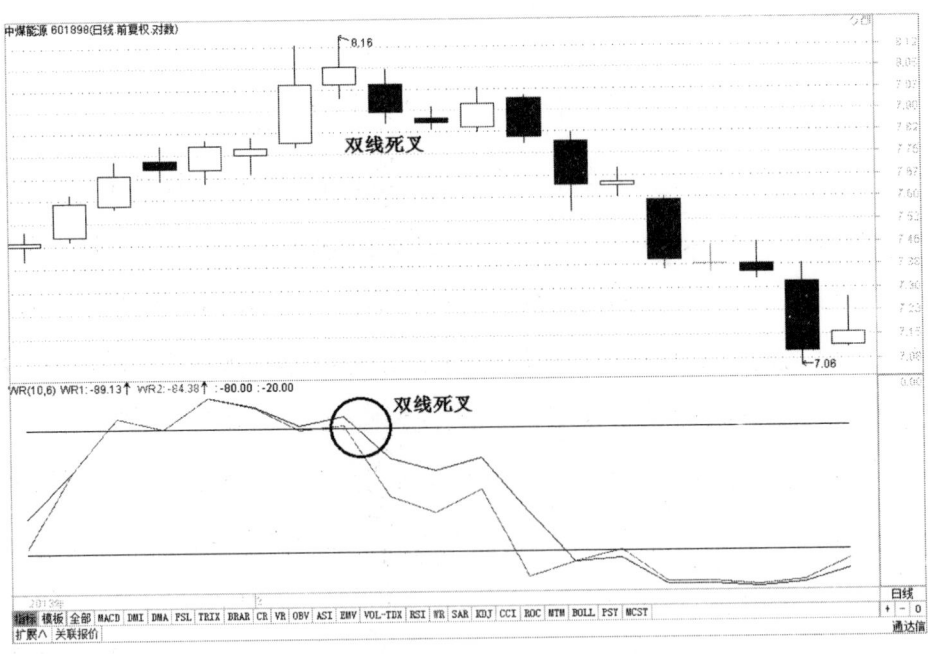

图4-26 WR威廉指标双线死叉

双线死叉：双线死叉是指两条指标线同时发生死叉的情况，这预示着下跌的动能在加强，是短线投资者重要的卖出参考信号，如下页图4-27所示。

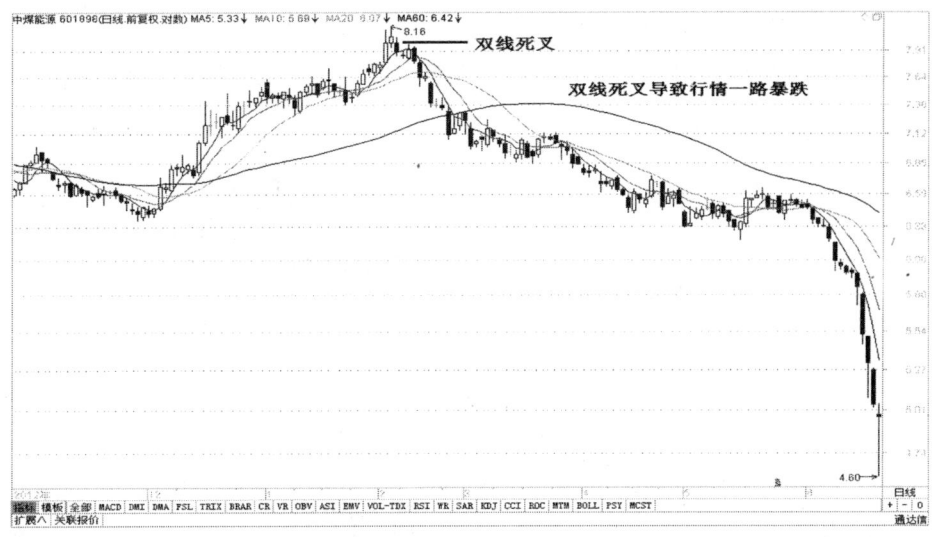

图4-27 WR威廉指标双线死叉及后续走势

六、WR指标低位二次金叉

如图4-28所示,第一次金叉发生时,是双线金叉,但行情并没有马上进入上升通道,而指标线又返低位区,再次发生了双线金叉,这加强了行情反转上涨的信心。又有阳K线或其他指标提供的买入信号,则可以买入操作。

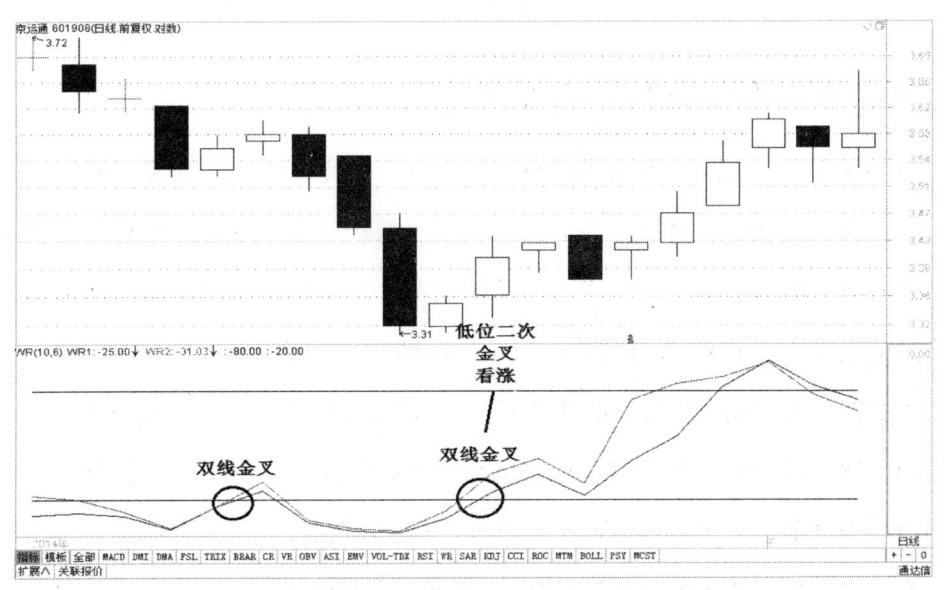

图4-28 WR威廉指标低位二次金叉

图4-29　WR威廉指标低位二次金叉后续走势

随后的行情确如所料，一路上涨（如图4-29所示）。

低位二次金叉虽然不经常出现，但一旦出现，它的可靠性要比单一的金叉信号要高得多。

七、WR指标高位二次死叉

第一次死叉发生时，虽然股价没有马上进入下降通道，但是接下来如果再出现一次高位死叉的话，就将加大下跌的概率。图4-30中发生高位死叉之后不久，数个交易日后再次发生高位死叉，而且两次都是双线死叉，甚至第二次死叉时还报收的是反转十字星K线，这必将进入下降通道（如下页图4-30所示）。

下页图4-31是发生高位二次死叉之后的后续走势，股价确实下跌了！

与二次金叉一样，高位的二次死叉也不是经常发生，但比起一般的死叉信号更可靠，更具杀伤力！

与二次金叉、死叉类似的是WR指标的顶、底背离。

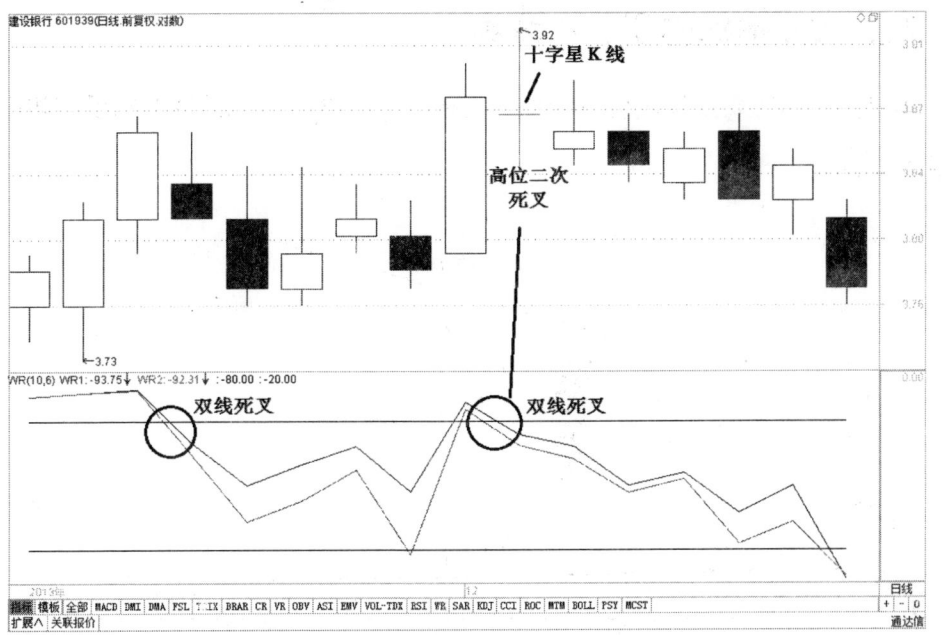

图4-30 WR威廉指标高位二次死叉

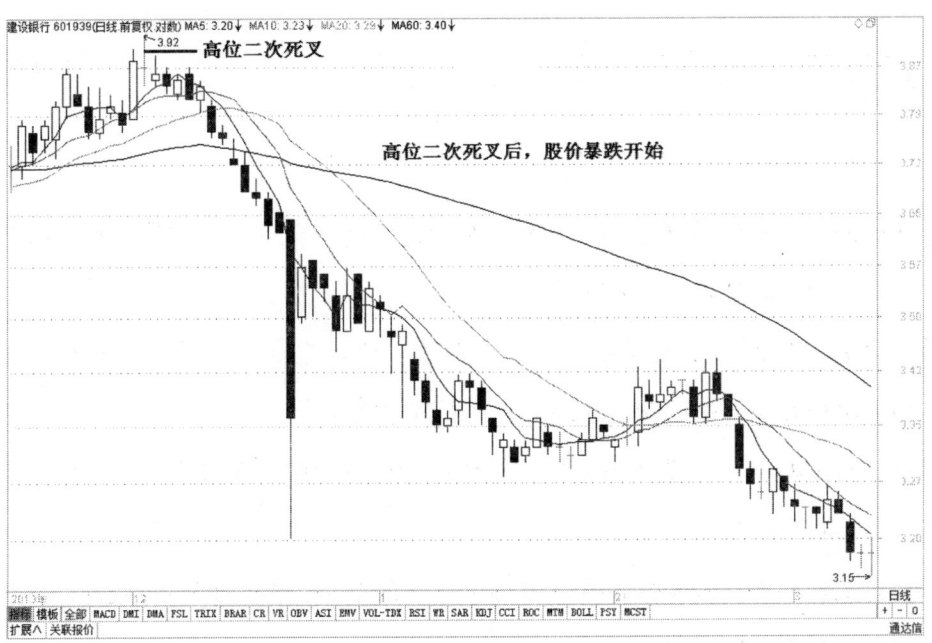

图4-31 WR威廉指标高位二次死叉后续走势

八、WR 指标的顶、底背离

顶背离：顶背离是指股价不断地创出新高，但 RSI 指标的读数却没有相应增加反而降低。

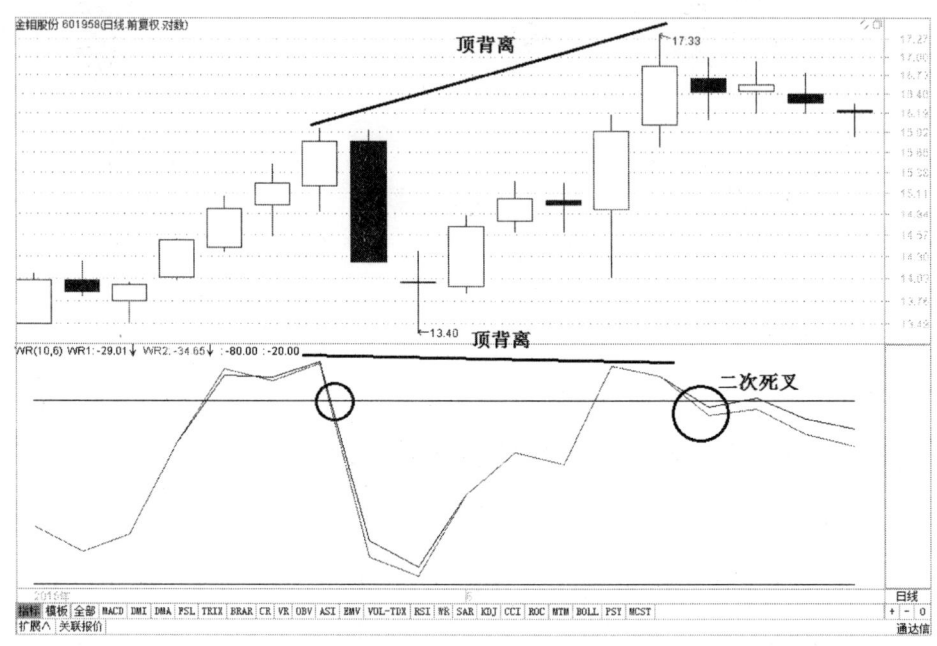

图4-32　WR 威廉指标顶背离

图4-32中，股价不断地创出新高或保持着一条上升的趋势，而 WR 指标线却没有相应增加，而是高点不断降低。

即多方上攻的力度相对第一次高峰要小，股价表面上虽然在不断地创出新高，但已呈现疲态，是反转下跌的有效判断依据之一。

如下页图4-33是顶背离信号出现后该股的后续走势。确如所料，行情进入下降通道并一路下跌。

底背离：底背离是指股价在不断地创出新的低点，但 WR 指标线却没有相应地降低，而是不断地抬高。

如下页图4-34所示，中股价不断下跌并创出新的低点，看上去空方很强势，实际相对于之前的下跌幅度来说，下跌力度已有所收敛，股价在某一区域上下震荡，最近收出的都是小实体的 K 线，表示行情正在酝酿着变盘。

图4-33 WR威廉指标顶背离后续走势

再观察 WR 指标，指标读数没有随之相应地降低，而是较前一低点抬高了不少，这将预示着空方力度的释放将换来行情反转上涨。

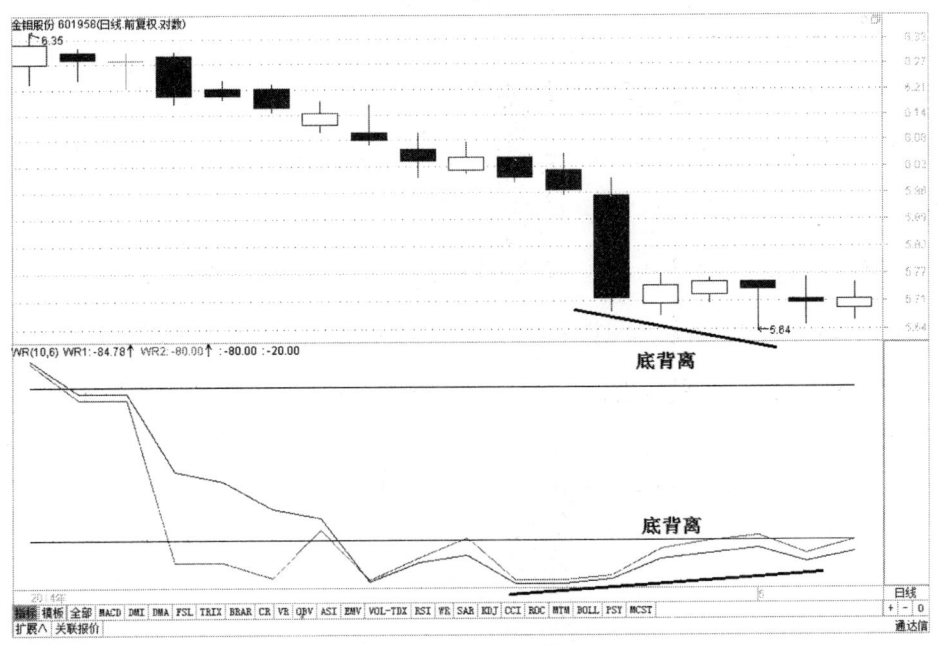

图4-34 WR威廉指标底背离

W背离信号未必会伴随着二次金叉、死叉的信号，如果有则预示着反转概率更强！

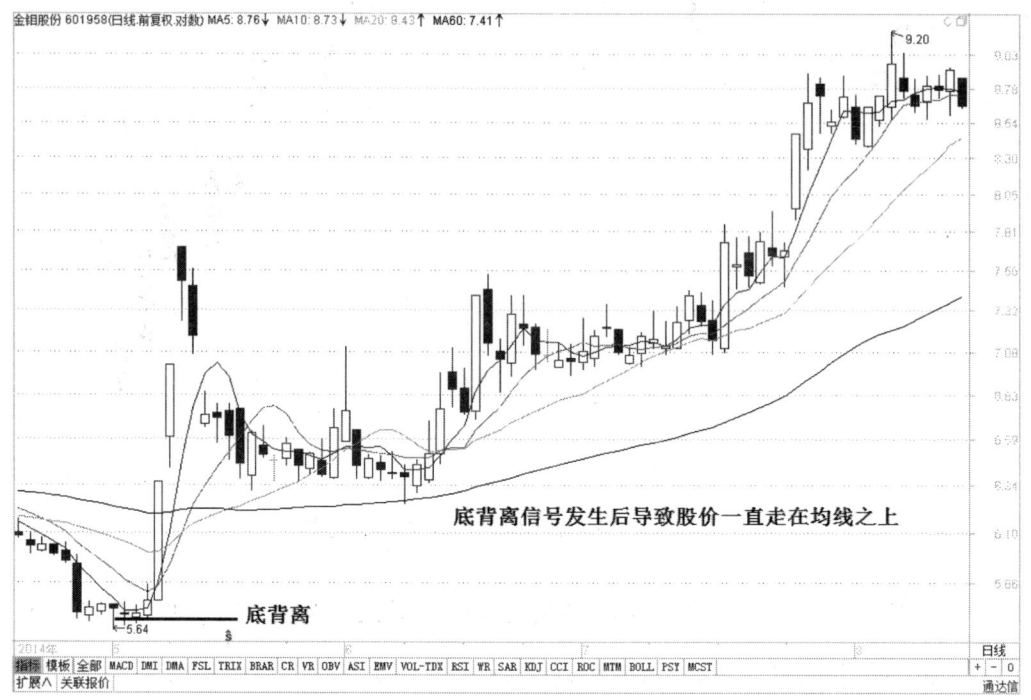

图4-35　WR威廉指标底背离及后续走势

图4-35是底背离信号出现后，股价的后续走势，投资者获利不小。

我们分别介绍完了三剑客指标各自的优缺点，所谓知己知彼，除了明白所用指标的优点外，还需要认识到这些指标的不足。

如何将它们的优势集中起来而把劣势最大限度地过滤掉呢？请看第五章，我们将逐个比较三剑客指标之间的买卖信号的快慢正误，以及思考怎样避开和解决信号出现得过早或过慢的问题。

第五章

华山论剑——三剑客大比拼

前面几章分别介绍了三剑客 KDJ、RSI、WR 指标各自的特点，本章再将它们进行两两比较，以此加深读者对三剑客指标的理解。

一、第一剑客 KDJ vs 第二剑客 RSI

第一项，谁能更快地反映行情变化？

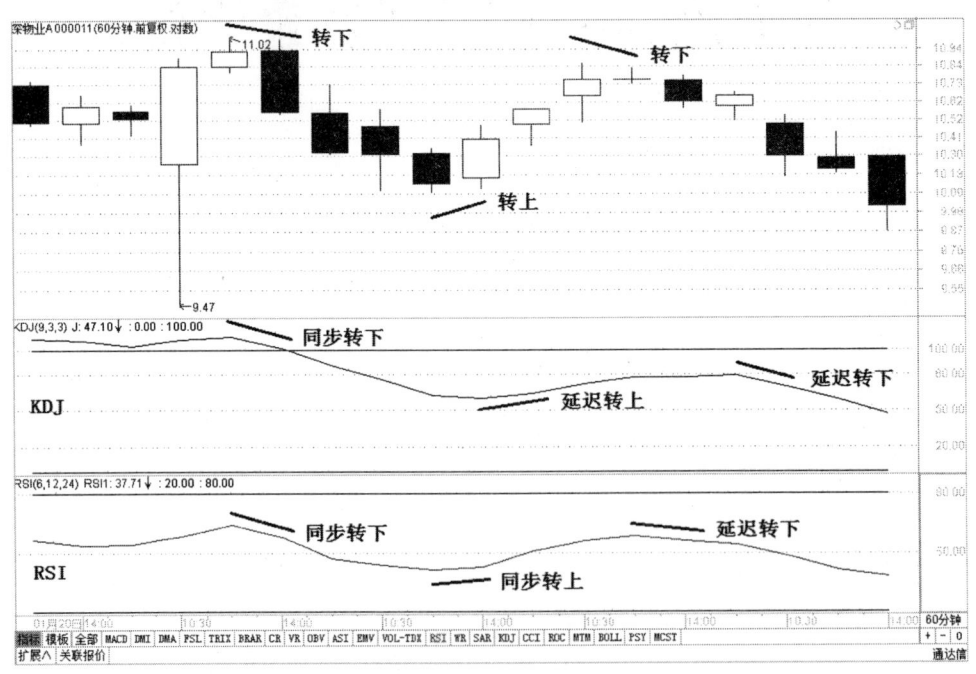

图5-1 谁能更快地反映行情变化

图5-1为我们列出了 KDJ 和 RSI 指标，可以看到 KDJ 指标出现了两次延迟，对该股的变化略有迟钝感，而 RSI 指标同步的次数较 KDJ 指标要少一些，而且延迟的天数也不多。

第二项，谁能更快发出准确的买入信号？

买入信号发出的快慢一般与指标滞后性有关。指标滞后越严重，发出买入信号的时间就比滞后不严重的指标晚。

如下页图5-2所示，RSI 早于 KDJ 发出了金叉买入信号。

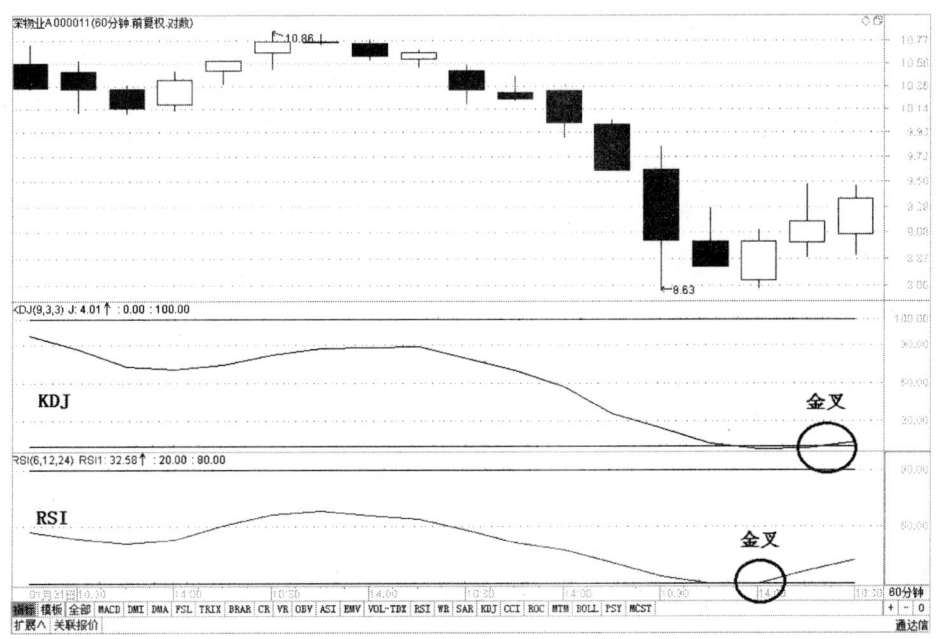

图5-2　谁能更快发出准确的买入信号

第三项，哪个指标能更快更精准地发出卖出信号？

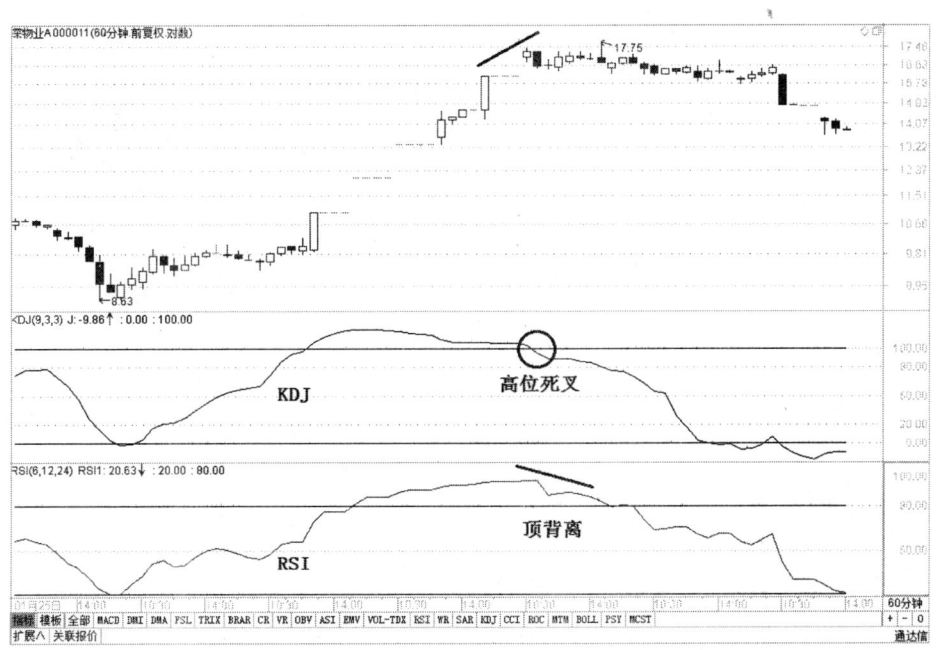

图5-3　哪个指标能更快更精准地发出卖出信号

如图5-3所示，虽然前期 KDJ 指标总是延迟了一段时间才能反映股价的变动,但是就上页图5-3而言,它发出的高位死叉信号却早于 RSI 指标。

这是因为 RSI 指标较精确地反映了股价的变动,但是 RSI 指标回调的幅度并不大,以至于指标线没能同步形成高位死叉卖出信号,所以就比 KDJ 指标慢了一截。

这就是两个剑客指标各自的特点,有的指标会快于其他一两个指标,有的时候指标又会慢于其他一两个指标!

单凭一个指标很难更快更准地反映股价变动。

二、第一剑客 KDJ vs 第三剑客 WR

第一项,谁能更快地反映行情变化?

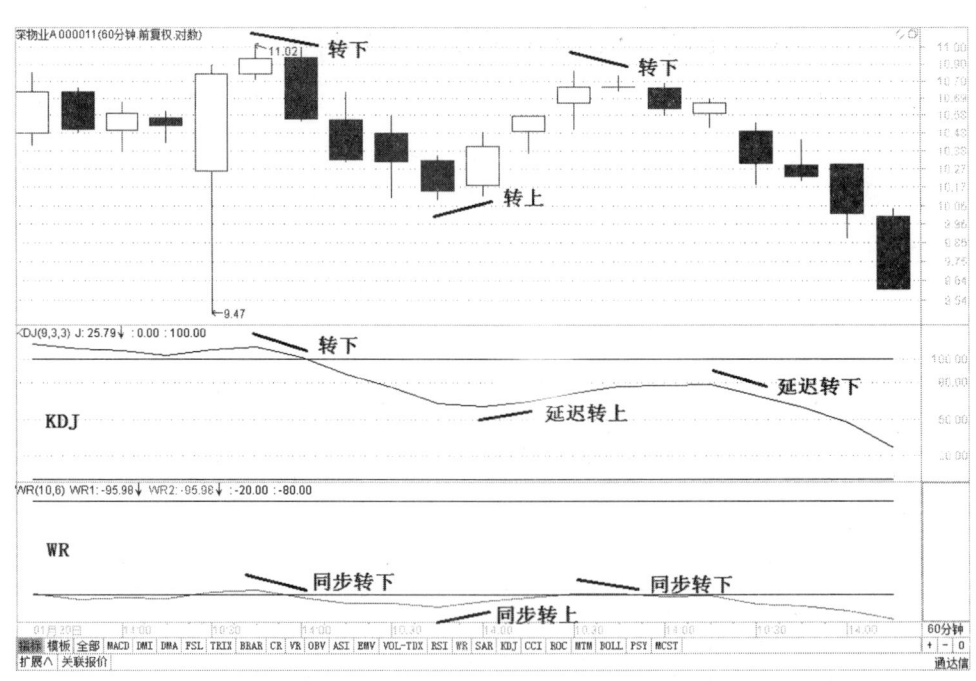

图5-4 谁能更快地反映行情变化

我们对 KDJ 和 WR 两个指标进行比较。

如图5-4所示,可以看到 KDJ 指标出现了两次延迟,对该股的变化有较明显的迟钝感，而 WR 指标同步的次数较 KDJ 指标明显强得多，三次股价变动都没有延迟现象，所以，WR 指标最容易受行情的变动影响而发生变动，最为灵敏！

第二项，谁能更快地发出准确的买入信号？

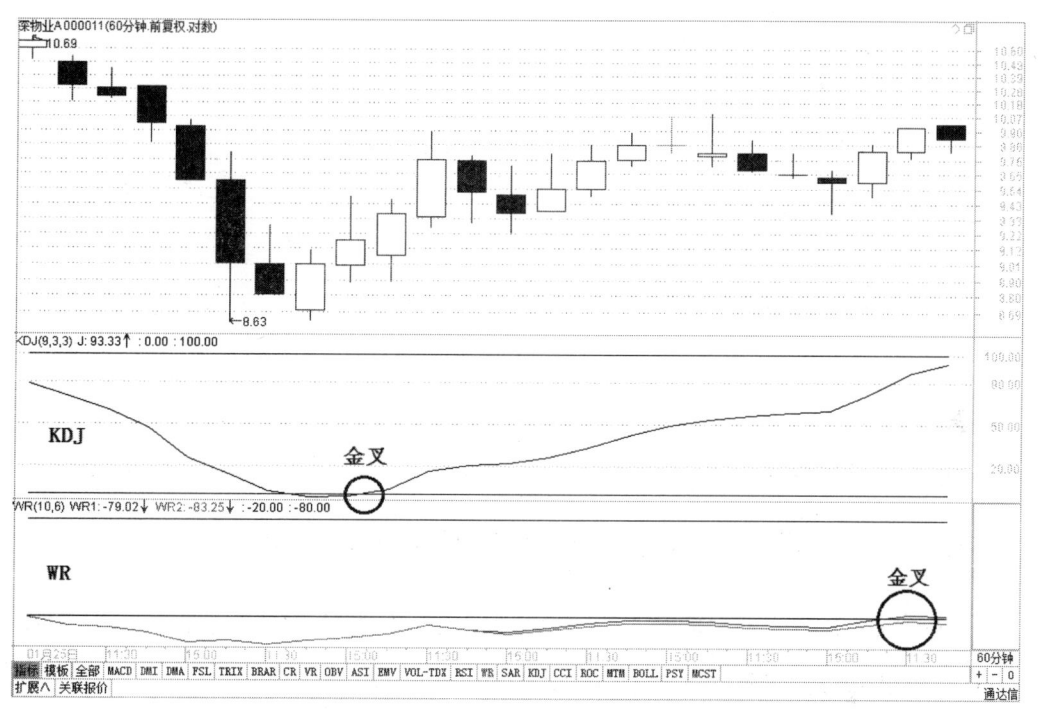

图5-5 谁能更快地发出准确的买入信号

买入信号发出的快慢一般与指标本身存在的滞后性有关，但不是固定不变的，存在滞后的指标有时却能发出更好更准的买卖信号！

如图5-5所示，WR 虽然在第一项的灵敏度上强胜于 KDJ，但本项比拼中，WR 指标落后太多了，这就是龟兔赛跑，WR 太轻敌了。

第三项，哪个指标能更快更精准地发出卖出信号？

如下页图5-6，WR 指标还是很好地发出了高位顶背离反转下跌信号！虽然落后了 KDJ 指标一两个 K 线的距离，但是背离信号还是强于死叉信号，因为背离的信号更为可靠！

这第三项就算两个指标打了个平手！

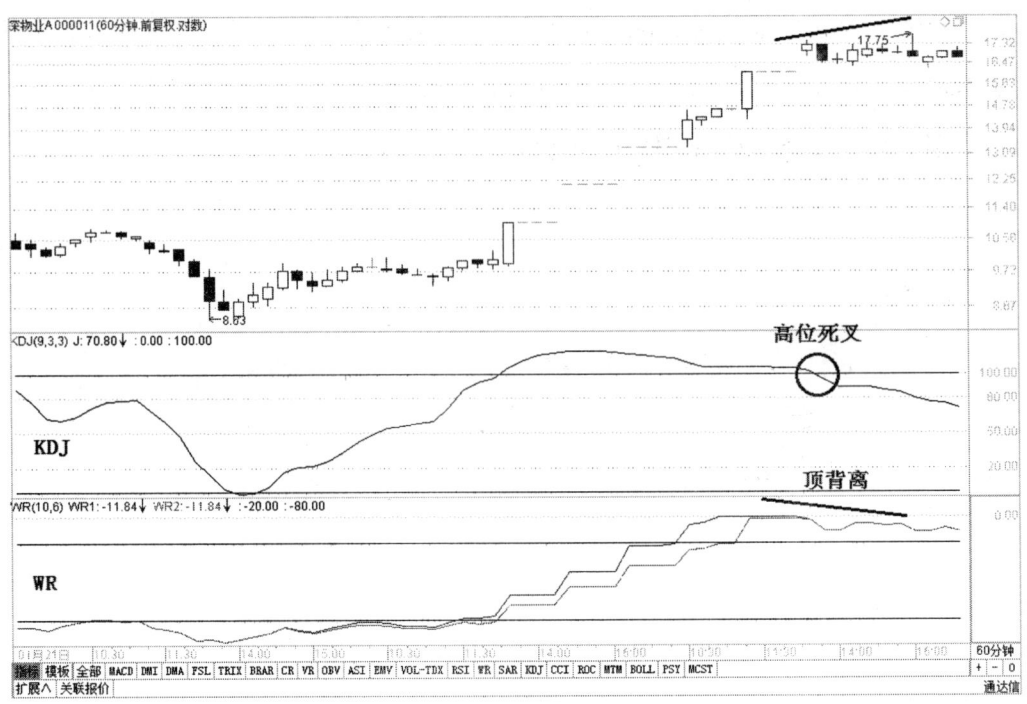

图5-6 比较哪个指标能更快、更精准地发出卖出信号

这两位剑客指标各自的特点很鲜明,WR指标对于股价的变化是最为敏感的,但有时会出现滞后现象,这是不可否认的事实!

三、第二剑客 RSI vs 第三剑客 WR

第一项,谁能更快地反映行情变化?

如下页图5-7所示,调出 KDJ 和 WR 两个指标进行比较。

两个指标都很好地随着行情的变化而同步变化,相比之下 RSI 的灵敏度略低于 WR 指标!因为 WR 指标三次股价变动都以最快的速度反映到了指标线上,所以给人的印象是 WR 指标最为灵敏。

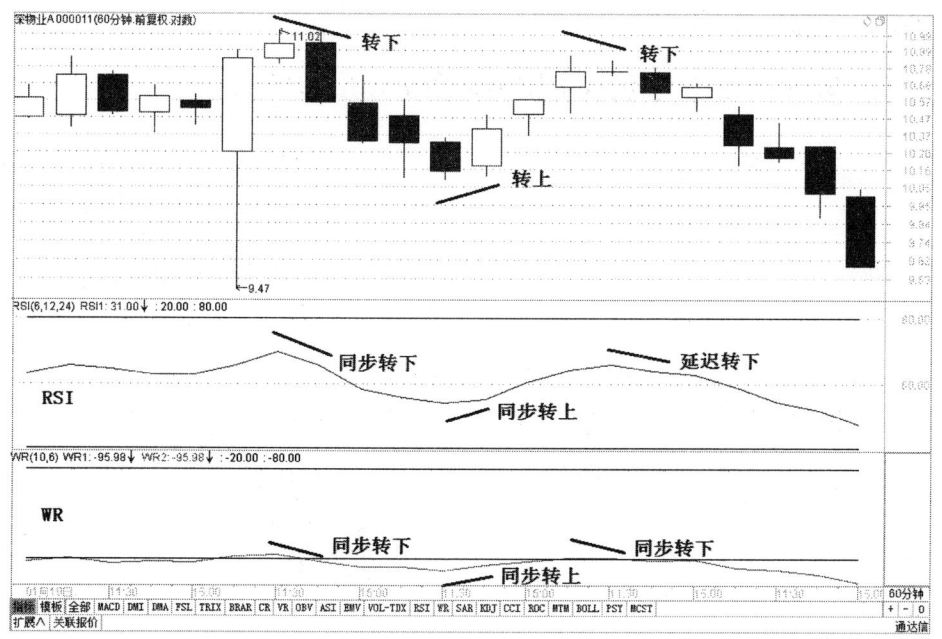

图5-7 比较哪个指标能更快地反映行情变化

第二项，谁能更快地发出准确的买入信号？

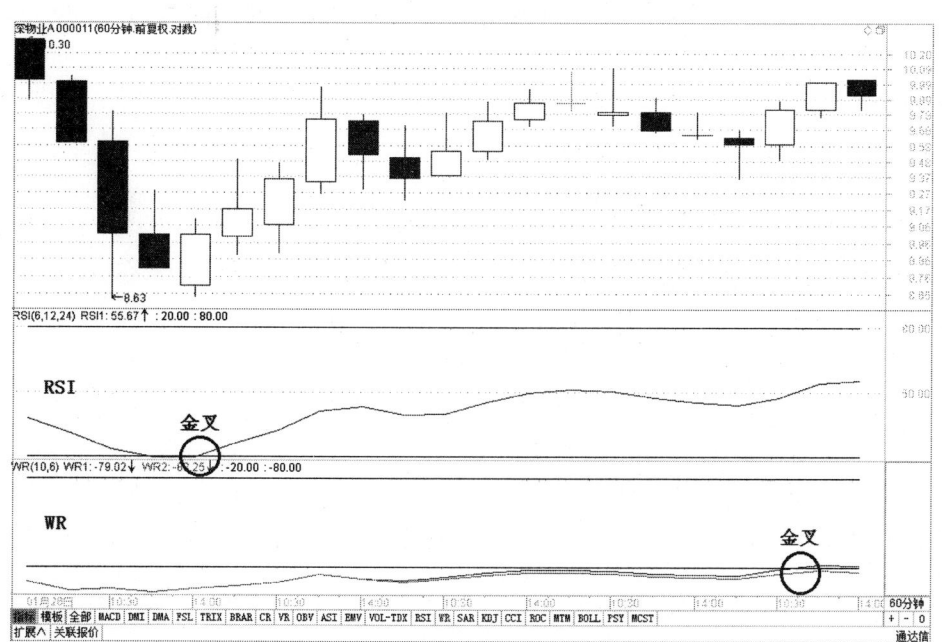

图5-8 比较哪个指标能更快地发出准确的买入信号

如图5-8所示，买入信号发出最快的指标明显是 RSI，而反映股价最灵敏的

WR指标却严重滞后了!

第三项,哪个指标能更快更精准地发出卖出信号?

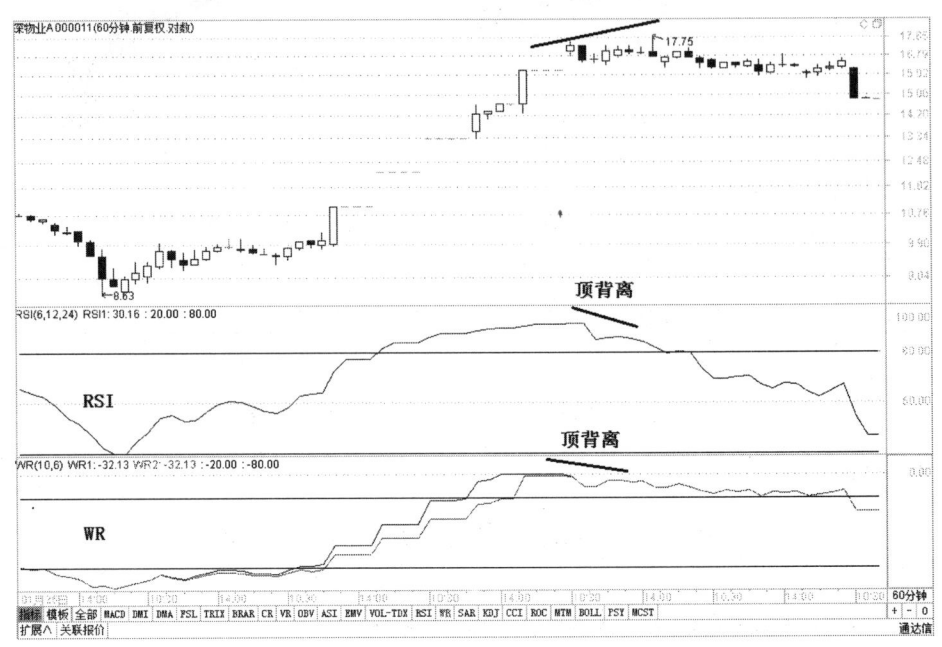

图5-9 比较哪个指标能更快、更精准地发出卖出信号

如图5-9所示,两个指标都在高位发出了顶背离反转下跌信号,发出卖出信号的位置相差也都不大!印象中最为灵敏的WR指标较RSI指标发出得更快一些!

通过三剑客指标两两大比拼,我们可以发现三个指标各自的优缺点。有的指标平时能很灵敏地反映股价变动,却不能及时发出买卖信号,而有的指标平时虽然较为滞后或迟钝,但就能在关键时刻发出买卖信号!

像这种情况,怎样让三个指标发挥各自的优点,最大限度地提高买卖信号的可靠性,尽可能地增加交易的胜算呢?

四、三剑合璧,有效避开庄家骗线

接着我们想想看,如下页图5-10所示,要怎样使用三剑客指标,才能以最快的速度捕捉到更可靠的买入信号呢？

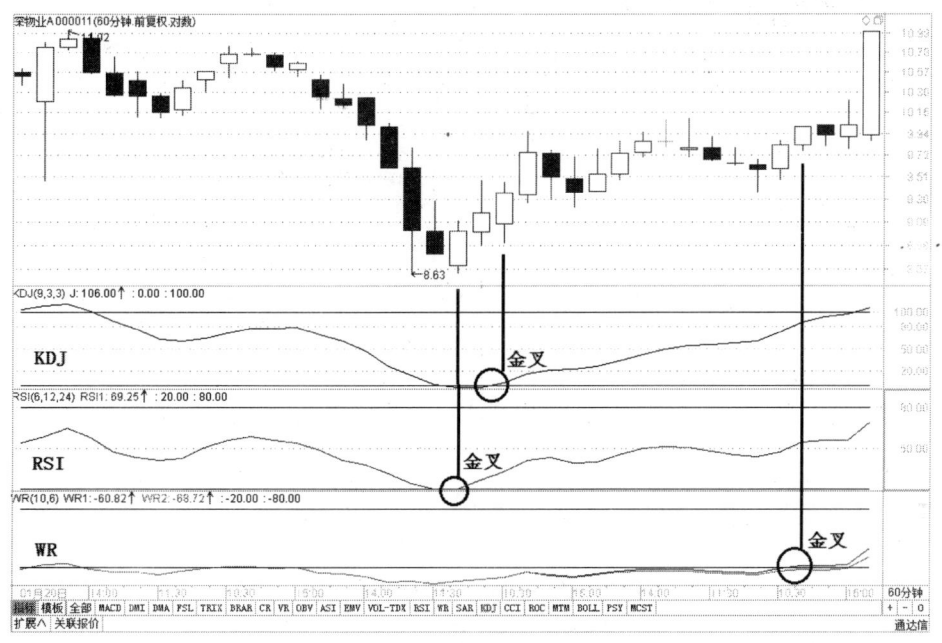

图5-10　三剑合璧，优势互补

当然，如果三剑客同时发出买入信号，这当然是再好不过！但是三剑客同步发出买入信号的情况还是很少见到的。

通常情况下，三剑客指标若只有一位剑客拔出剑来的话，就显得势单力薄而唐突了！

那要是同时或在间隔不久的时间里，连续有两位剑客发出买入信号的话会怎样？那胜算就明显提高了！这个情况我们称为"双剑出鞘"（如图5-11所示）！三剑客指标同时发出买入信号则称为"三剑出鞘"！

以这样的思路，我们回到图5-10，那么买入的位置在哪里呢？

就在第二次买入信号发出的位置！可是看上去第一次买入信号的位置似乎能买到更低的价格！但是当时来看，三个指标当中只有一个指标发出了买入信号，显得势单力薄，不甚可靠！为了确认信号的真实性，就必须等待其他信号的同步验证。所以当短期内第二个指标也发出买入信号时，就是可靠的买入信号了，我们称为"双剑出鞘"买入信号（如下页图5-11所示）。

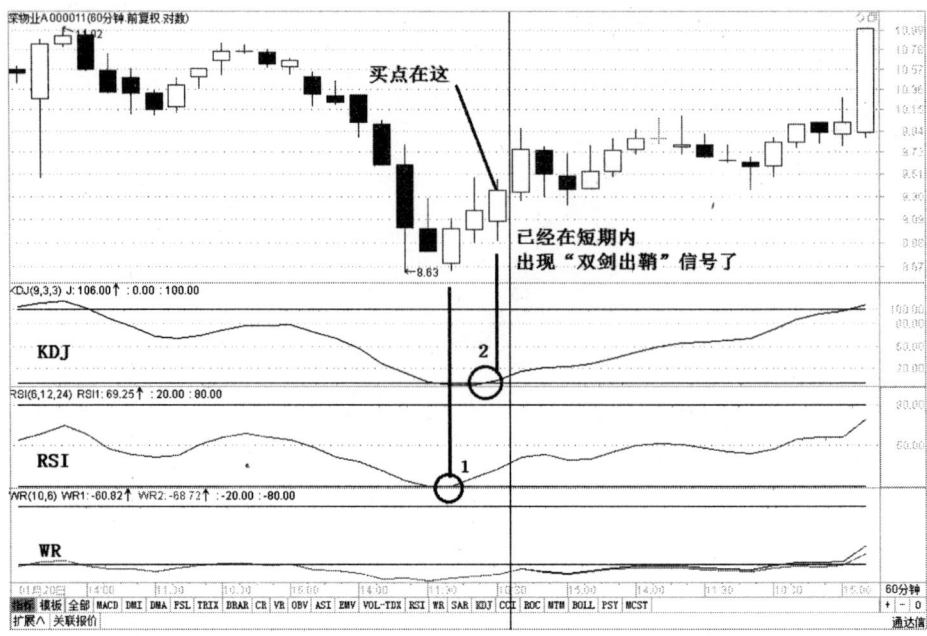

图5-11 双剑出鞘

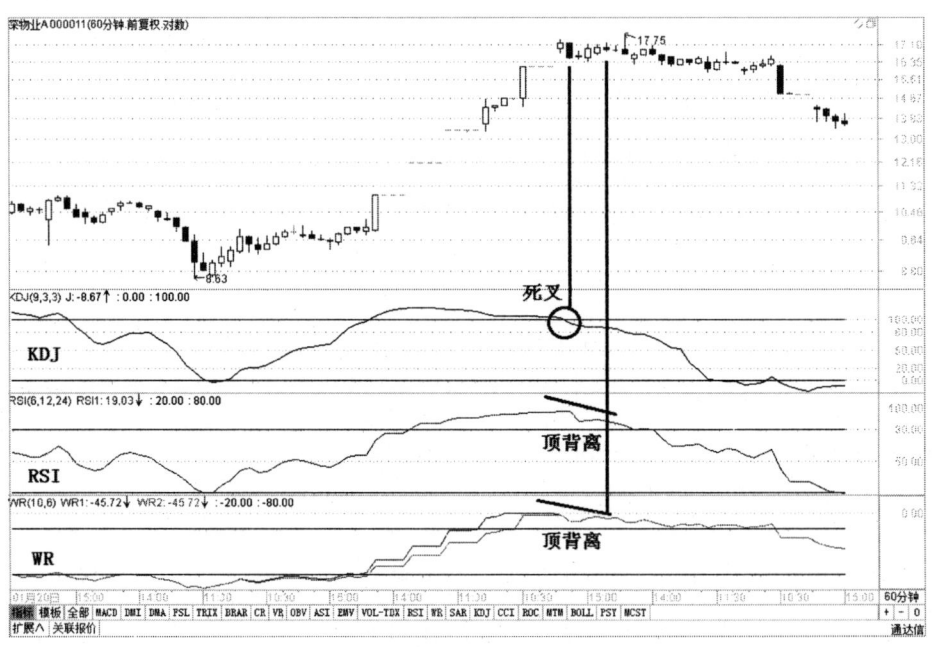

图5-12 三剑回鞘与卖出

接下来我们再说说卖出时机的捕捉！怎样才能利用三剑客指标，更快更妥当地捕捉到卖出的信号呢？

利用捕捉买入时机的思路来思考，三剑客指标中如果只有一位剑客拔出剑来的话，同样显得势单力薄而不太可靠！

若同时出现两个指标都发出卖出信号的话，就可以作为卖出依据而卖出手中的股票了！或间隔不久的时间里，连续有两位剑客发出卖出信号，这也是个可靠的卖出信号，我们把这种情况称为"双剑回鞘"。把三剑客指标同时发出卖出信号称为"三剑回鞘"（如上页图5-12所示）。

看看图5-13，那么此时卖出该股的位置在哪呢？

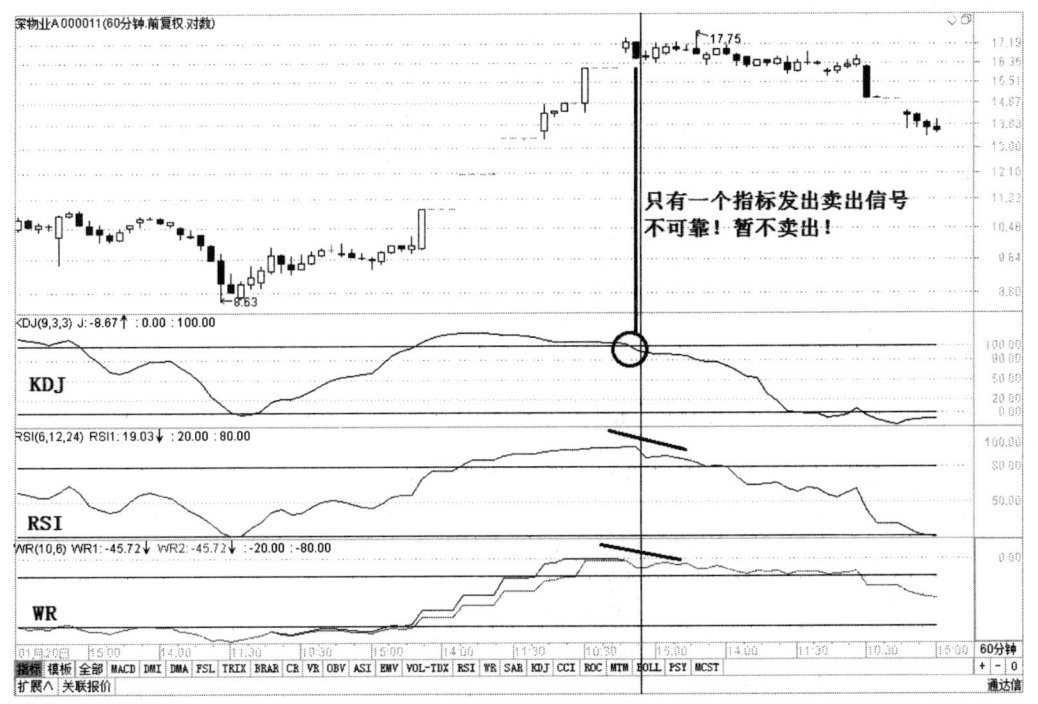

图5-13 卖出位置

因为当时来看，只有KDJ一个指标发出了高位死叉的卖出信号！显得不怎么可靠！所以暂时持股不动，但可以提高警惕！

如下页图5-14所示，我们看到RSI和WR同时发出了顶背离反转下跌信号，而且距离KDJ指标的高位死叉信号也不远！这么一来，就是"三剑回鞘"卖出信号了！信号如此之强烈，我们就不能再持有这只股的股票了，赶紧趁早将手上的股票清空！

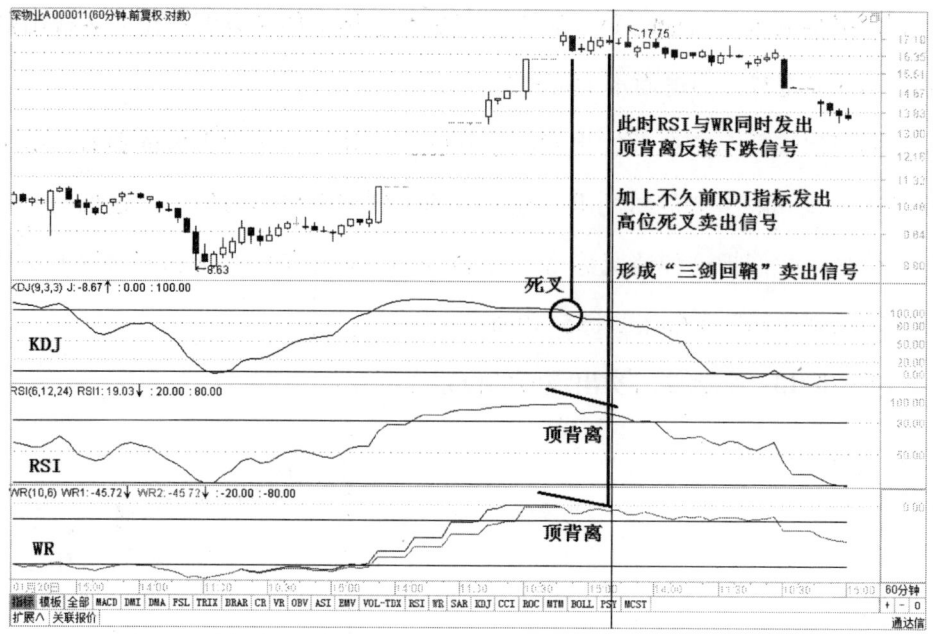

图5-14 三剑回鞘卖出信号

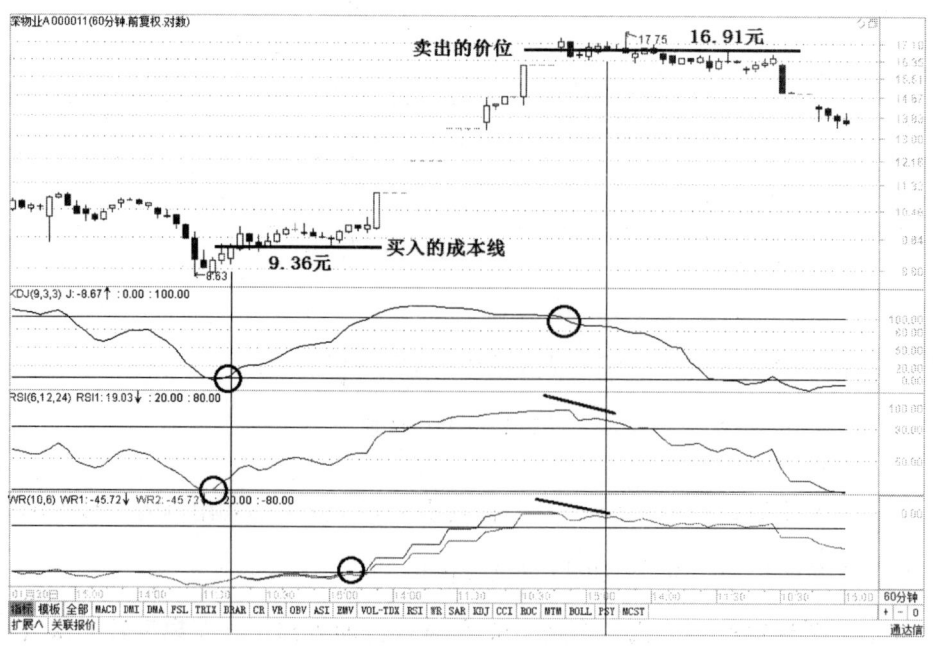

图5-15 交易回顾

如图5-15所示,整个交易过程获利1.806624(16.91÷9.36),即80%!

就此,我们利用同时两三个指标发出的买卖信号进行买卖,就能很好地捕捉到胜算高的交易信号！

胜算提高了，也就是说这种交易法能够最大限度地避开指标本身的不稳定性或滞后性，也间接降低了庄家做市骗线情况的发生频率！

五、简单有效的操作法则

三剑客指标交易系统本身并不复杂，就三个指标而已，只是利用共振原理设法捕捉胜算高的交易信号。

交易法则也不复杂，即四步：①等待买入信号；②买入后持股；③等待卖出信号；④卖出后持币。

1. 等待买入信号

在可靠的买入信号出现前，所能做的唯一一件事就是等待！

如果单有一个指标发出买入信号，继续等待。

如果有两个甚至三个指标都发出买入信号，就可以买入了！

2. 买入后持股

当我们买入一只股票后，除非出现可靠的卖出信号，否则持股待涨！

3. 等待卖出信号

在持股期间最需要的是心态要平稳，不能因为股价偶尔的风吹草动而乱了自己的阵脚！

除非卖出信号发出可靠的卖出信号，否则绝不卖出手中的股票！

4. 卖出后持币

当出现了可靠的卖出信号后，卖出就势在必行了，卖出后就只能持币！

持币期间不宜乱投其他股票，应该耐心地等待和寻找新的投资标的！

在介绍了这些简单得不能再简单的交易法则之后，接下来介绍的就是具体的买卖信号和形态了，下一章将全面列举这些信号以供读者查阅！

第六章

三剑合璧——股市三剑客交易法

一、双剑出鞘——买入

双剑指的是三剑客中有两个指标同时出现看涨买入的信号。具体分为以下几种类型。

1. KDJ 金叉、RSI 金叉——买入

图6-1　KDJ 金叉、RSI 金叉——买入

图6-1是 KDJ 指标与 RSI 指标同时发出金叉买入信号，之后两指标徘徊在震荡区间与行情震荡一致，其他均线指标也不断黏合，酝酿新一轮的上涨行情！

如下页图6-2所示，虽然自信号发出后没有马上进入上升行情，但震荡之后没过多久，行情就一路上扬，此信号威力之大，不可小觑！

图6-2 后续走势

2. KDJ 金叉、RSI 低位二次金叉——买入

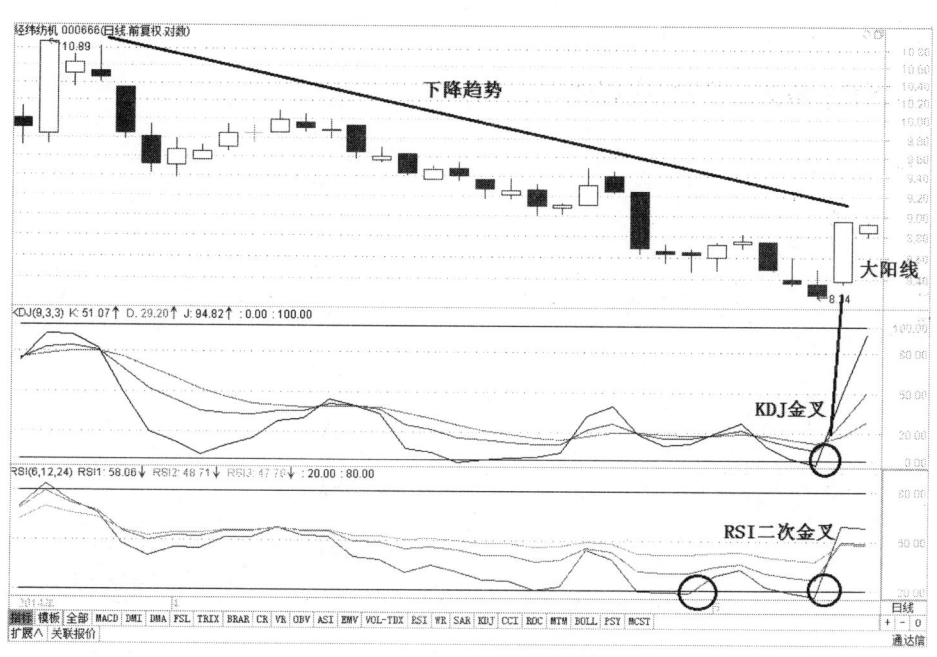

图6-3 KDJ 金叉、RSI 低位二次金叉——买入

图6-3是 KDJ 指标金叉而 RSI 指标出现低位二次金叉的走势图，当日股价以光头大阳线报收，说明该信号可靠性大为增加。

图6-4 后续走势

如图6-4，双剑指标发出买入信号，再加上大阳K线的霸气外露，随后涨势势不可当。

3. KDJ 金叉、RSI 底背离——买入

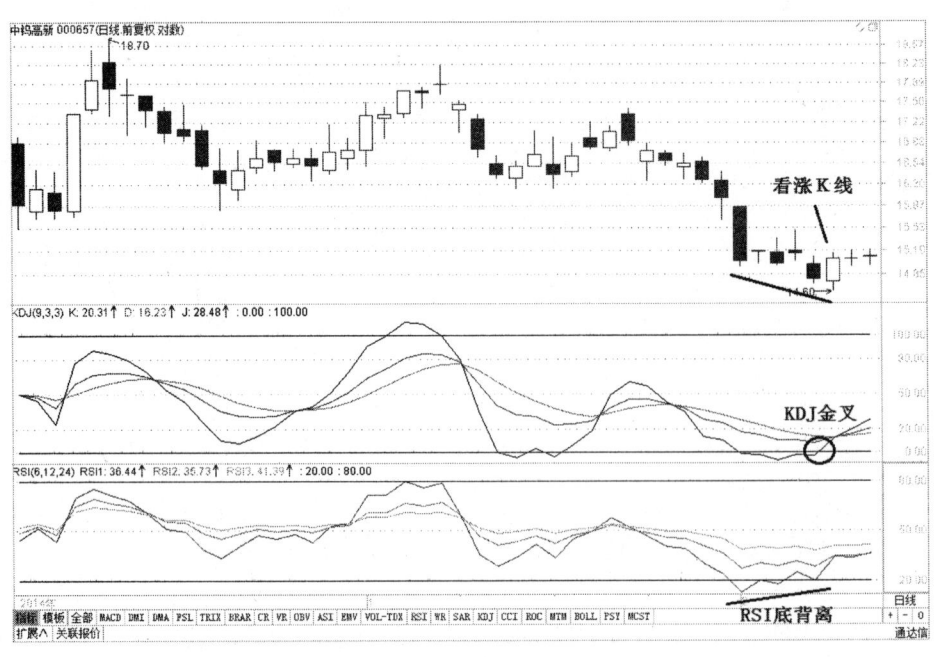

图6-5 KDJ 金叉、RSI 底背离——买入

上页图6-5是KDJ指标金叉而RSI指标发生底背离的看涨信号。

图6-6 后续走势

如图6-6所示，就在信号发出后，股价直接突破了均线，得到了均线的支撑，并一路向上攀升。

4. KDJ低位二次金叉、RSI金叉——买入

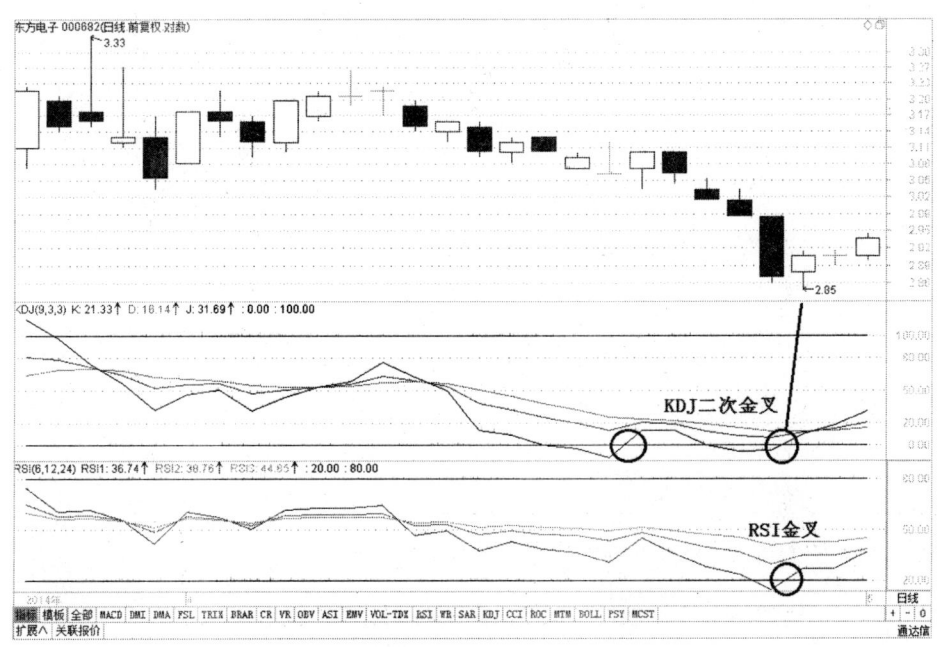

图6-7 KDJ低位二次金叉、RSI金叉——买入

上页图6-7出现了KDJ低位二次金叉与RSI指标的金叉买入信号！

如图6-8所示，股价的后续走势，并没有让买入者失望！

图6-8 后续走势

5. KDJ低位二次金叉、RSI低位二次金叉——买入

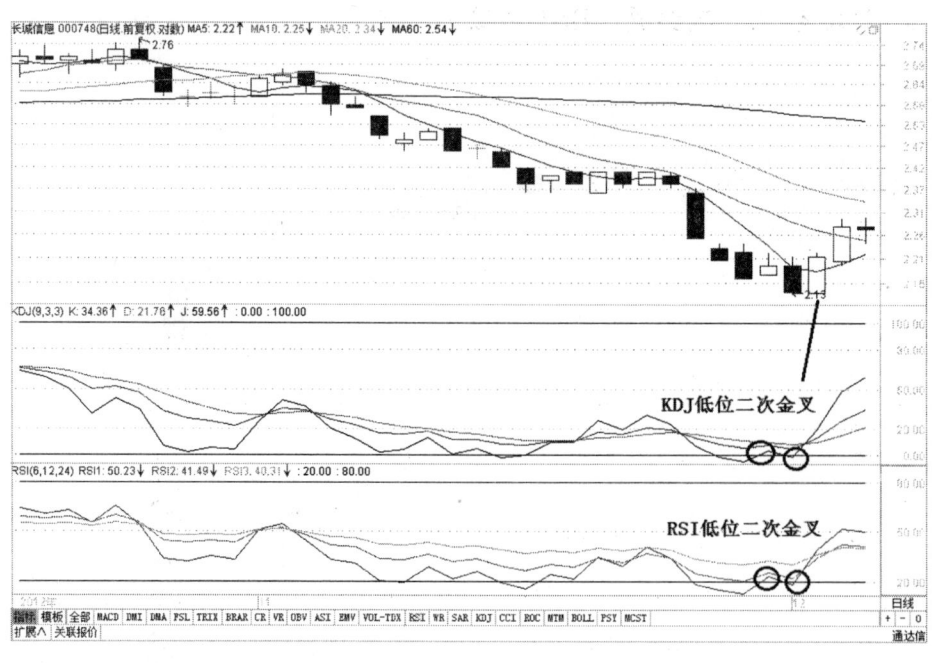

图6-9 KDJ低位二次金叉、RSI低位二次金叉——买入

上页图6-9出现了 KDJ 和 RSI 指标同时发生低位区二次金叉，而且两次金叉的距离极短，当日报收一个大阳线，次日又报收一个大阳线，则其后续走势必能大展宏图。

图6-10　后续走势

在图6-10中，股价的后续走势居然上涨了20倍！飞一般的感觉！

6. KDJ 低位二次金叉、RSI 底背离——买入

图6-11　KDJ 低位二次金叉、RSI 底背离——买入

上页图6-11出现了 KDJ 指标处在低位的二次金叉买入信号和 RSI 底背离信号，再加上当日报收的锤子 K 线，加大了后续上涨的可能性。

图6-12　后续走势

如图6-12所示，虽然两个指标发出信号的时间不太一致，但在累计效果和K线形态的影响下，还是能发挥强大的引涨效力！

7. KDJ 底背离、RSI 金叉——买入

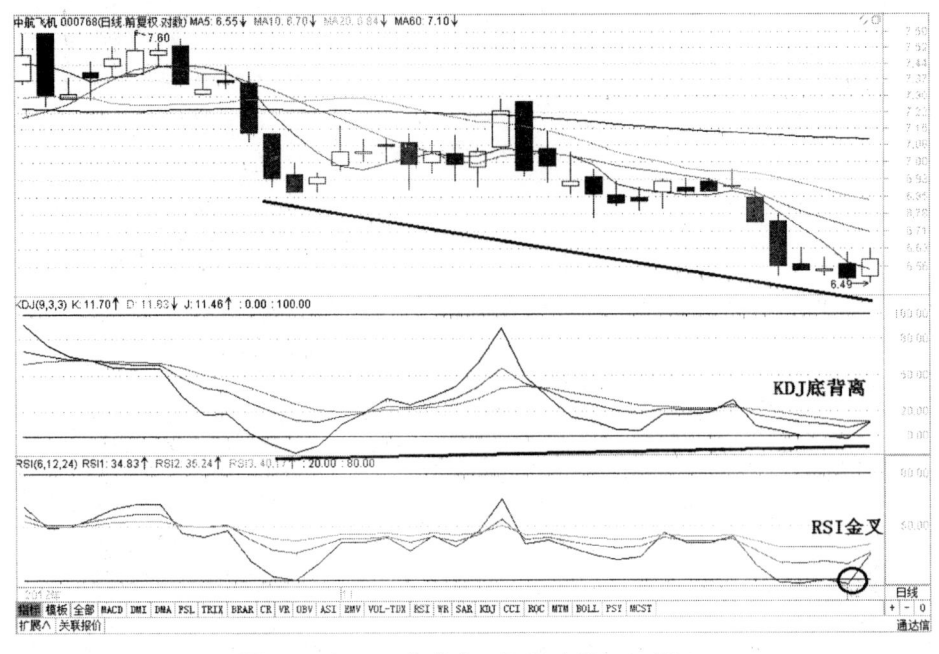

图6-13　KDJ 底背离、RSI 金叉——买入

上页图6-13中出现了 KDJ 指标发出的底背离信号和 RSI 指标发出的金叉信号，两个信号同时发出，效力大增！

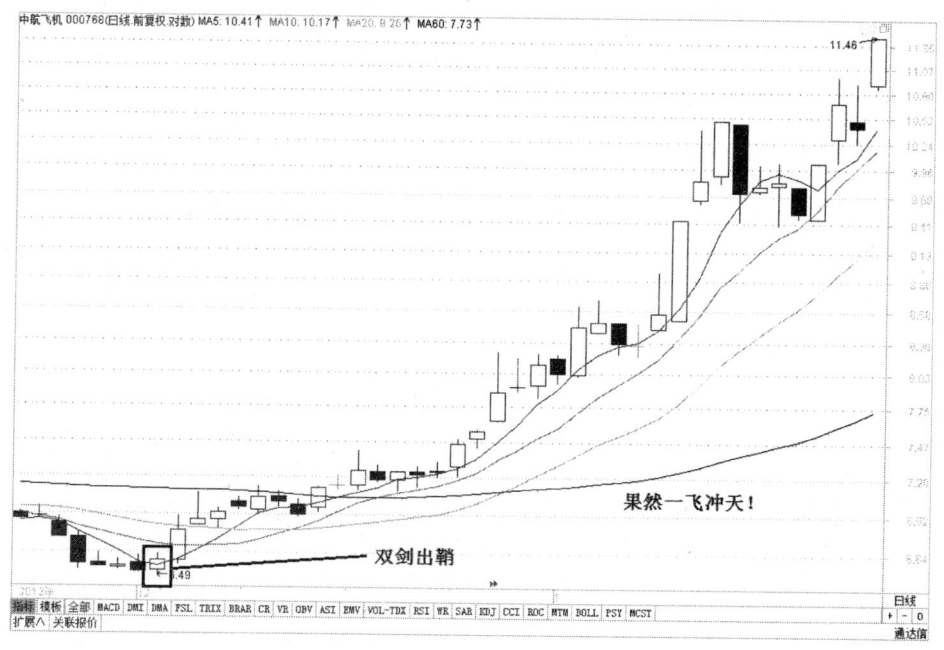

图6-14　后续走势

如图6-14所示，股价没有回头，直接在第二个交易日就以大阳线飞离低价区，不久直接飞升！为真强势！

8. KDJ底背离、RSI 低位二次金叉——买入

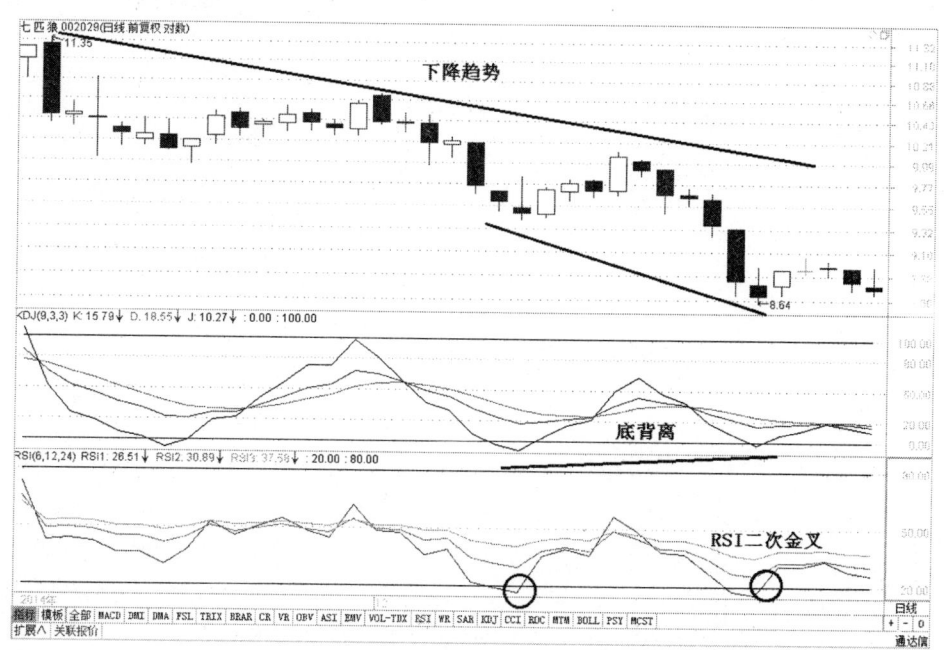

图6-15　KDJ 底背离、RSI 低位二次金叉——买入

上页图6-15的股价长期处在明显的下降趋势之中,近期出现 KDJ 底背离买入信号和 RSI 指标的低位区二次金叉买入信号,大大增加了未来行情的上涨信心!

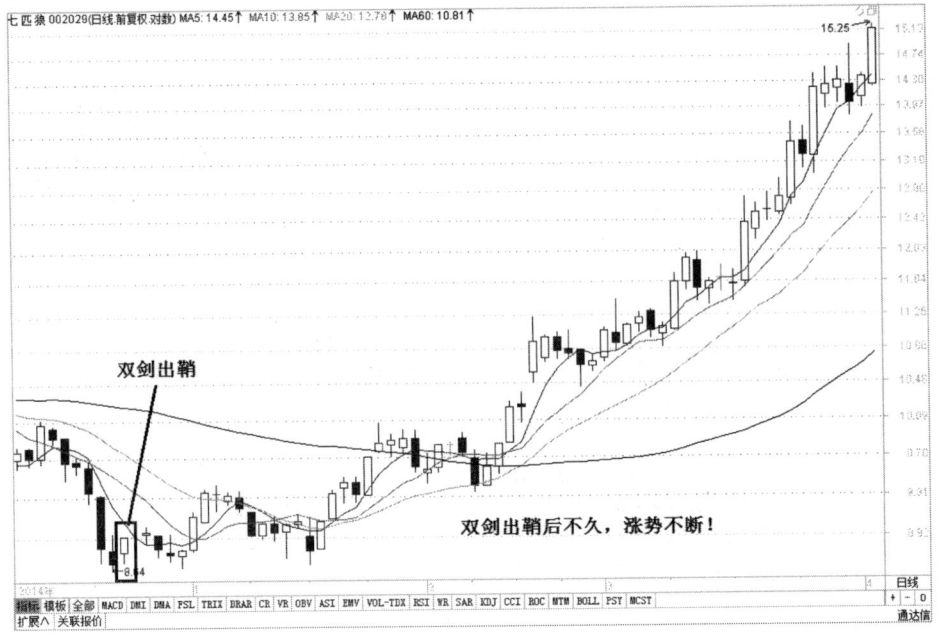

图6-16　后续走势

如图6-16所示,双剑出鞘后不久,股价缓慢地震荡上行,逐渐打通了上升之道!

9. KDJ 底背离、RSI 底背离——买入

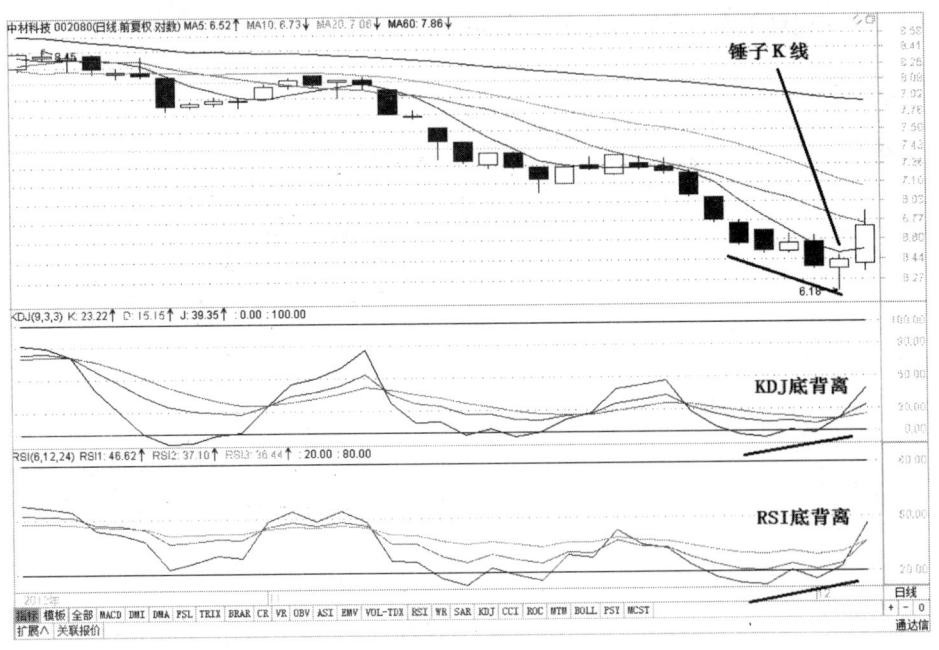

图6-17　KDJ 底背离、RSI 底背离——买入

上页图6-17出现了 KDJ 与 RSI 指标的底背离的同步买入信号，其效果极为稳定！

图6-18　后续走势

如图6-18所示，双剑出鞘买入信号再加上底部锤子K线，行情上涨的信心更为极致。可以看到后续的走势强势不可敌！获利可观！

10. KDJ 的 J 过低或底背离、RSI 金叉——买入

图6-19　KDJ 的 J 过低或底背离、RSI 金叉——买入

上页图6-19显示的是 KDJ 指标的 J 值处在 0 以下，且同时出现 RSI 指标的低位金叉，另外又有看涨孕线 K 线看涨形态，可见未来上涨的力度也不小，预计在该看涨孕线收盘价再下跌1%～3%的位置介入会比较好。

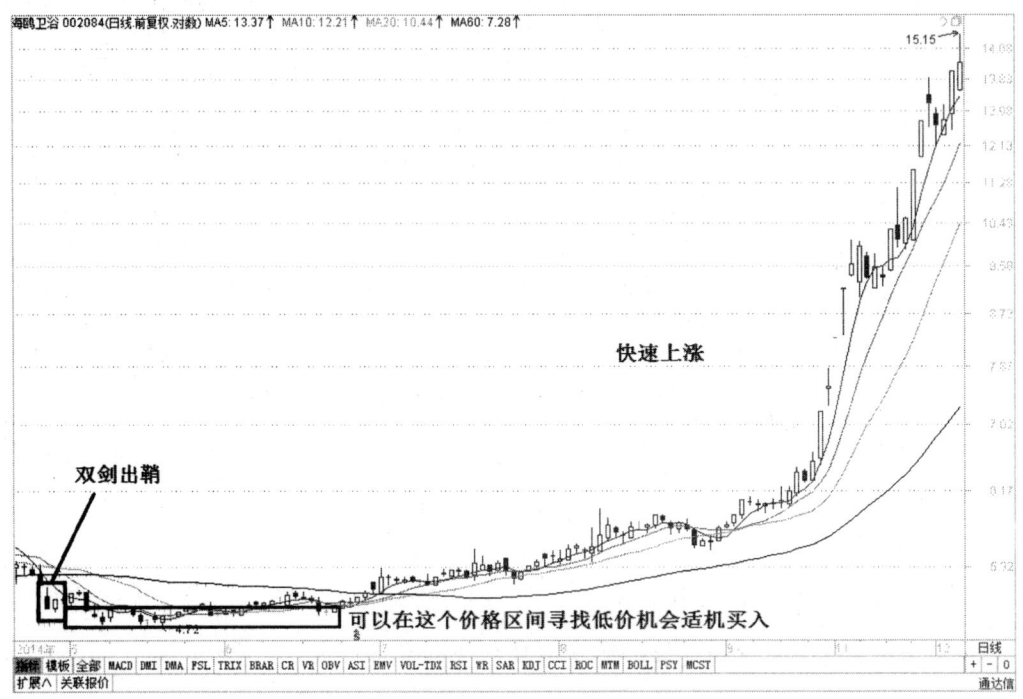

图6-20　后续走势

如图6-20所示，虽然信号发出了，但是我们选择了等待买入机会，所以在随后股价下跌2%时买入，买到了一个相对较低的价位。随后的行情也没有让买入持有它的投资者失望！

11. KDJ 的 J 过低或底背离、RSI 低位二次金叉——买入

下页图6-21显示的是 KDJ 指标前期的 J 值处在低位，同时 RSI 指标随后出现低位金叉信号，当日又报收于看涨吞没线形态，依据此形态，预设其收盘价格下跌5%左右时适机买入。

当有机会买入后，正逢 RSI 指标的低位二次金叉，属杠上开花，必将引领新一轮上涨行情。

图6-21 KDJ的J过低或底背离、RSI低位二次金叉——买入

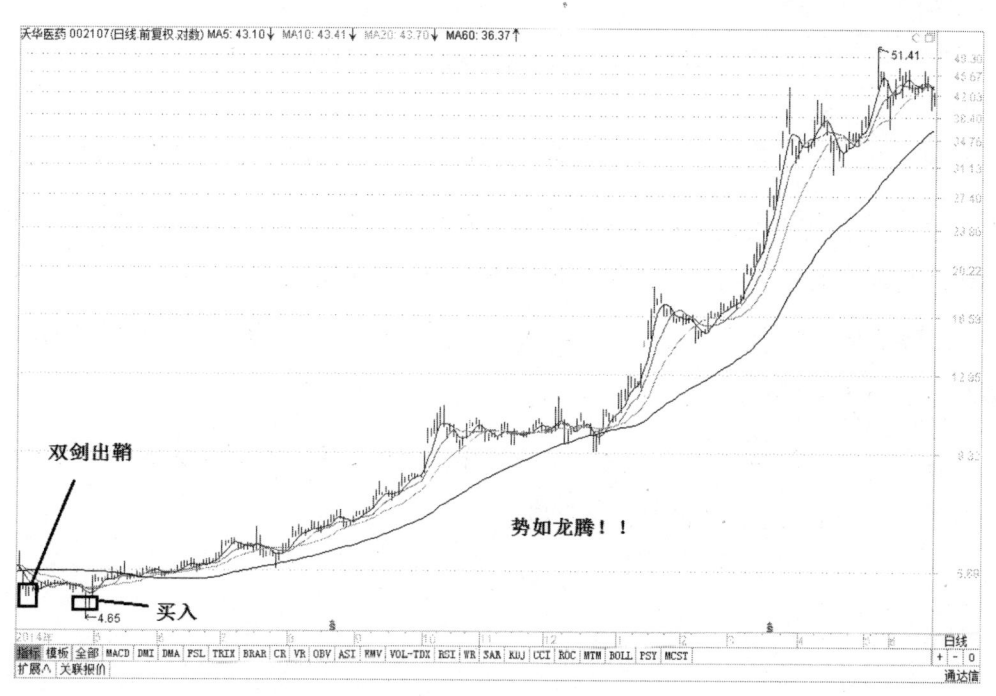

图6-22 后续走势

如图6-22所示，如愿买在较低价位，又坐享龙腾般的飞升，利润极丰！

12. KDJ 的 J 过低或底背离、RSI 底背离——买入

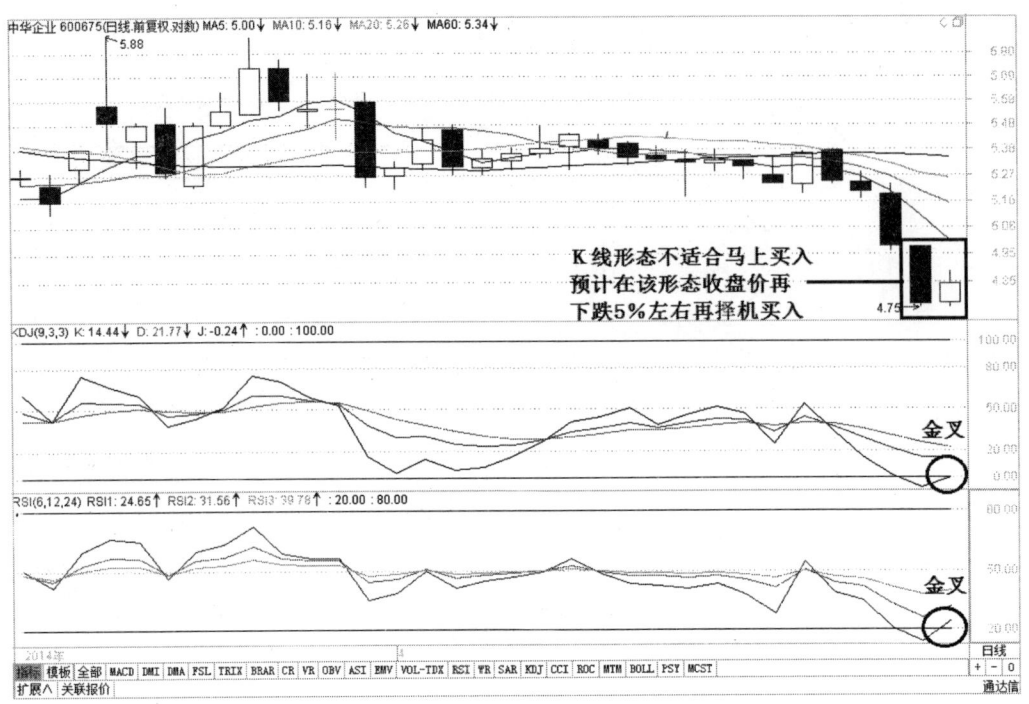

图6-23 KDJ 的 J 过低或底背离、RSI 底背离——买入

图6-23首先看到的是 KDJ 指标发出的金叉买入信号和 RSI 指标发出的金叉买入信号，但是当日收出的 K 线形态不支持立刻买入该股，所以按照 K 线形态预测股价还会再下探5%左右，我们可以在该价格下跌5%时陆续买入。

如下页图6-24所示，开始等待买入机会，经过两周的时间后，股价终于跌入我们预计的买入价位之下，可以开始买入。

如下页图6-25所示，后续走势不断上升，相对于极低的买入价格，大大提高了利润而降低了风险，买的价位真是极好。

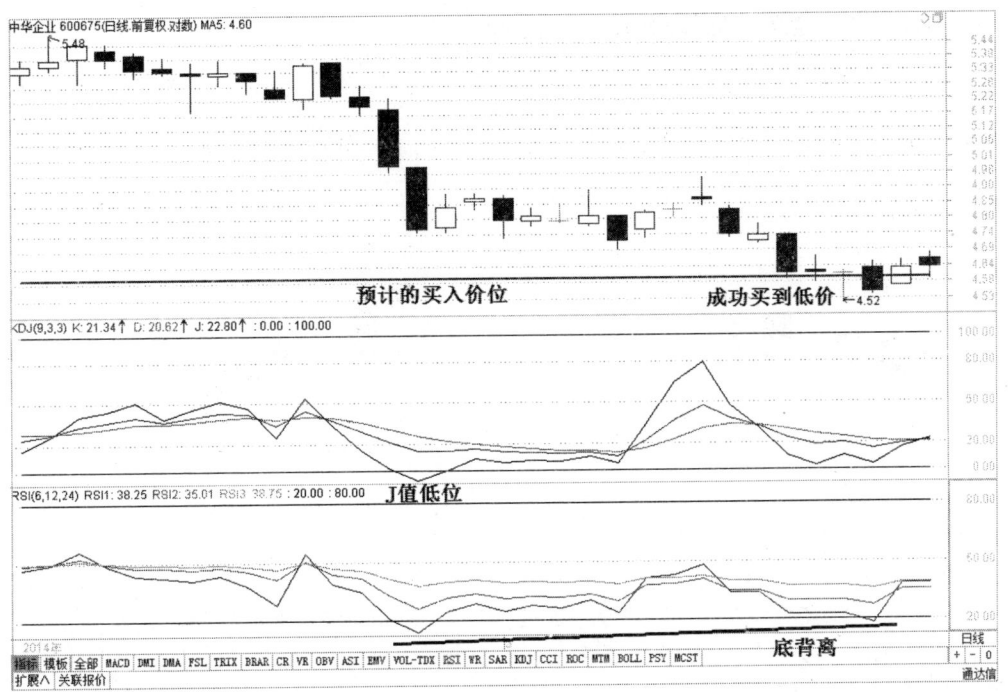

图6-24 后续走势（一）

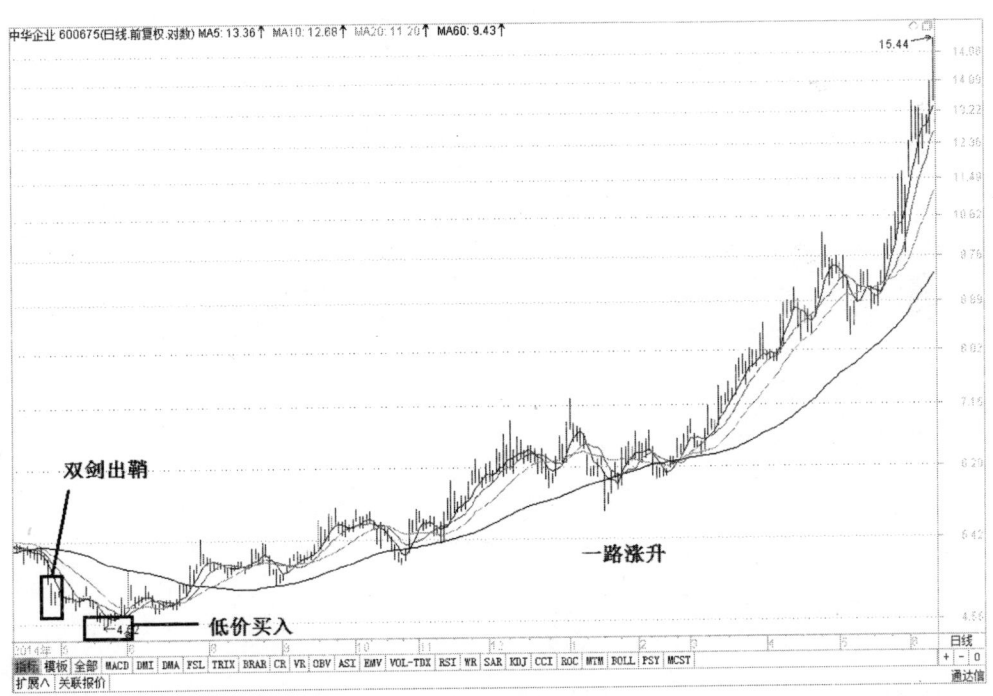

图6-25 后续走势（二）

13. KDJ 金叉、WR 金叉——买入

如图6-26所示，虽然 KDJ 指标发出了金叉买入信号，但是 WR 指标并没有随着发生金叉，但是当日的K线形态预示反转力度还是很强的，容再观察一个交易日！

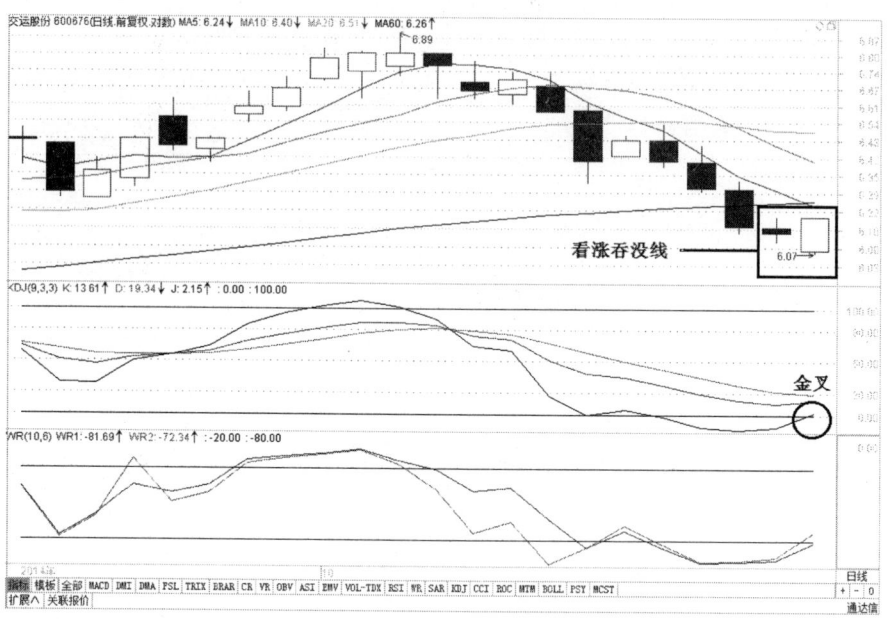

图6-26　判断买入时机

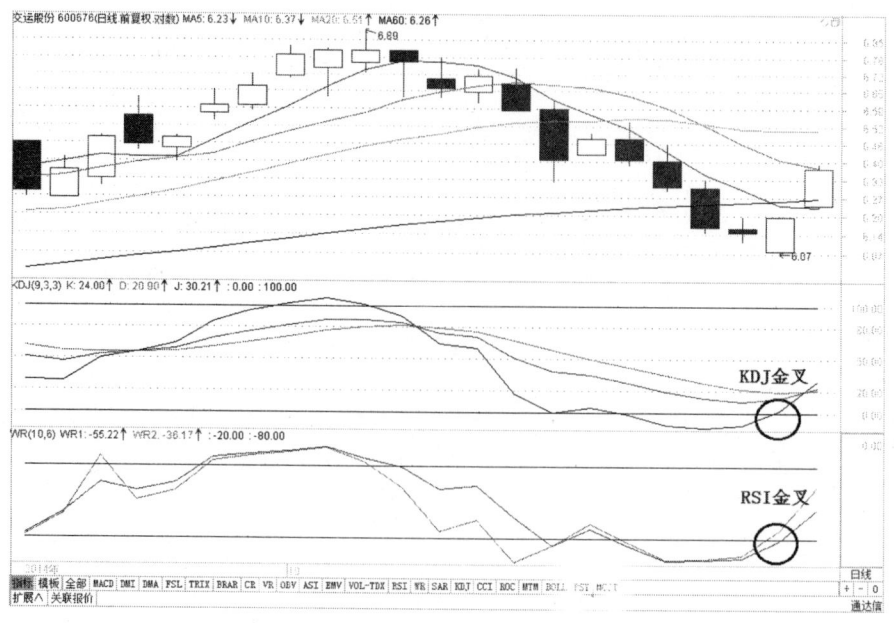

图6-27　KDJ金叉、WR金叉——买入

如上页图6-27所示,果然如预期所料,股价随后发出了"双剑出鞘"买入信号,买入!

图6-28 后续走势

图6-28是"双剑出鞘"买入信号发出后的后续走势,强势上涨不可挡!

14. KDJ 金叉、WR 低位二次金叉——买入

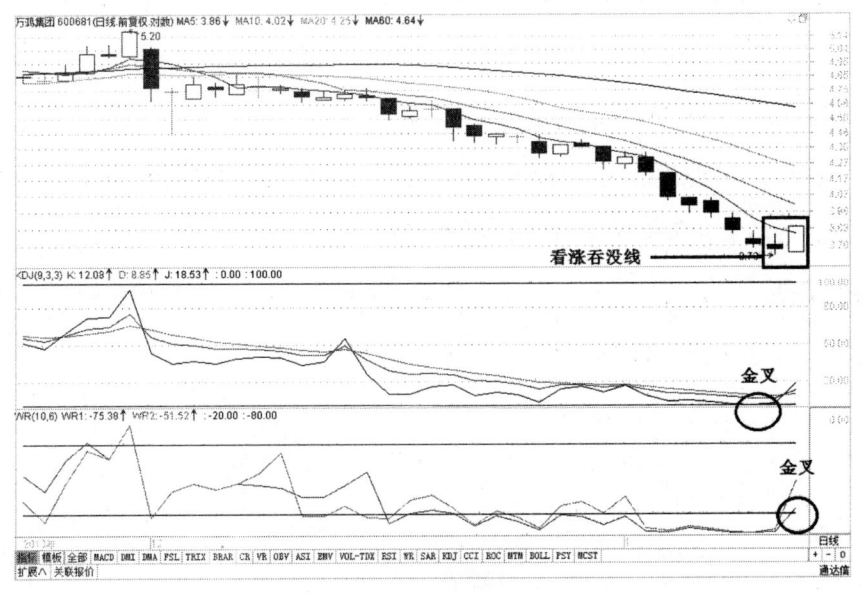

图6-29 KDJ金叉、WR低位二次金叉——买入

如上页图6-29所示，虽然有时两个指标发生金叉的时间不是很同步，但是只要间隔天数不多，加上K线形态又是强势型的，这样的"双剑出鞘"同样可靠！

图6-30　后续走势

如图6-30所示，只要指标间金叉在相邻的两个交易日内，就仍符合"双剑出鞘"形态，效果仍然强大！

15. KDJ金叉、WR 底背离——买入

下页图6-31出现了 KDJ 指标发出金叉买入信号，而 RSI 指标发出底背离买入信号，并且当日 K 线是看涨吞没线的强势看涨形态，买入无疑！

如下页图6-32所示，后续走势果然不让人失望，以 5 个涨停板强力突破了均线的压制，直升而上！沿着这条均线不断向上攀升！

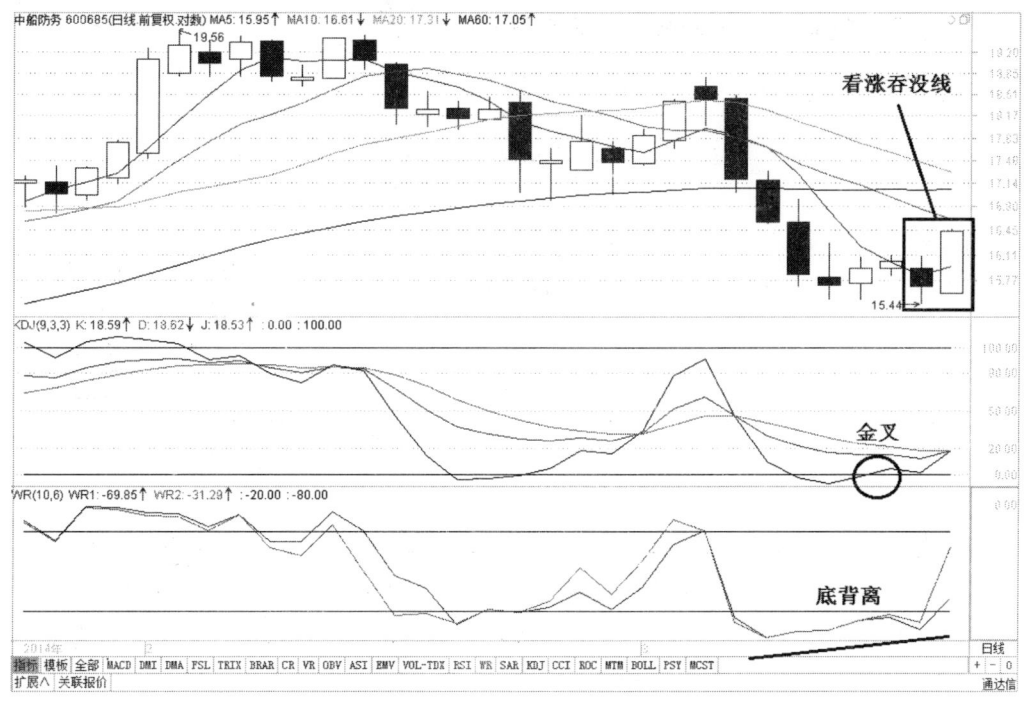

图6-31 KDJ金叉、WR底背离——买入

图6-32 后续走势

16. KDJ 低位二次金叉、WR 金叉——买入

图6-33　KDJ 低位二次金叉、WR 金叉——买入

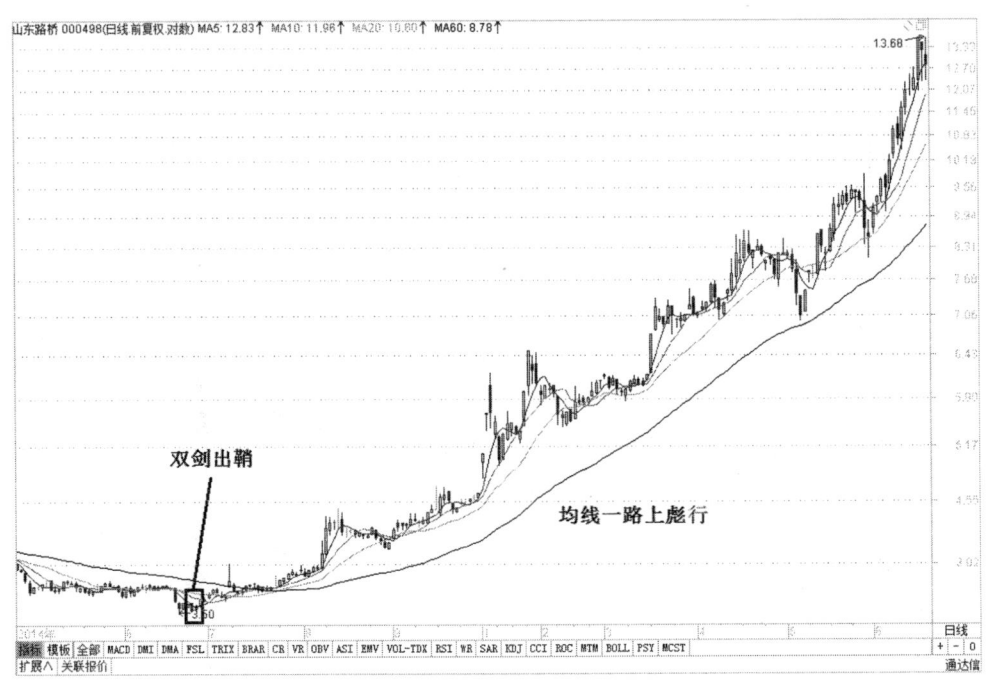

图6-34　后续走势

上页图6-33显示的是KDJ指标出现低位二次金叉，同时WR指标也同时出现了低位金叉买入信号。两个指标发出金叉买入信号的同时，又出现看涨孕线K线形态，加大了后市反转上涨的概率。

如上页图6-34所示，在出现"双剑出鞘"买入信号后，加上看涨孕线的威力，股价沿着均线的向上支撑一路上飙涨，涨幅约4倍！

17. KDJ低位二次金叉、WR低位二次金叉——买入

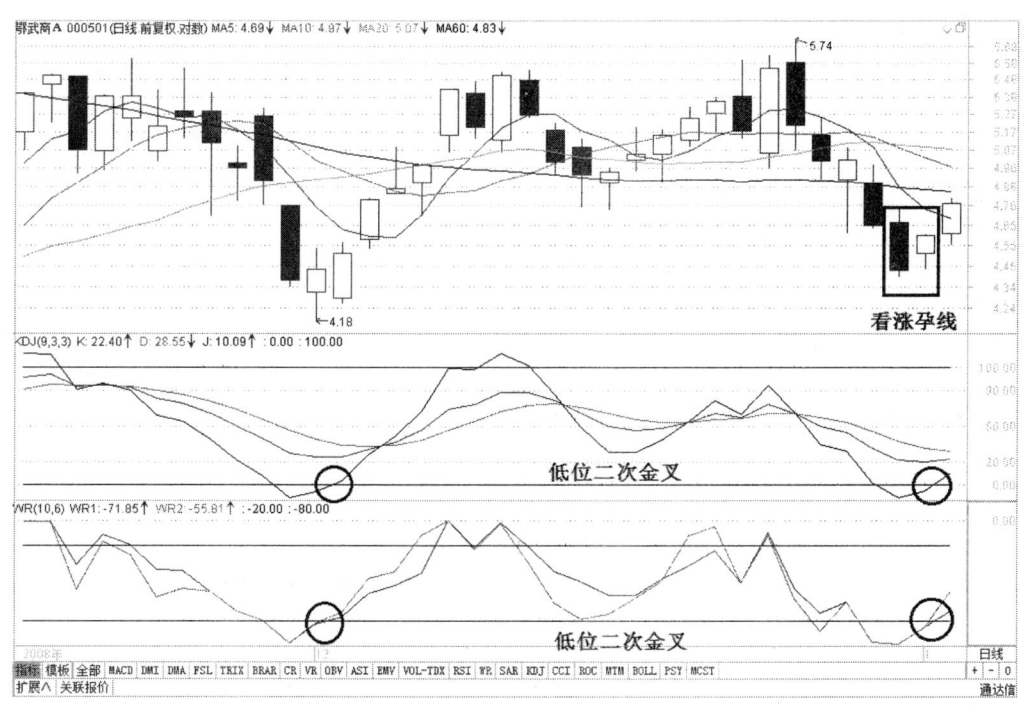

图6-35　KDJ低位二次金叉、WR低位二次金叉——买入

图6-35出现了KDJ指标和WR指标同时发出的低位二次金叉信号，更有看涨孕线反转形态，预示后市将迎来涨势，获利丰厚！

如下页图6-36所示，正如所料，股价在双剑出鞘看涨信号发出后，正式进入多头涨升行情，拉升了5倍多！

图6-36 后续走势

18. KDJ 低位二次金叉、WR 底背离——买入

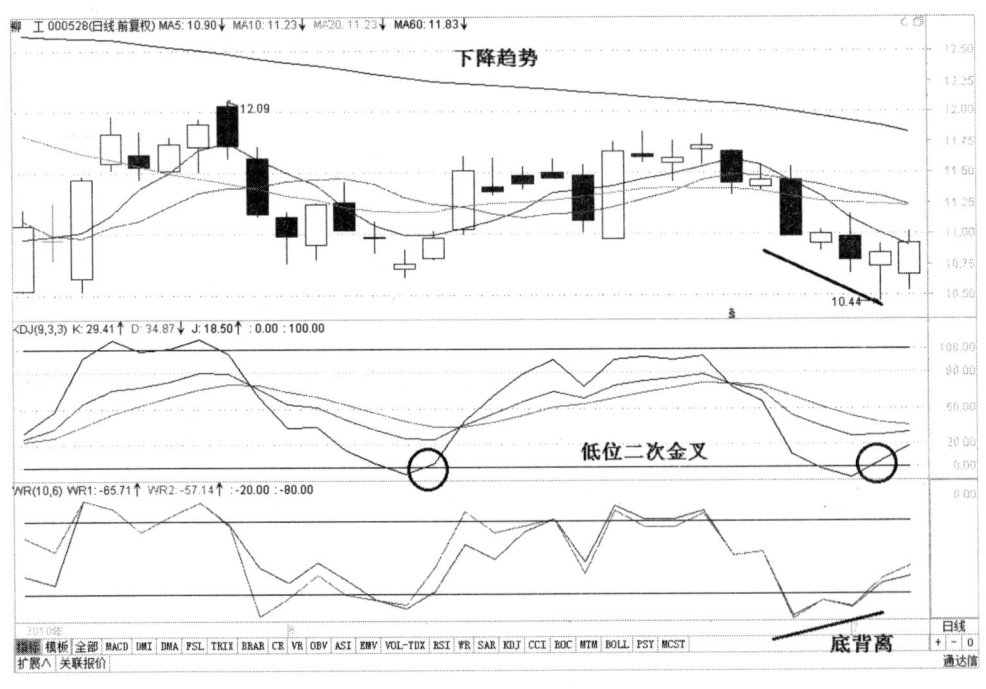

图6-37 KDJ 低位二次金叉、WR 底背离——买入

图6-37出现了KDJ指标发出低位二次金叉买入信号，并且WR指标也发出了明显的底背离看涨买入信号！当日K线收出类似锤子线，并且第二个交易日的确收出了一个较大实体的阳K线，预示着此次"双剑出鞘"信号发出后，将会有一次大幅上升行情！

图6-38　后续走势

如图6-38所示，后续走势可以看到股价果然如我们所料，在双剑出鞘买入信号发出不久，便将股价迅速带离了低价区，之后不断地震荡上行，最终涨幅约3倍！

19. KDJ底背离、WR金叉——买入

下页图6-39出现了KDJ指标发出的底背离看涨反转信号和WR指标发出的低位金叉买入信号！双剑出鞘，必有所获！再加上当日收出的锤子K线和十字星K线，更增加了未来反转上涨的可能性！

如下页图6-40所示，股价在突破均线后一直向上涨升，未跌破均线，可以一直持股直到跌破均线为止，最终涨幅超过3倍！

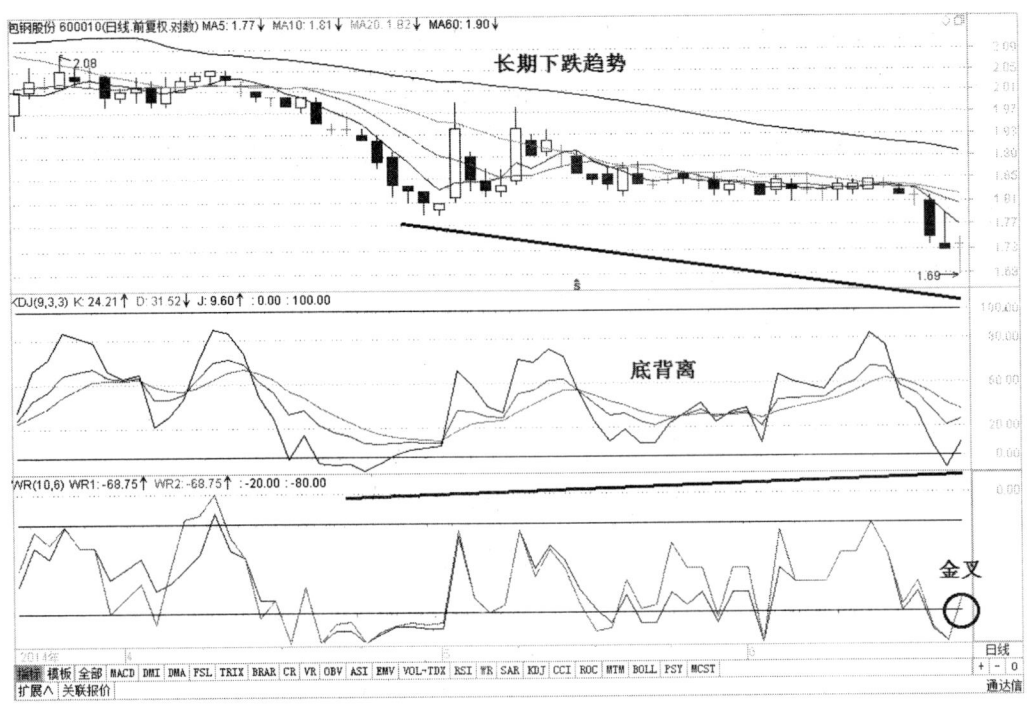

图6-39 KDJ底背离、WR金叉——买入

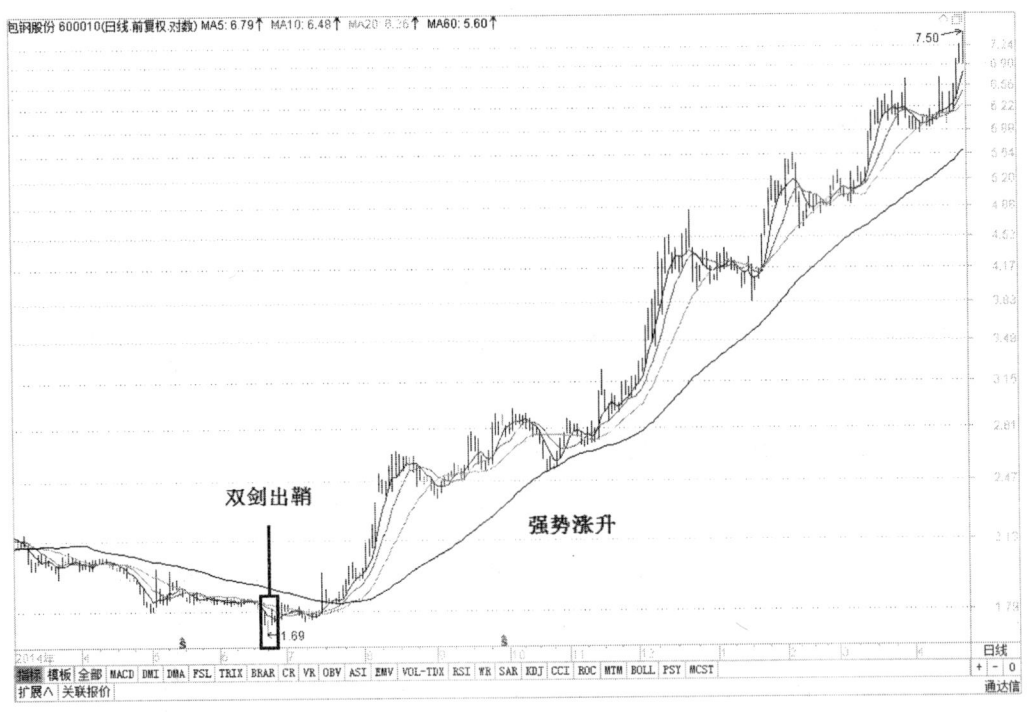

图6-40 后续走势

20. KDJ 底背离、WR 低位二次金叉——买入

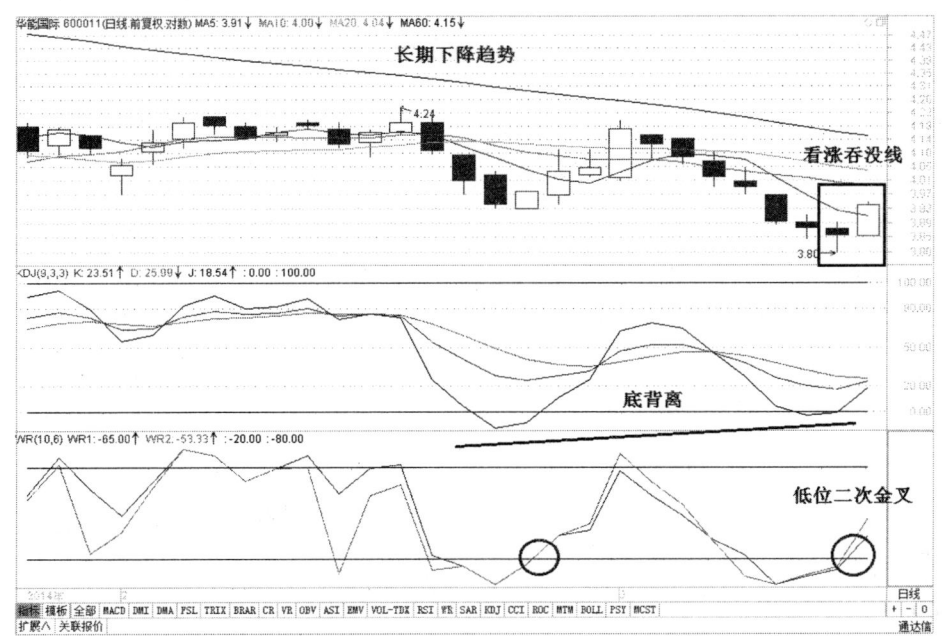

图6-41　KDJ 底背离、WR 低位二次金叉——买入

图6-41出现了 KDJ 指标发出底背离反转上涨信号和 WR 指标发出低位二次金叉买入信号，同时该日报收看涨吞没 K 线形态，大大增加了后势上涨的概率和信心！

图6-42　后续走势

如上页图6-42所示，股价迅速脱离了该低价区，沿着长期均线的支撑一路涨升！

21. KDJ 底背离、WR 底背离——买入

图6-43 判断是否买入

图6-44 KDJ 底背离、WR 底背离——买入

上页图6-43出现了 KDJ 指标发出的底背离反转上涨信号，WR 指标也将发出底背离反转上涨信号，但是当日收出大阴线，并且 WR 指标还未发出金叉信号，所以暂时还不能确认信号的可靠性！

如上页图6-44所示，下个交易日没有继续下跌，收了一个小阳K线，并且 WR 指标确认了金叉信号，也就是确认了 KDJ 与 WR 指标同时发出的底背离反转上涨信号！后市不可小觑！

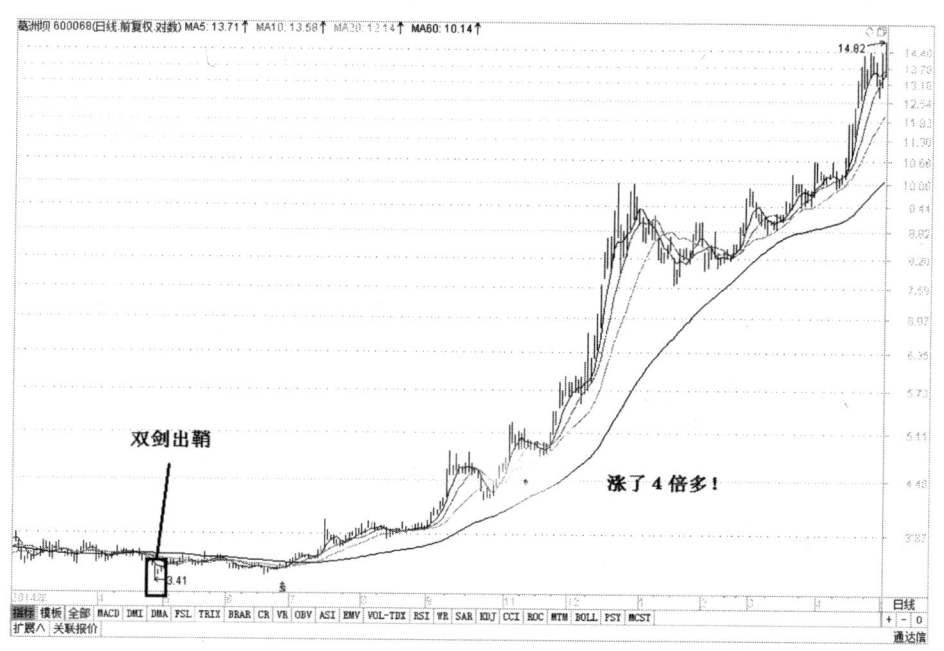

图6-45　后续走势

如图6-45所示，后续走势可以看到股价平步青云！获利4倍之多！

22. KDJ 的 J 过低或底背离、WR 金叉——买入

下页图6-46显示的是 KDJ 指标的 J 值低于-20，并且 WR 指标有可能出现低位金叉买入信号，所以后面的几个交易日可以关注这只股票，一旦出现 WR 指标的金叉买入信号，即可买入。

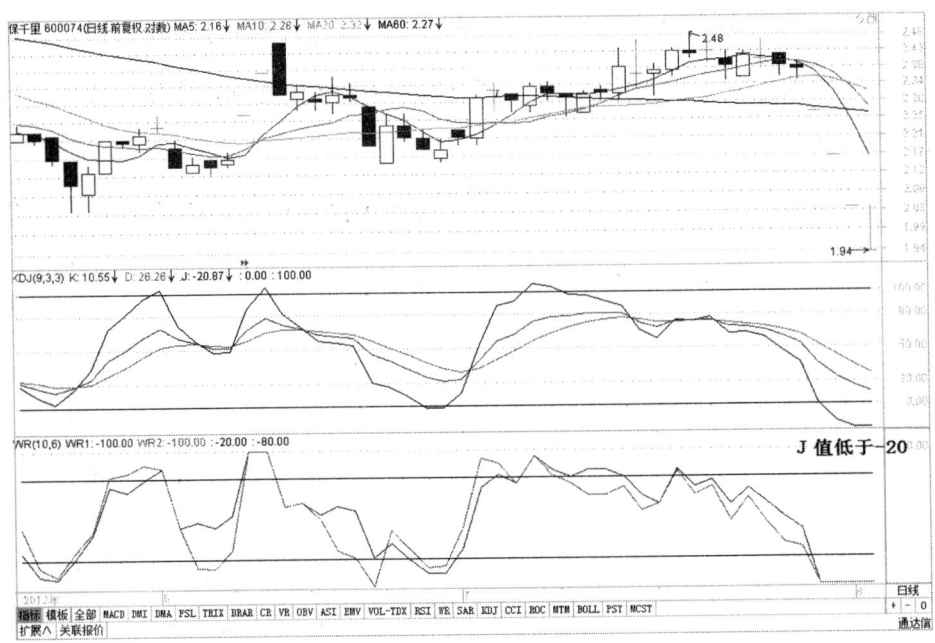

图6-46 买入信号

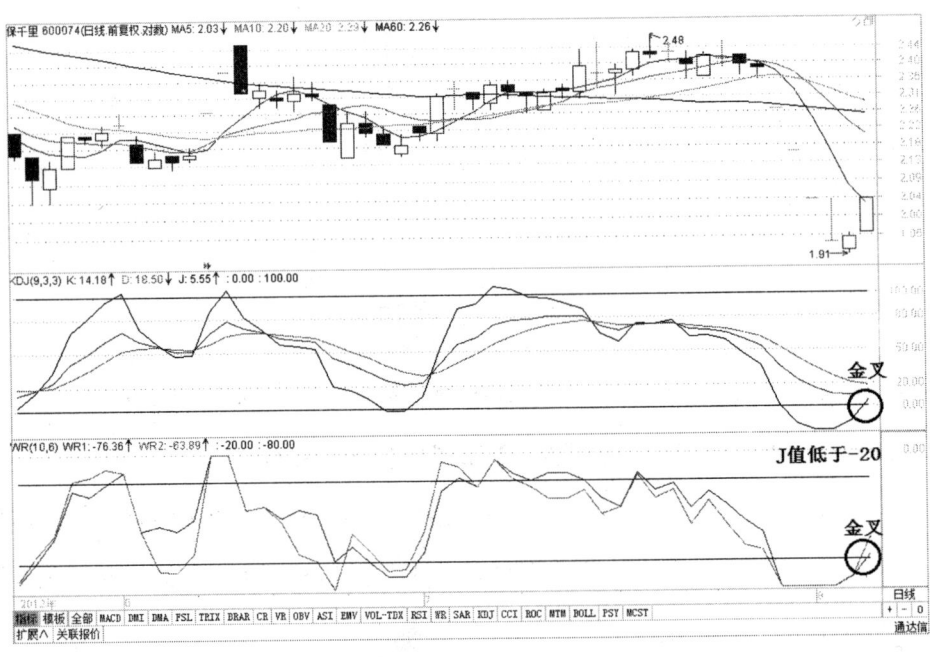

图6-47 KDJ 的 J 过低或底背离、WR 金叉——买入

如图6-47所示,随后的两个交易日,KDJ 指标和 WR 指标双双发出低位金叉买入信号,加强了后市上涨的可能性!

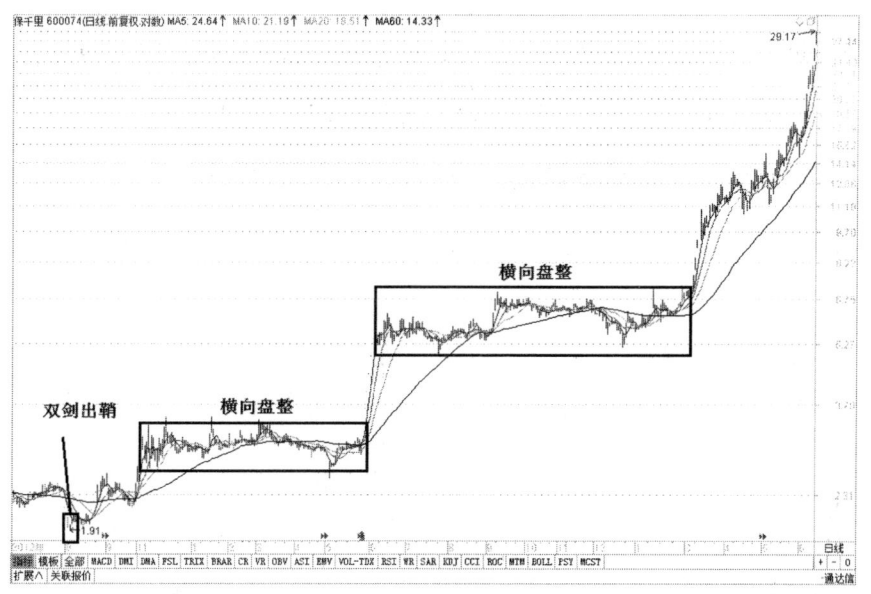

图6-48 后续走势

如图6-48所示,不出所料,股价后市强势上升,虽然有过几次横向盘整震荡,但涨势仍未改变,获利颇丰!

23. KDJ 的 J 过低或底背离、WR 低位二次金叉——买入

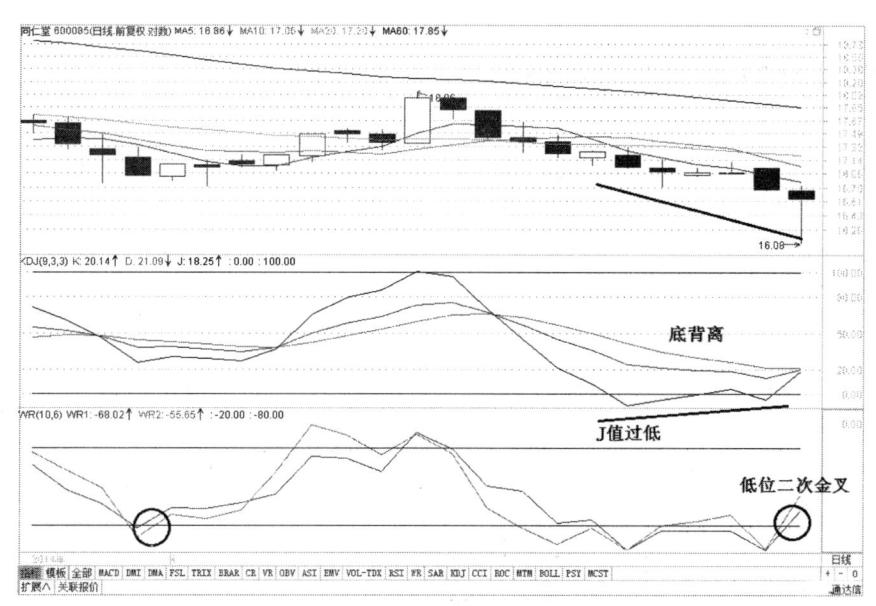

图6-49 KDJ 的 J 过低或底背离、WR 低位二次金叉——买入

图6-49出现了 KDJ 指标发出的底背离反转上涨信号,而且 WR 指标也发出了低

位二次金叉的买入信号，当日又收一锤子K线，更是如虎添翼，后市必涨！根据锤子K线的提示，可以在该锤子线下影线价格范围内择机择低分批买入！

如图6-50所示，显示后市有大量的时间和机会择低价分批买入。

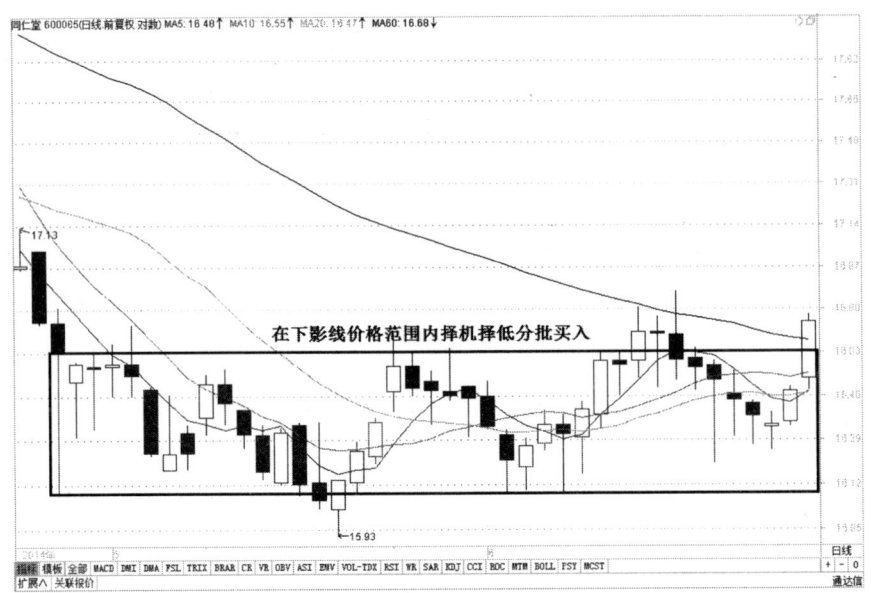

图6-50　买入机会

如图6-51所示，整体获利2倍多！

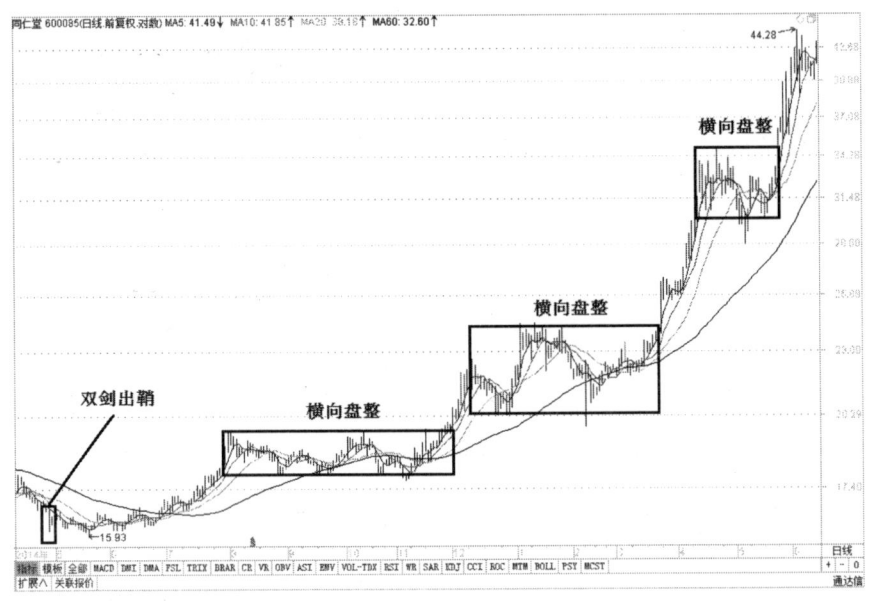

图6-51　后续走势

24. KDJ 的 J 过低或底背离、WR 底背离——买入

图6-52显示了 KDJ 指标的 J 值到达了-15以下的低位区，说明当前处在相对较低的位置，再加上 WR 指标提示，该股后期如果有其他共振信号出现的话，是可以作为看涨信号买入。

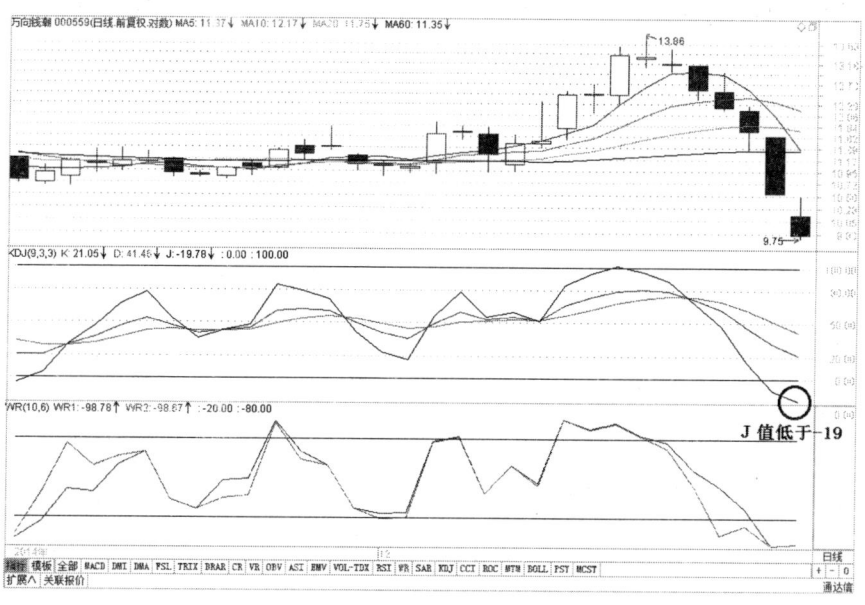

图6-52　买入

图6-53　KDJ 的 J 过低或底背离、WR 底背离——买入

如上页图6-53所示，5个交易日后，KDJ 指标即将发生金叉买入信号，WR 指标则发出更为可靠的底背离看涨反转信号，更有看涨孕线形态的信号在加强，后市必有作为！

如图6-54所示，在出现 WR 指标的底背离信号后，股价虽然还在低位震荡了一段时间，但很快就有效突破了均线的压制，成功站上均线后便迅速脱离了低价区，整体获利约 3 倍！

图6-54　后续走势

25. RSI 金叉、WR 金叉——买入

下页图6-55出现了 RSI 指标发出金叉买入信号，而且 WR指标也同时发出了金叉买入信号，再加上有看涨吞没线形态的支持，未来行情将有获利空间。

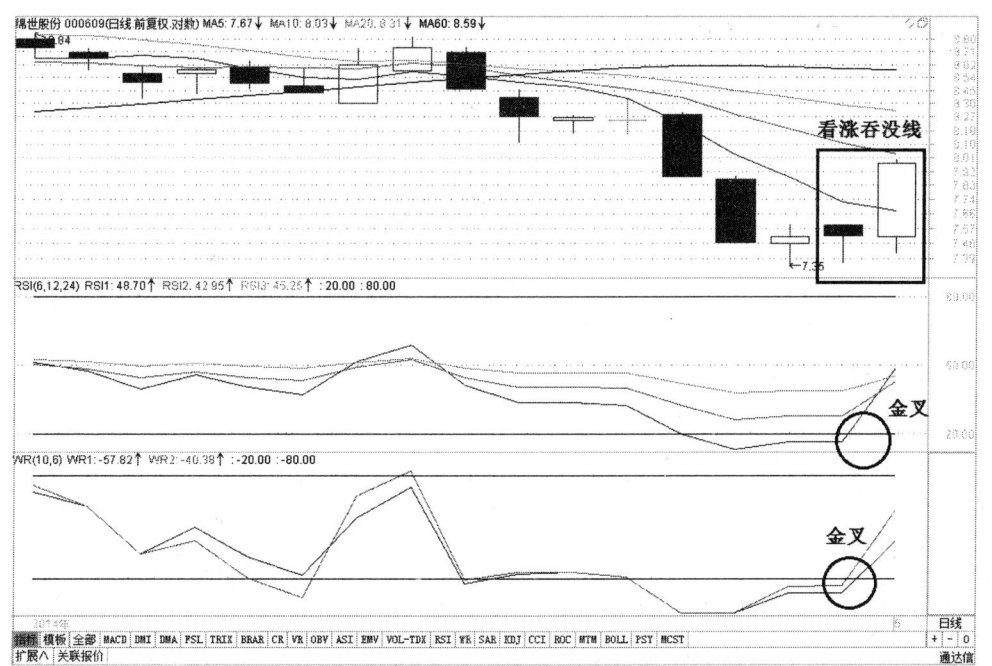

图6-55 RSI金叉、WR金叉——买入

图6-56 后续走势

如图6-56所示，股价的后续走势，获利不小。

26. RSI金叉、WR低位二次金叉——买入

图6-57　RSI金叉、WR低位二次金叉——买入

图6-57出现了RSI指标发出的金叉买入信号，WR指标也发出了一次不标准的底背离信号，并且出现了低位二次金叉的买入信号。当日报收大阳K线，而且是看涨捉腰带线，大大增加了后市上升的概率。

图6-58　后续走势

如图6-58所示，股价的后续走势，证明双剑出鞘信号的可靠性确实可信。

27. RSI 金叉、WR 底背离——买入

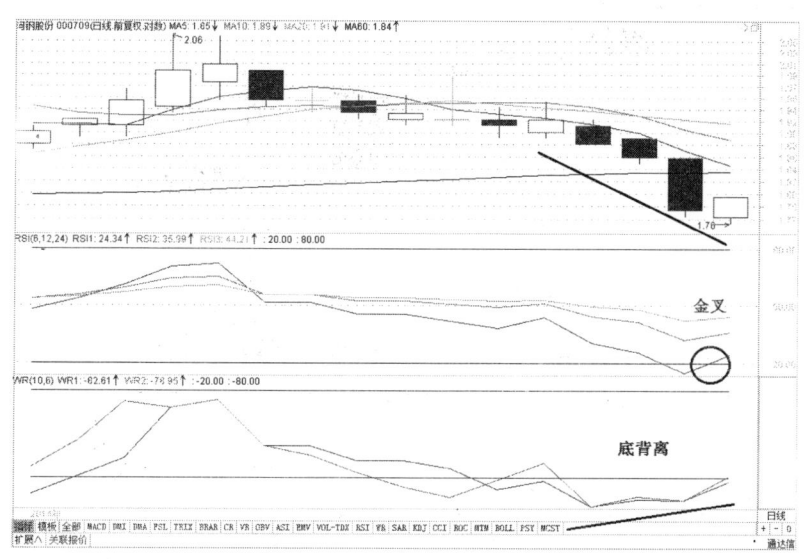

图6-59　RSI 金叉、WR 底背离——买入

图6-59出现了 RSI 指标发出的低位金叉买入信号，而 WR 指标发出底背离反转上涨信号，强烈推荐买入。

图6-60　后续走势

如图6-60所示，股价的后续走势，虽然还在低价区维持了一段时间，但后续走势仍然涨幅很大，获利不小于3倍。

28. RSI 低位二次金叉、WR 金叉——买入

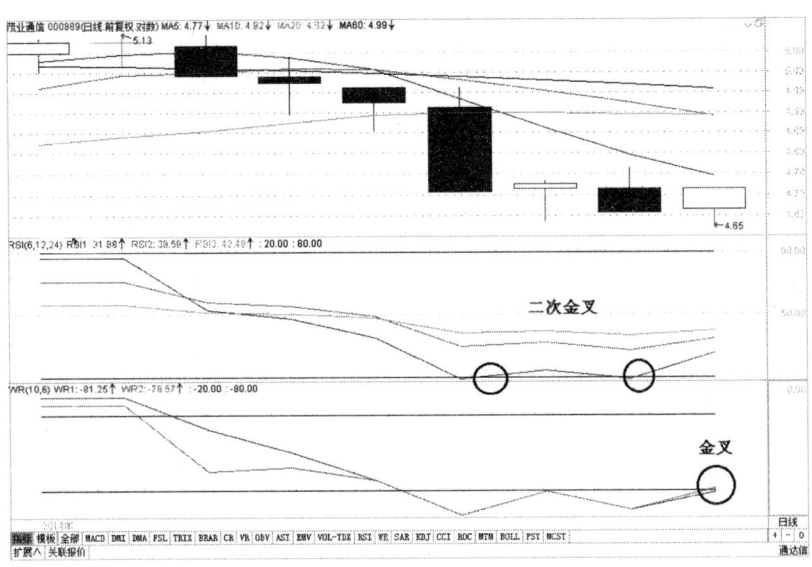

图6-61　RSI 低位二次金叉、WR 金叉——买入

图6-61出现了 RSI 指标发出低位二次金叉的买入信号，而 WR 指标也同样发出了金叉买入信号，虽然两次信号不很同步，但一样可靠。

图6-62　后续走势

如图6-62所示，就在双剑出鞘信号发出后，股价以 5 个涨停板迅速脱离了低价区，后市涨了约 5 倍。

29. RSI 低位二次金叉、WR 低位二次金叉——买入

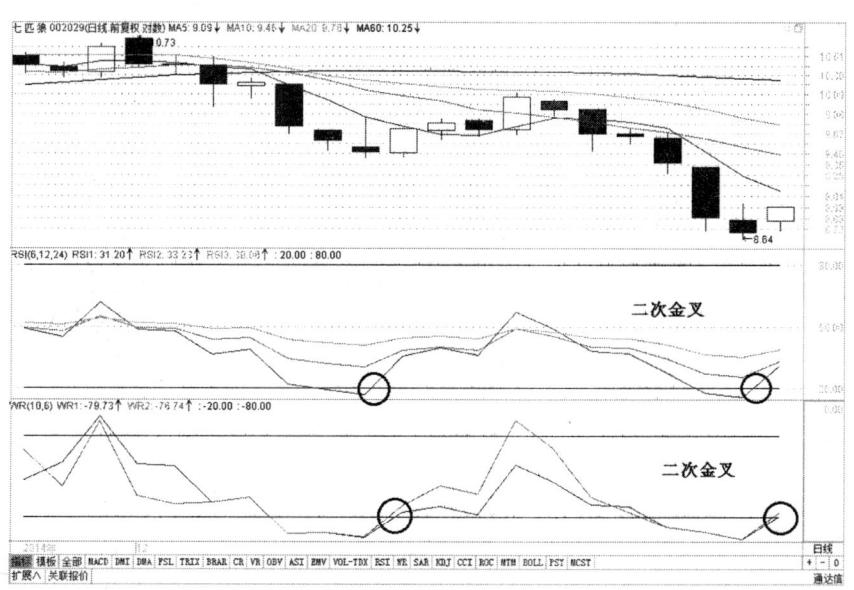

图6-63　RSI 低位二次金叉、WR 低位二次金叉——买入

图6-63出现了 RSI、WR 两指标同时发出的低位二次金叉买入信号！加大了反转上涨的可能性。

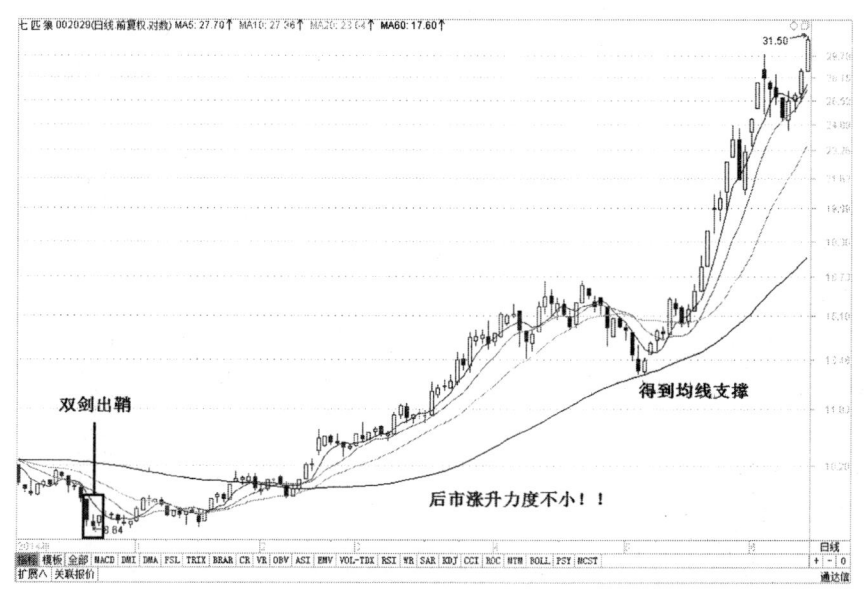

图6-64　后续走势

如图6-64所示，股价后续走势确实一路上扬，涨了3倍还多！

30. RSI 低位二次金叉、WR 底背离——买入

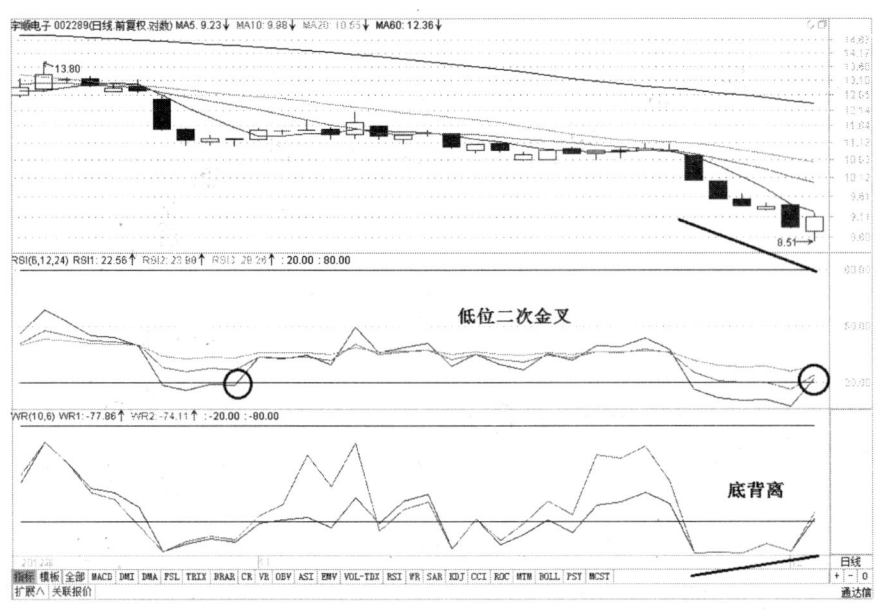

图6-65　RSI 低位二次金叉、WR 底背离——买入

图6-65出现了 RSI 指标低位二次金叉买入信号，并且 WR 指标也同时出现了看涨反转的底背离信号，大大增加了未来行情扭转当前长期下降趋势的可能性。

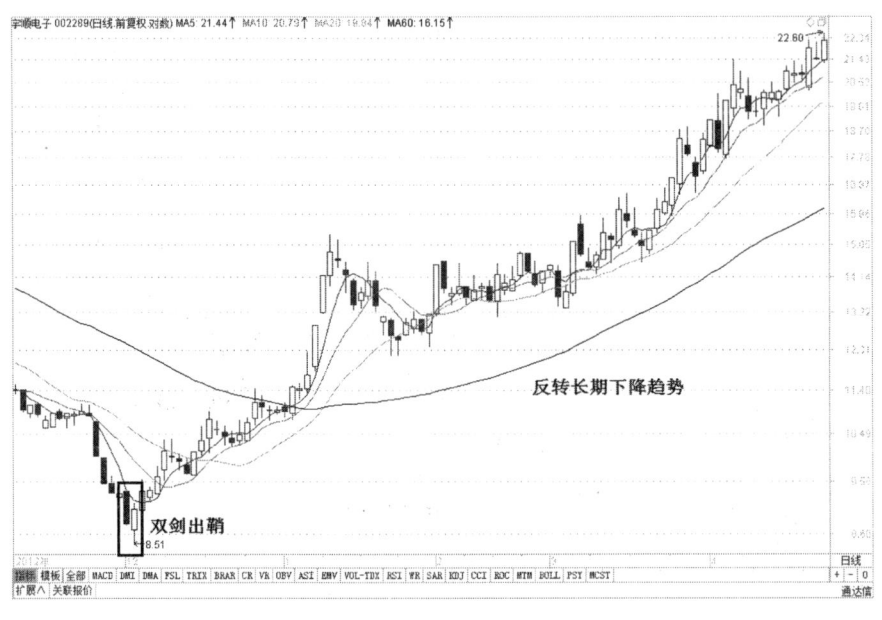

图6-66　后续走势

如图6-66所示，股价的后续走势确如所料，扭转了之前的长期下降趋势。

31. RSI 底背离、WR 金叉——买入

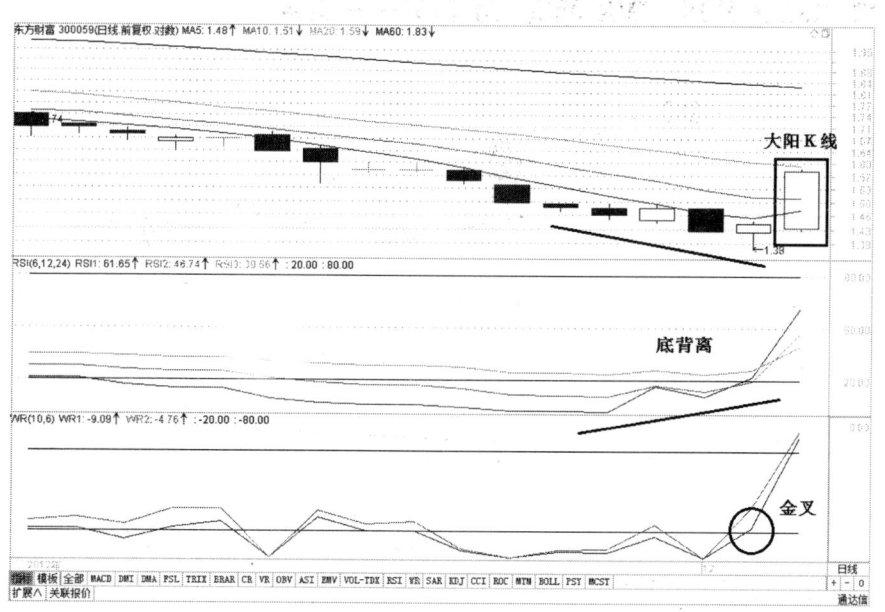

图6-67 RSI 底背离、WR 金叉——买入

图6-67出现了 RSI 指标的底背离反转上涨信号，且 WR 指标也出现了金叉买入信号，两个信号同时出现，并且又有大阳K线助力，后续走势必有一番作为！

图6-68 后续走势

如图6-68所示，股价的后续走势相当汹涌澎湃，获利不小于9倍。

32. RSI 底背离、WR 低位二次金叉——买入

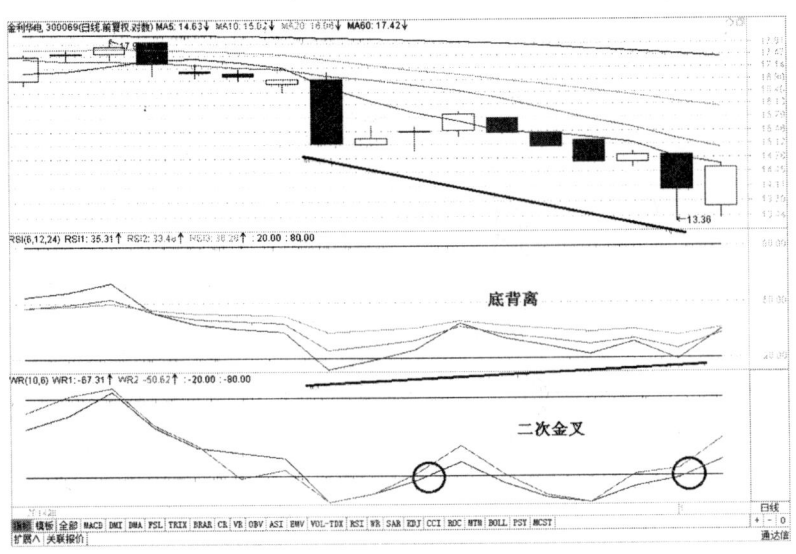

图6-69 RSI 底背离、WR 低位二次金叉——买入

图6-69出现了 RSI 指标发出的底背离反转上涨买入信号，WR 指标则发出低位二次金叉买入信号，后市必能有所作为！

图6-70 后续走势

如图6-70所示，股价的后续涨势相当急迫、快速，并且没有多大的震荡，最终上涨了约5倍之多。

33. RSI 底背离、WR 底背离——买入

如图6-71，RSI 和WR 指标同时发出底背离反转上涨信号，并且 WR 指标同时发出了较长期的底背离信号及较短期的底背离信号，这三个底背离信号将强力助涨后市。

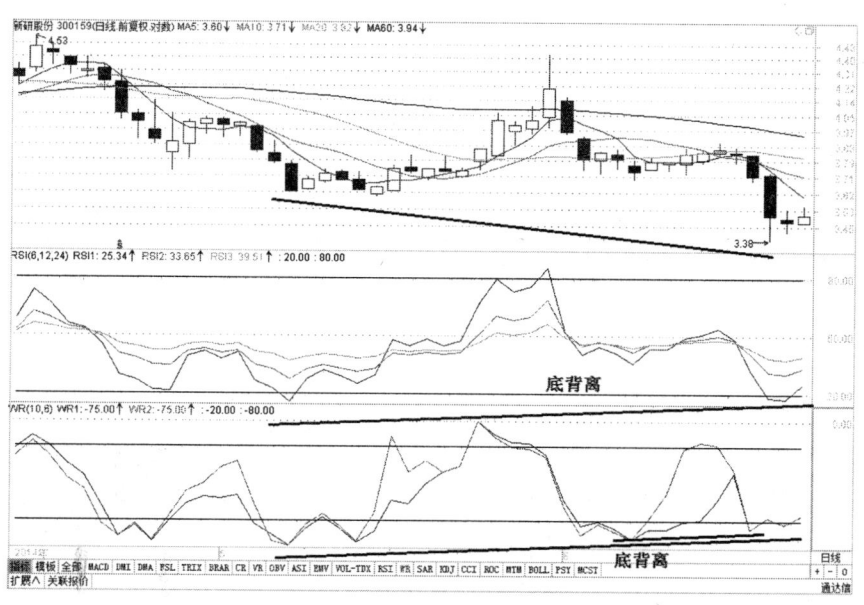

图6-71　RSI 底背离、WR 底背离——买入

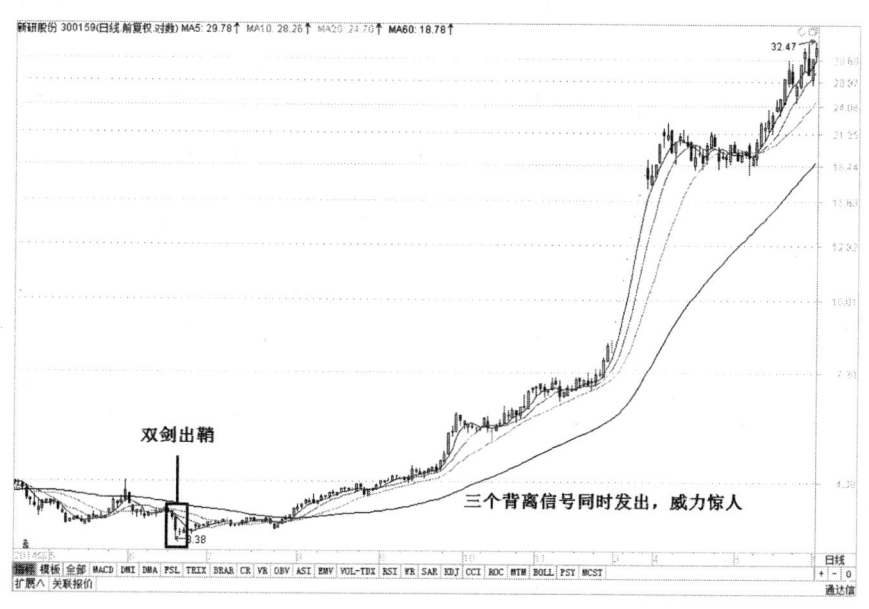

图6-72　后续走势

三个背离信号发出后,股价立马展开拉升行情,一路飞奔向上。整个波段上涨了约10倍之多,相当惊人!(如上页图6-72所示)

二、三剑出鞘——买入

三剑出鞘是指KDJ、RSI、WR三剑客指标同时发出金叉、二次金叉、底背离买入信号,最大限度地加大了后市看涨的力度。

1. KDJ金叉、RSI金叉、WR金叉——买入

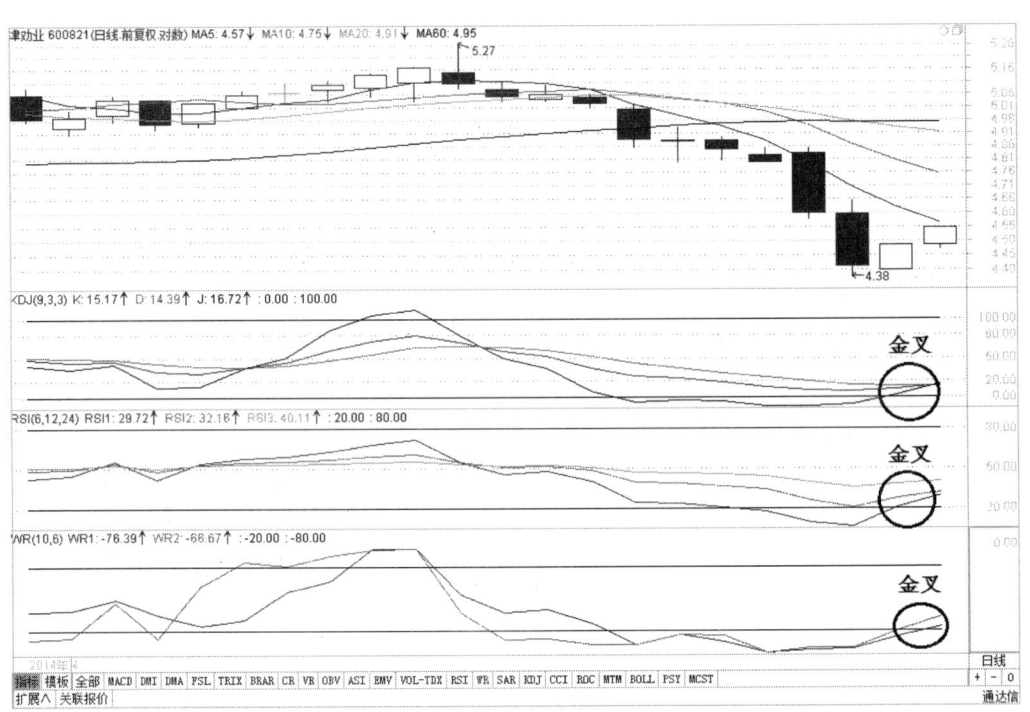

图6-73 KDJ金叉、RSI金叉、WR金叉——买入

图6-73出现了三剑客指标同时发出金叉买入信号,后市必涨无疑!

图6-74 后续走势

如图6-74所示,就在三剑出鞘信号发出后,股价就平步青云!涨升有5倍之多!

2. KDJ 金叉、RSI 金叉、WR 底背离——买入

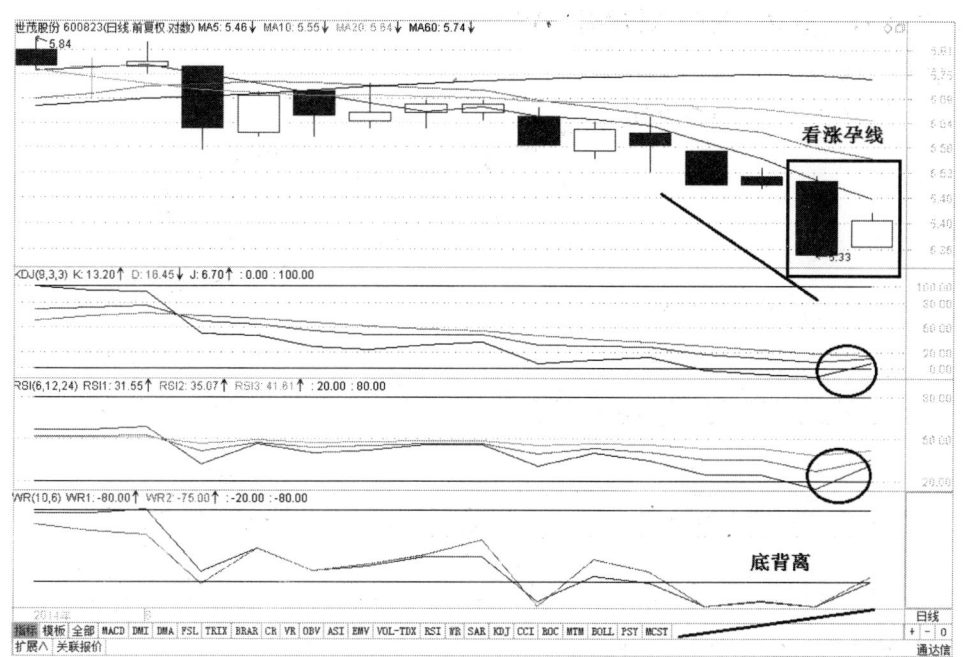

图6-75 KDJ 金叉、RSI 金叉、WR 底背离——买入

上页图6-75出现了 KDJ 和 RSI 指标同时发出的金叉买入信号,而WR指标则发出了底背离反转上涨信号,更有看涨孕线形态的支持,未来行情必可期待!

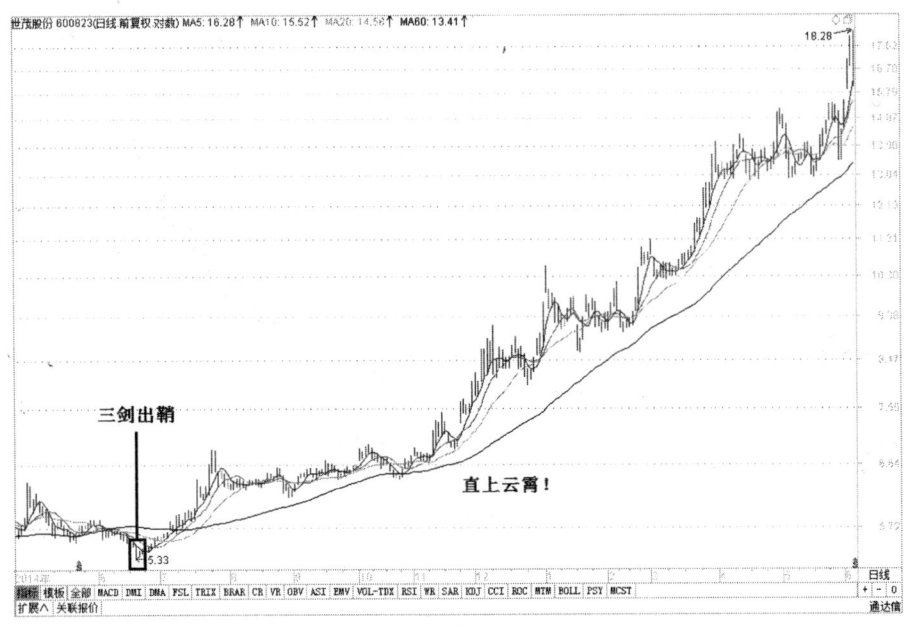

图6-76 后续走势

如图6-76所示,股价的后续走势,果然不负众望!涨了约3倍!

3. KDJ 金叉、RSI 底背离、WR 金叉——买入

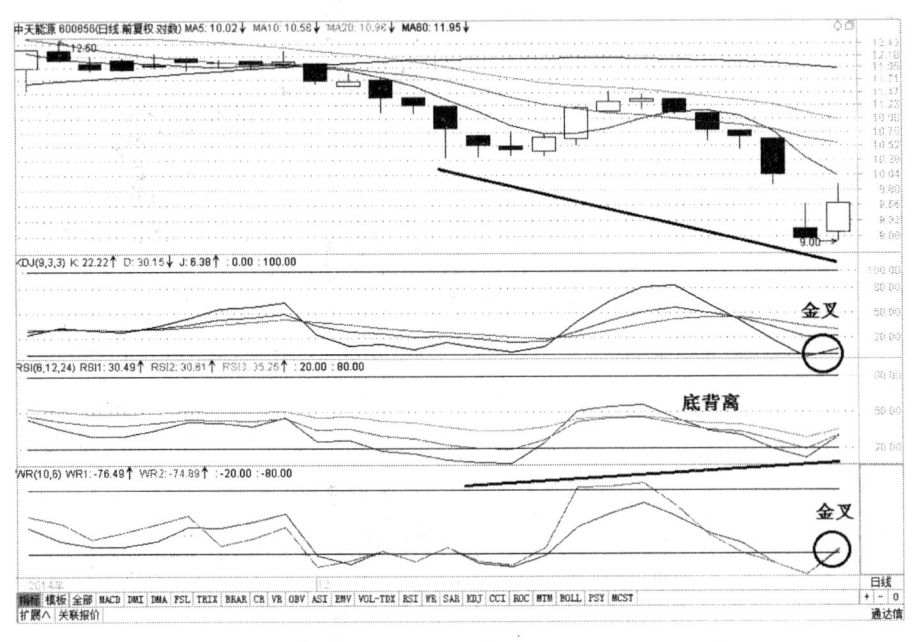

图6-77 KDJ 金叉、RSI 底背离、WR 金叉——买入

上页图6-77出现了KDJ和WR指标发出的金叉买入信号，而RSI指标发出底背离反转看涨信号，大大增大了后市上涨的概率，是很可靠的买入信号之一！

图6-78　后续走势

图6-78中，该股最后上涨了有4倍之多！

4. KDJ 金叉、RSI 底背离、WR 底背离——买入

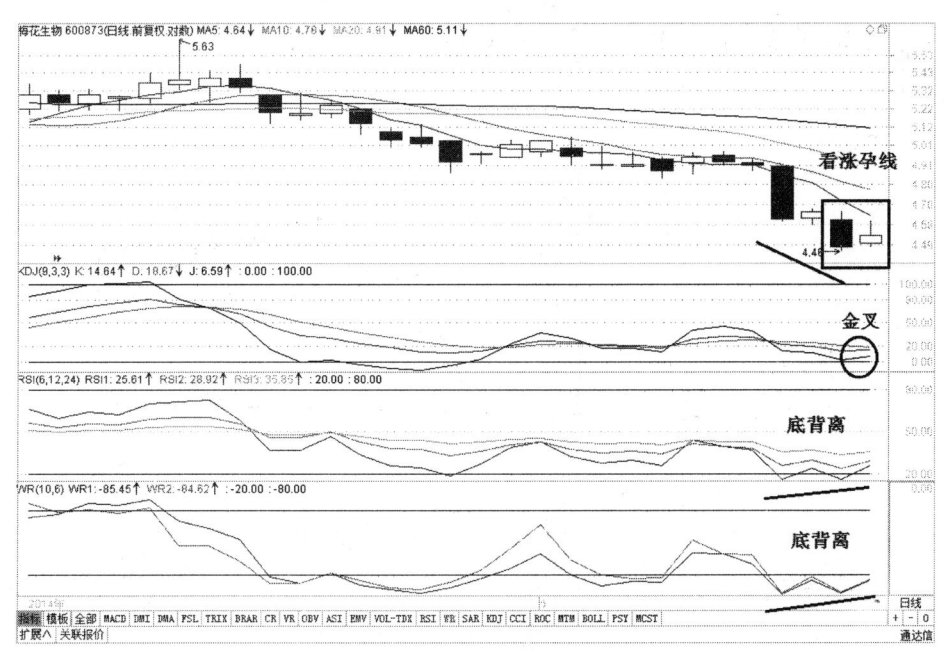

图6-79　KDJ 金叉、RSI 底背离、WR 底背离——买入

上页图6-79出现了KDJ指标发出的金叉买入信号，而RSI和WR指标则发出更可靠的底背离反转上涨信号，这将加大后市反转上涨的概率，而且还有看涨孕线的支持，更是如虎添翼！

图6-80　后续走势

图6-80中，该股股价的后续走势连续上涨了约3倍！

5. KDJ 底背离、RSI 金叉、WR 金叉——买入

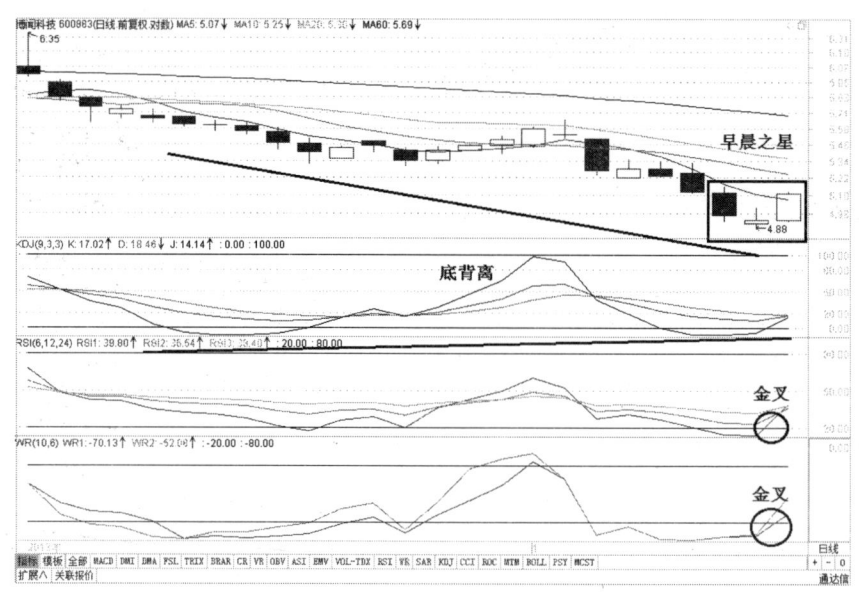

图6-81　KDJ 底背离、RSI 金叉、WR 金叉——买入

上页图6-81出现了 KDJ 指标发出的底背离反转上涨信号与 RSI、WR 指标发出的金叉买入信号，更有早晨之星反转看涨K线的支持，未来上涨高度值得期待！

图6-82　后续走势

如图6-82所示，股价后续上涨涨势不低于 5 倍，获利颇丰！

6. KDJ 底背离、RSI 金叉、WR 底背离——买入

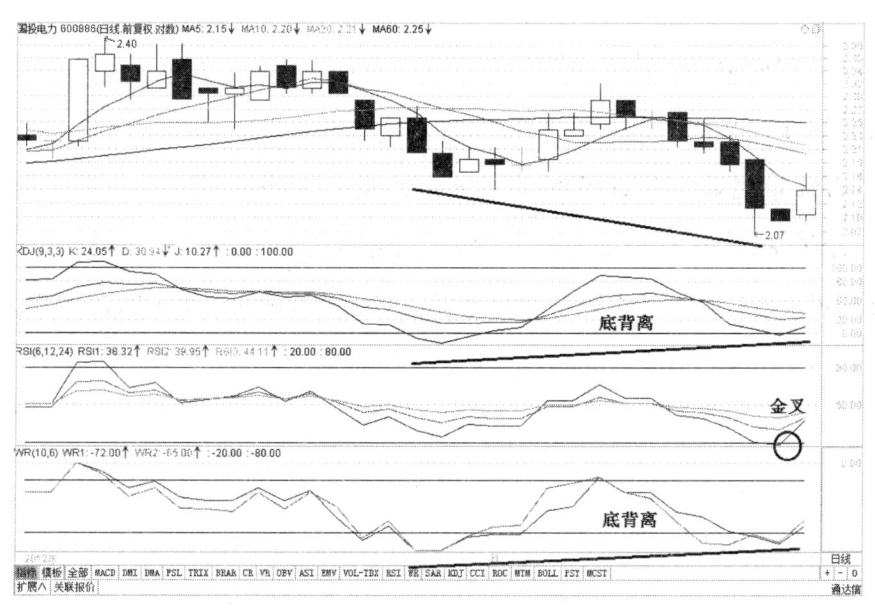

图6-83　KDJ 底背离、RSI 金叉、WR 底背离——买入

上页图6-83出现了KDJ和WR指标同时发出的底背离反转上涨信号,并且RSI指标也发出了金叉买入信号,两个底背离信号则大大加强了后市上涨的概率,投资者大可择机择低分批买入!

图6-84 后续走势

如图6-84所示,股价的后续走势,如飞一般,上涨力度之强、持续时间之久、上涨了约7倍!

7. KDJ底背离、RSI底背离、WR金叉——买入

下页图6-85出现了KDJ、RSI同时发出的底背离反转上涨信号,WR指标也发出了金叉买入信号。三个指标共同发出买入信号,是很好的买入时机,此机万不可失!

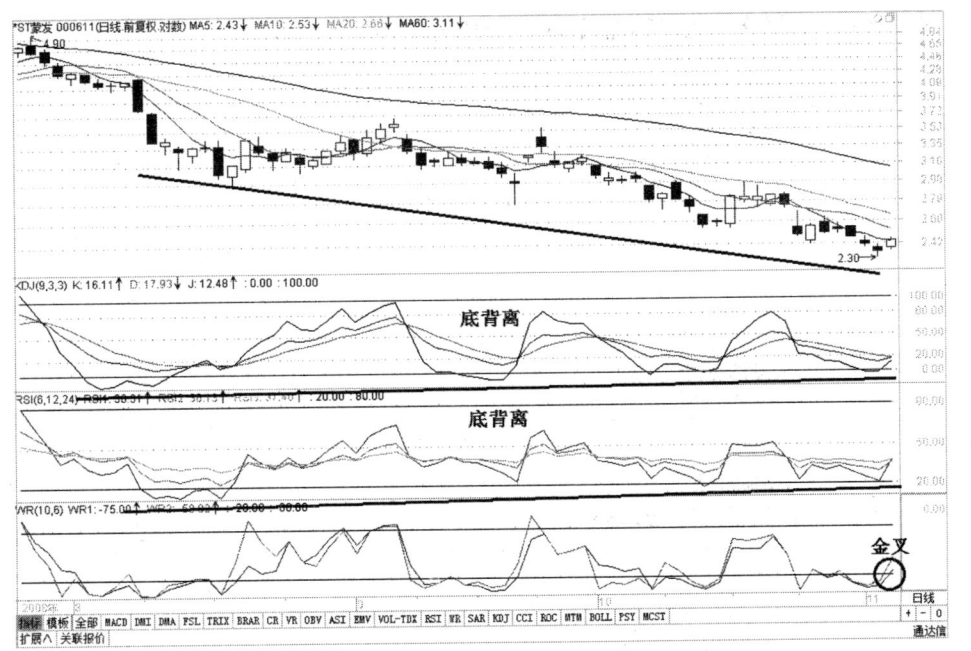

图6-85 KDJ 底背离、RSI 底背离、WR 金叉——买入

图6-86 后续走势

如图6-86所示，后续走势果然迅速拉开了低价区，一路涨升，获利不少！

8. KDJ 底背离、RSI 底背离、WR 底背离——买入

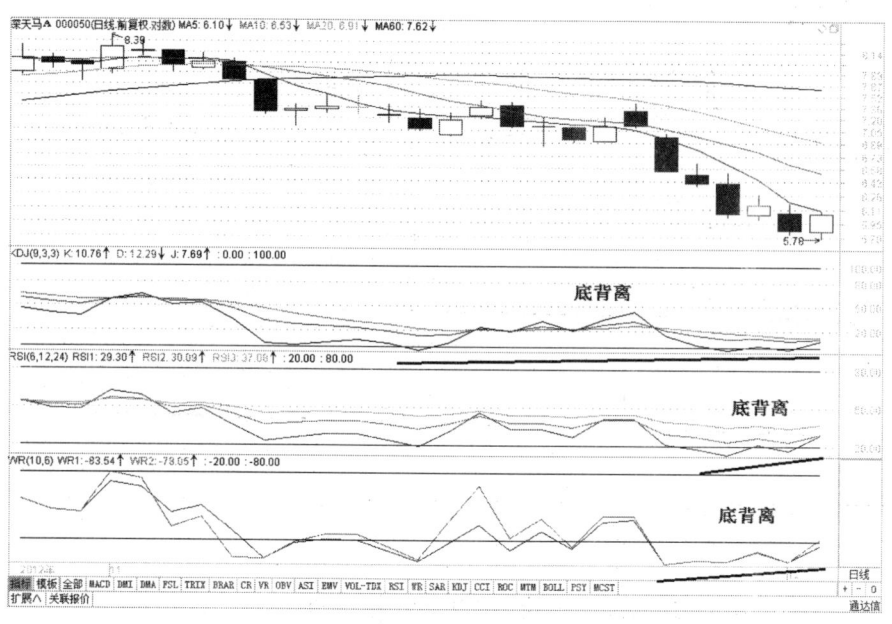

图6-87 KDJ 底背离、RSI 底背离、WR 底背离——买入

图6-87出现了三指标同时发出的底背离反转上涨信号，投资者宜择机择低分批买入！

图6-88 后续走势

如上页图6-88所示，后续走势告诉我们，三剑客纷纷出现背离信号时，是极为可靠的买入时机！

三、双剑回鞘——卖出

双剑指的是三剑客中有两个指标同时出现看跌卖出信号。具体分为以下几种类型。

1. KDJ 死叉、RSI 死叉——卖出

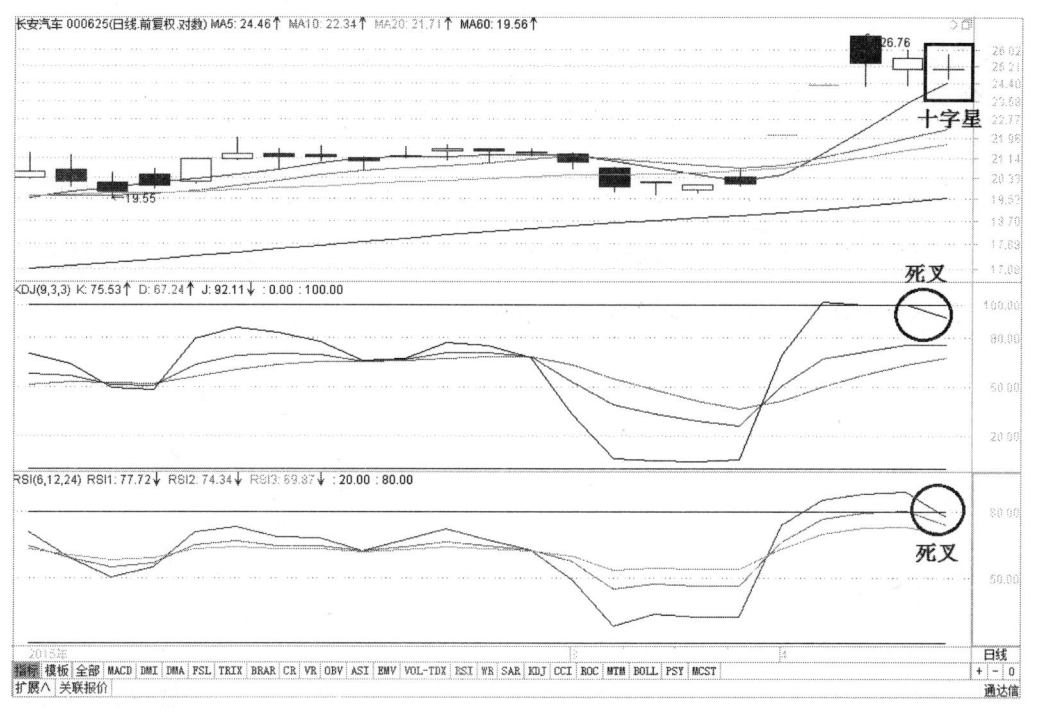

图6-89　KDJ 死叉、RSI 死叉——卖出

图6-89出现了 KDJ 指标与 RSI 指标同时发出的死叉卖出信号。由于此前一直处在上涨行情中，所以此次两指标共同发出的死叉卖出信号和出现的十字星形态的 K 线，预示未来行情有可能反转下跌，持有该股的投资者需谨慎！

图6-90 后续走势

如图6-90所示,双剑回鞘信号发出后,股价停止创出新高,开始不断缓慢回落,最终跌破均线的支撑,跌幅超过了50%!

2. KDJ 死叉、RSI 顶背离——卖出

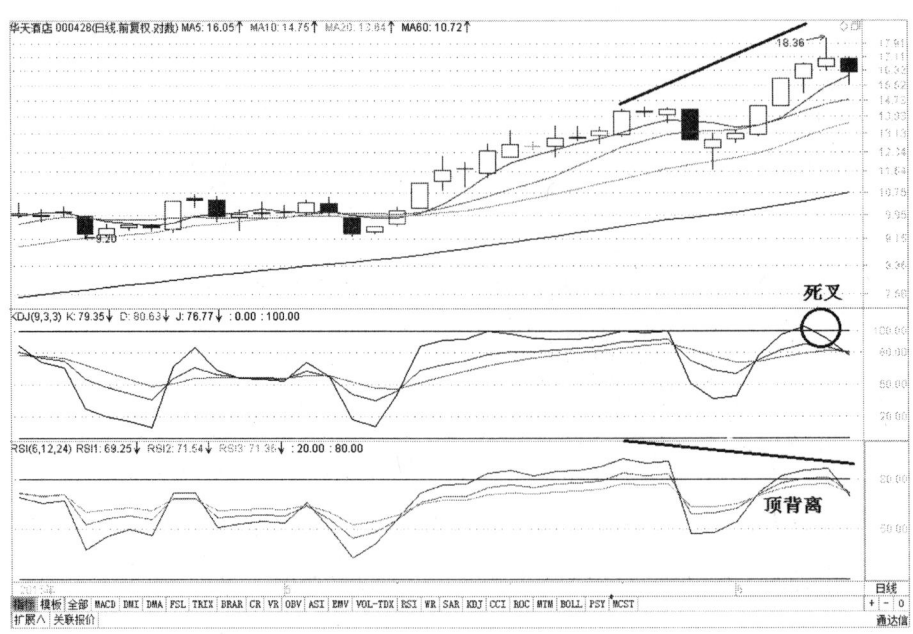

图6-91 KDJ 死叉、RSI 顶背离——卖出

上页图6-91中出现了 KDJ 指标发出的死叉卖出信号，并且 RSI 指标也发出了顶背离反转下跌信号。当日收一高位锤子线，一条明显的长上影线，预示了未来继续上涨的可能性大为降低，行情即将进入下跌通道！

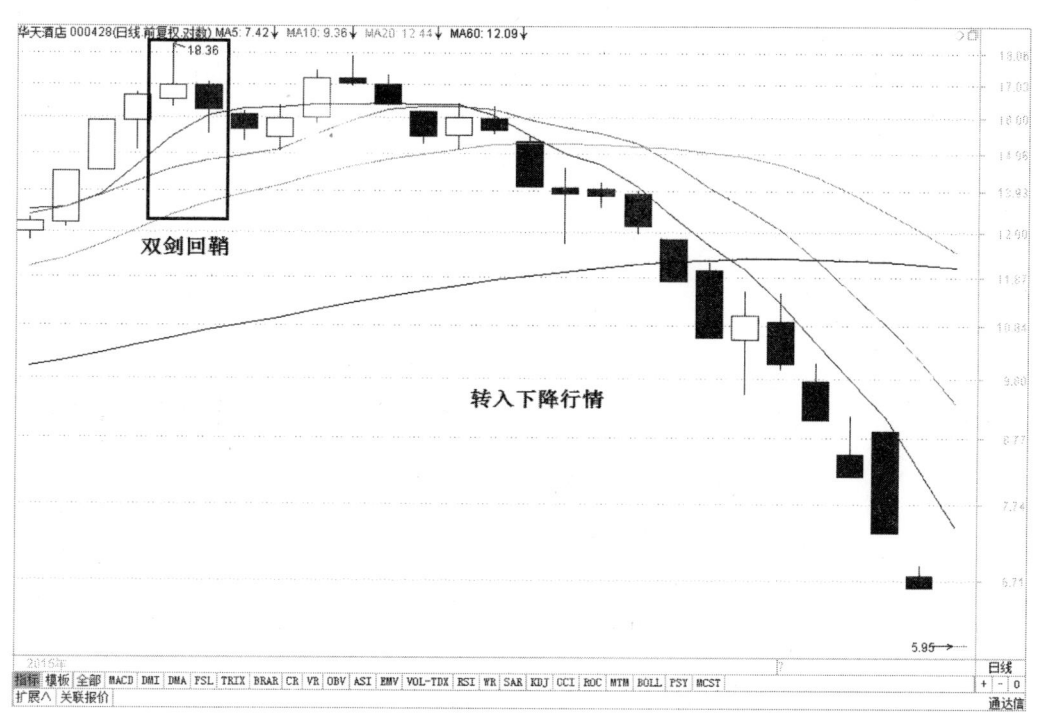

图6-92　后续走势

如图6-92所示，随后行情确实没有再创新高，而是盘整了 7 个交易日后便开始下跌，所有均线均被跌破，均线出现空头排列，此时就不适合再持股了！

3. KDJ 顶背离、RSI 死叉——卖出

下页图6-93出现了 KDJ 指标发出的顶背离反转下跌信号，而RSI指标则发出了死叉卖出信号，两个指标同时发出了卖出信号，加大了后市反转下跌的概率，再加上看跌孕线的出现，更是确认了后市将反转进入下跌通道！

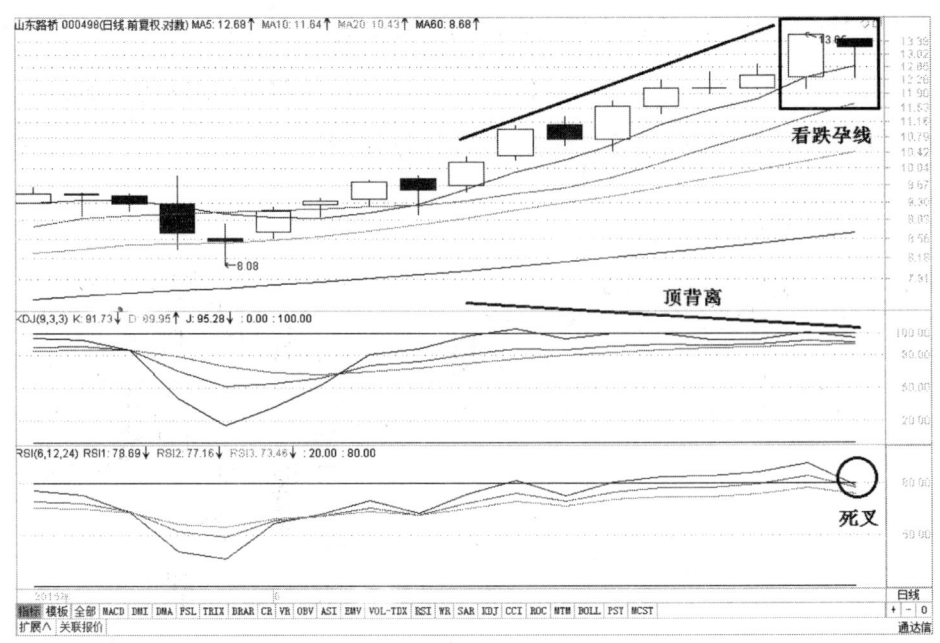

图6-93 KDJ顶背离、RSI死叉——卖出

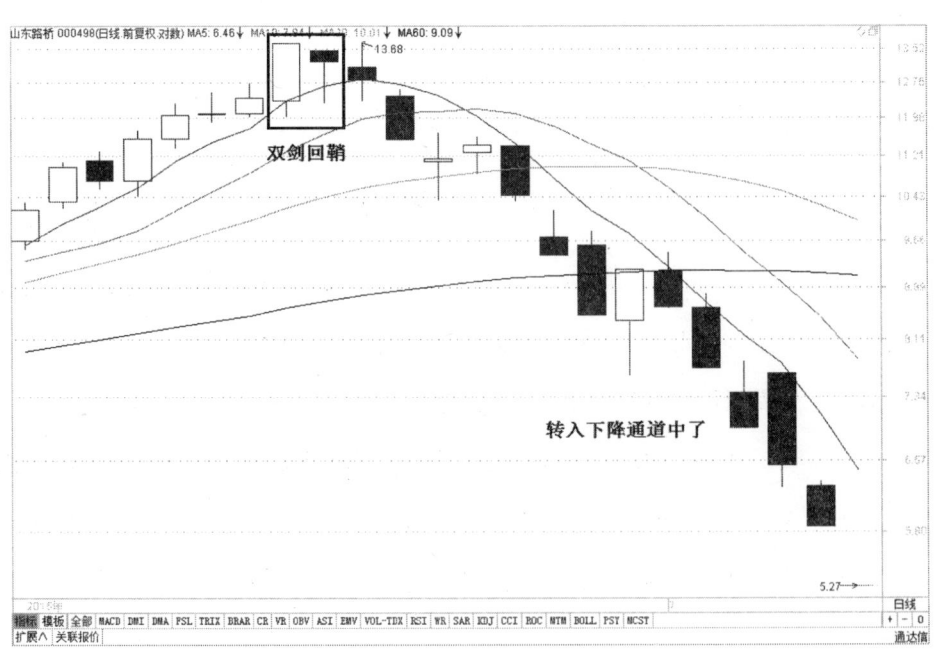

图6-94 后续走势

如图6-94所示,就在双剑回鞘信号发出后,股价直接突破了各条均线,一路下跌了将近50%,损失不少!

4. KDJ 顶背离、RSI 顶背离——卖出

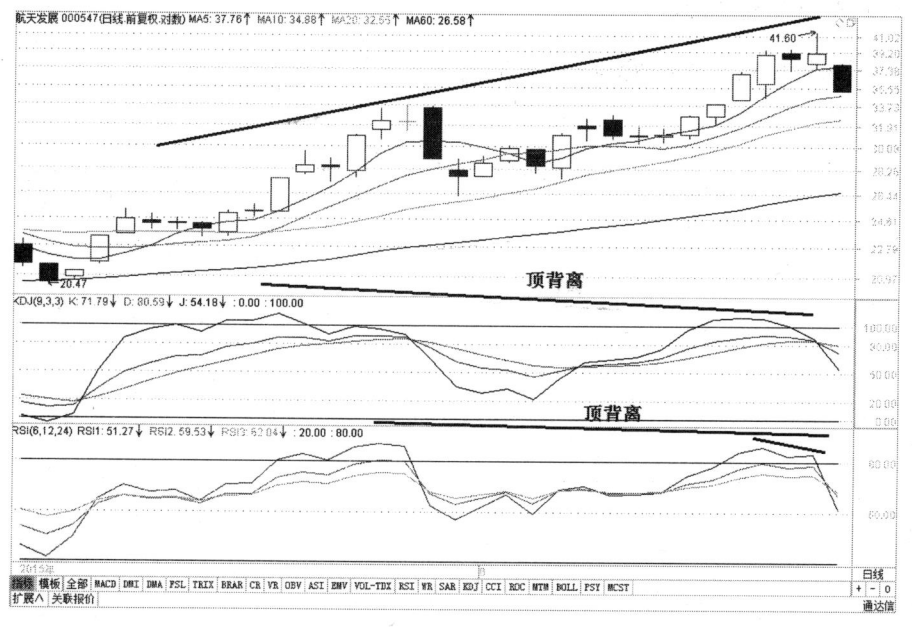

图6-95　KDJ 顶背离、RSI 顶背离——卖出

图6-95出现了 KDJ 指标发出的顶背离反转下跌信号，并且 RSI 指标也发出了顶背离反转下跌信号，两个背离信号大大加强了后市反转下跌的可能性！

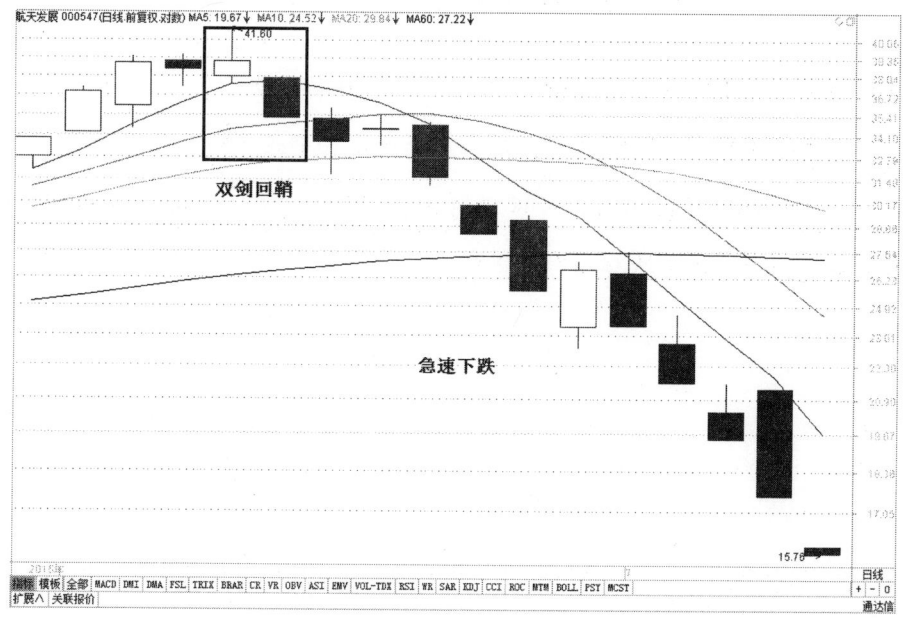

图6-96　后续走势

如上页图6-96所示，果然，股价快速进入下跌通道中，一路下跌约60%，让持有它的投资者损失惨重！

5. KDJ 死叉、WR 死叉——卖出

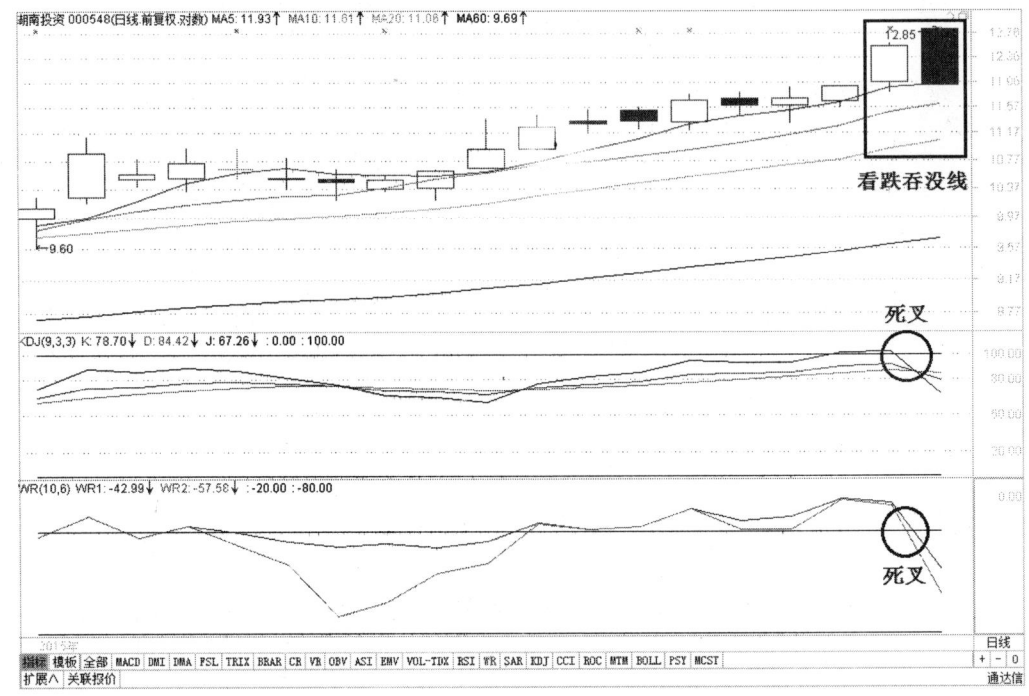

图6-97　KDJ 死叉、WR 死叉——卖出

图6-97出现了 KDJ 和 WR 两个指标同时发出的高位死叉卖出信号，而且当日又收出一个明显的看跌吞没线形态，加大了后市反转下跌的概率！

如下页图6-98，后续走势迅速反转进入了下降通道中，下跌了约50%，还对该股抱有希望的投资者必然会损失惨重！

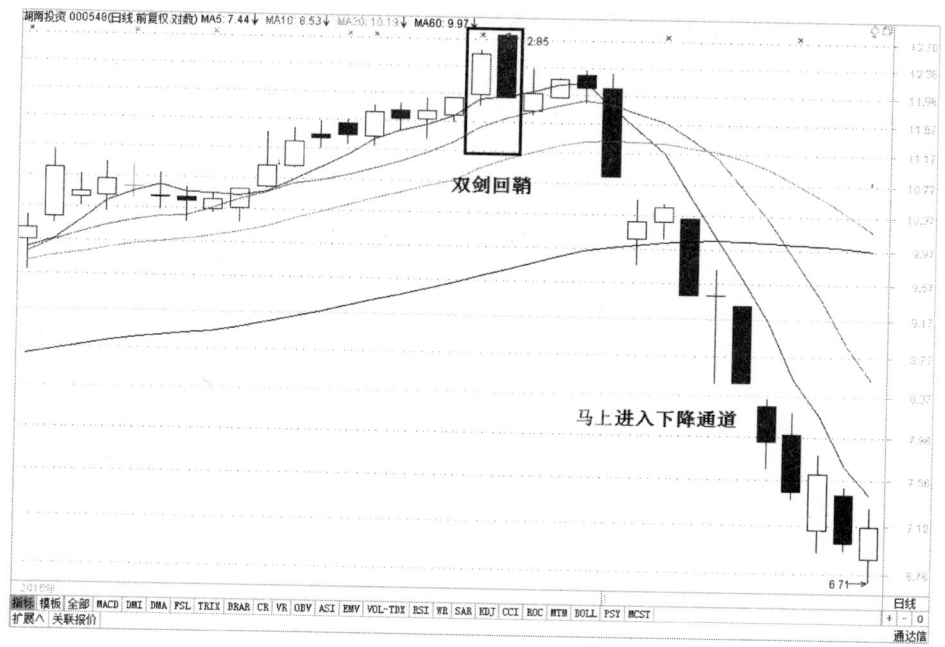

图6-98 后续走势

6. KDJ 死叉、WR 底背离——卖出

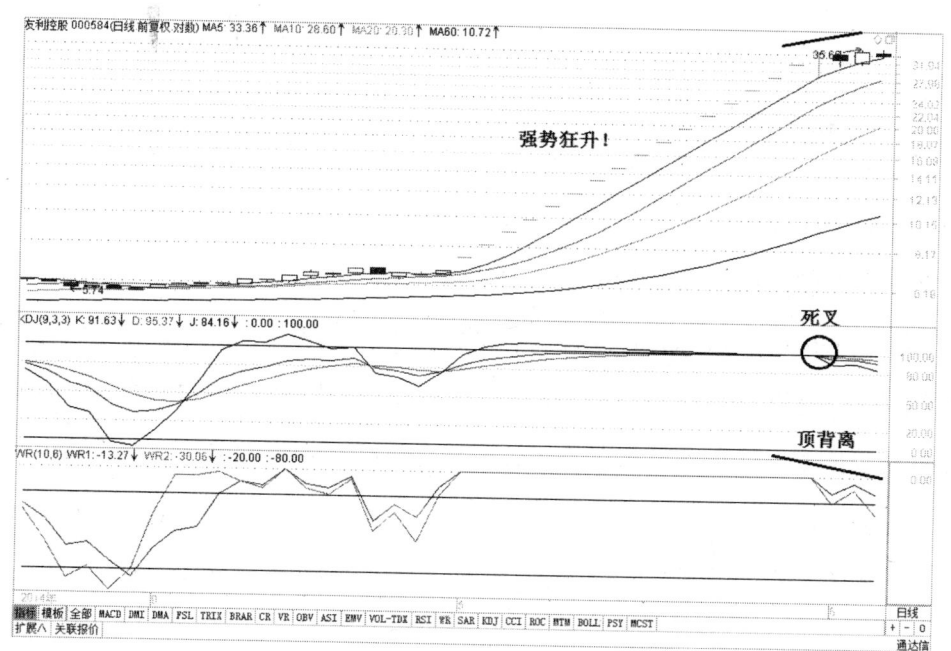

图6-99 KDJ 死叉、WR 底背离——卖出

图6-99出现了 KDJ 指标发出的高位死叉卖出信号，而同时在 WR 指标上观

察，也发出了更可靠的顶背离反转下跌信号，虽然前期强势狂升了不少，但就此双剑回鞘信号来说，后市必将反转，持股者万不可恋战！

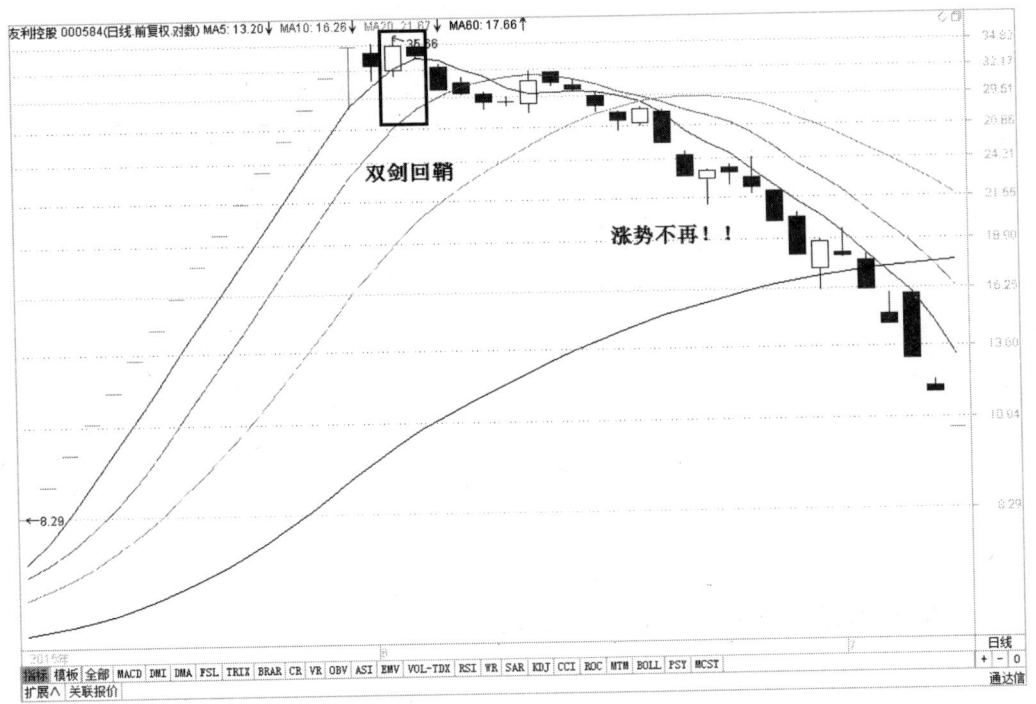

图6-100 后续走势

如图6-100所示，虽然前期涨势十分汹涌，但是总有结束的时候。双剑回鞘信号的发出就是涨势的终结信号，万不可恋战！

7. KDJ 顶背离、WR 死叉——卖出

下页图6-101中，KDJ 指标发出了反转下跌的顶背离信号，WR 指标也同时发出了高位死叉卖出信号，两个卖出信号和当日收出的大阴线，共同预示着后市继续上涨的动力已明显不足，不适合再持股，应见好就收，赶紧卖出手中的股票！

如下页图6-102所示，之前的股价并没有继续上涨，而是随着双剑回鞘信号的发出开始盘整，不久便开始大幅回落！

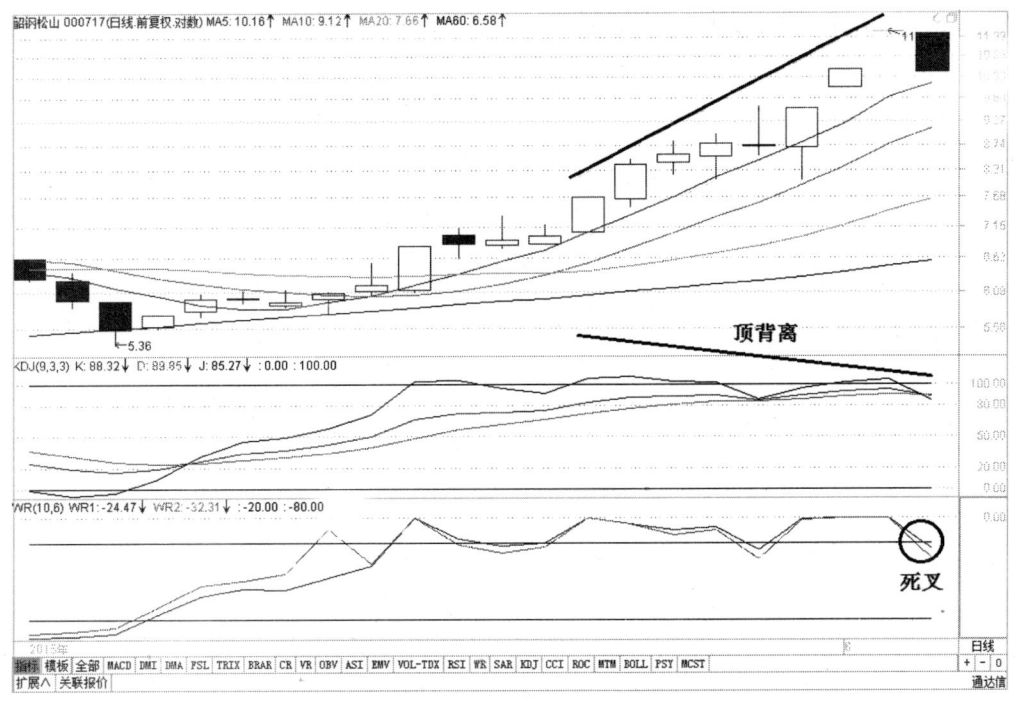

图6-101 KDJ顶背离、WR死叉——卖出

图6-102 后续走势

8. KDJ 顶背离、WR 顶背离——卖出

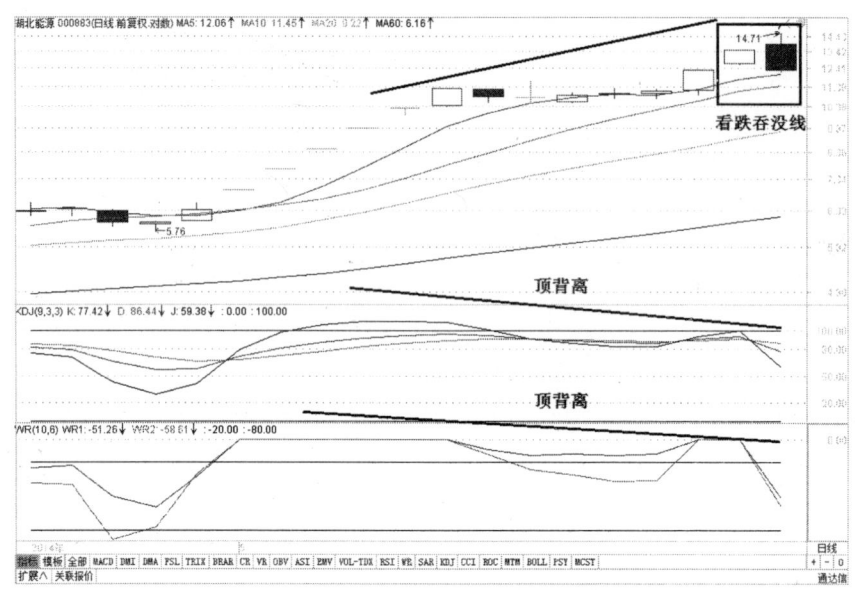

图6-103　KDJ 顶背离、WR 顶背离——卖出

图6-103中的股价一直处在上升行情中，直到有一天一个大阴线出现，形成了看跌吞没形态，并且 KDJ 与 WR 两指标都发出了更为可靠的顶背离反转下跌信号，未来行情必转涨为跌！

图6-104　后续走势

上页图6-104中，双剑回鞘后不久，股价便一路下跌，多方节节败退！

9. RSI死叉、WR死叉——卖出

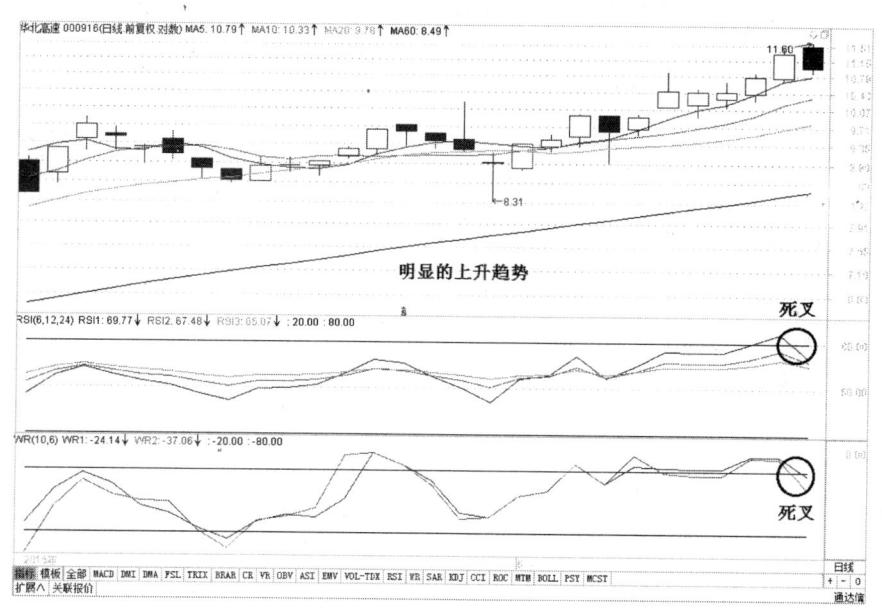

图6-105　RSI死叉、WR死叉——卖出

图6-105出现了RSI指标与WR指标同时发出的高位死叉卖出信号，加上当日收出的大阴K线，也增加了后市反转下跌的概率！

图6-106　后续走势

如上页图6-106所示,双剑回鞘卖出信号发出后,股价迅速进入了下跌模式,基本没有回涨的机会,一路下跌,让持有者盈利不断缩水甚至反盈为亏!

10. RSI 死叉、WR 顶背离——卖出

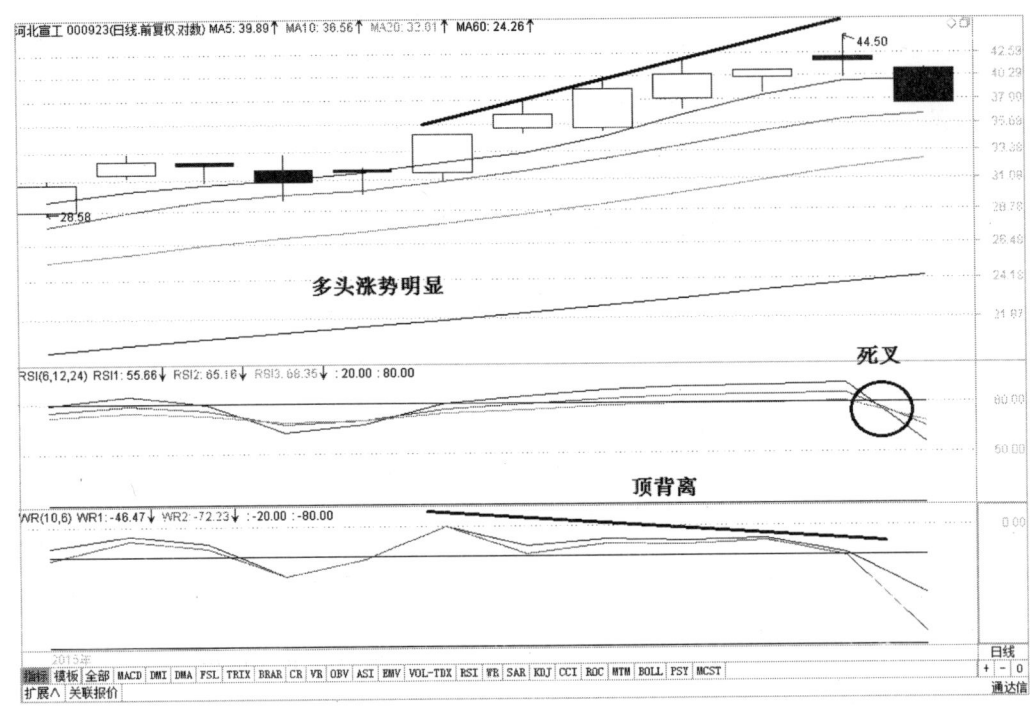

图6-107　RSI 死叉、WR 顶背离——卖出

图6-107出现了 RSI 指标发出的高位死叉卖出信号和 WR 指标所发出的更可靠的顶背离反转下跌信号,加上当日收出的大阴线,后续就不可能再继续延续原有的上升趋势,必反转下跌!

如下页图6-108所示,双剑回鞘信号发出后,原有的上升趋势就告一段落,不能再指望行情无限上涨,而是行情很可能就此反转下跌进入下降通道。果然,行情急转直下,让恋战的投资者损失惨重!

图6-108　后续走势

11. RSI 顶背离、WR 死叉——卖出

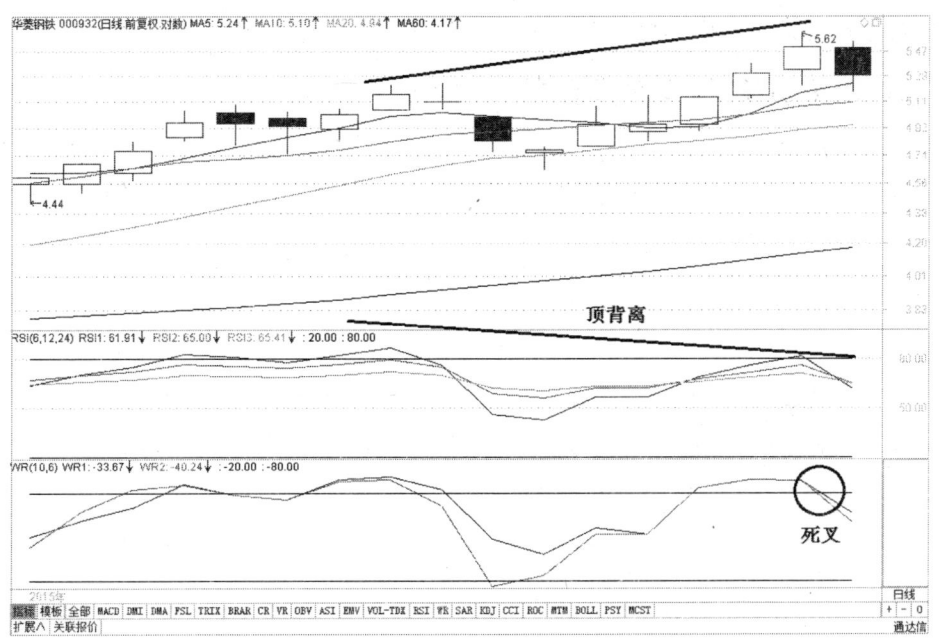

图6-109　RSI 顶背离、WR 死叉——卖出

图6-109出现了 RSI 指标发出可靠的顶背离反转下跌信号和 WR 指标发出的高

位死叉卖出信号，预计后市再继续维持上涨的概率越来越小！

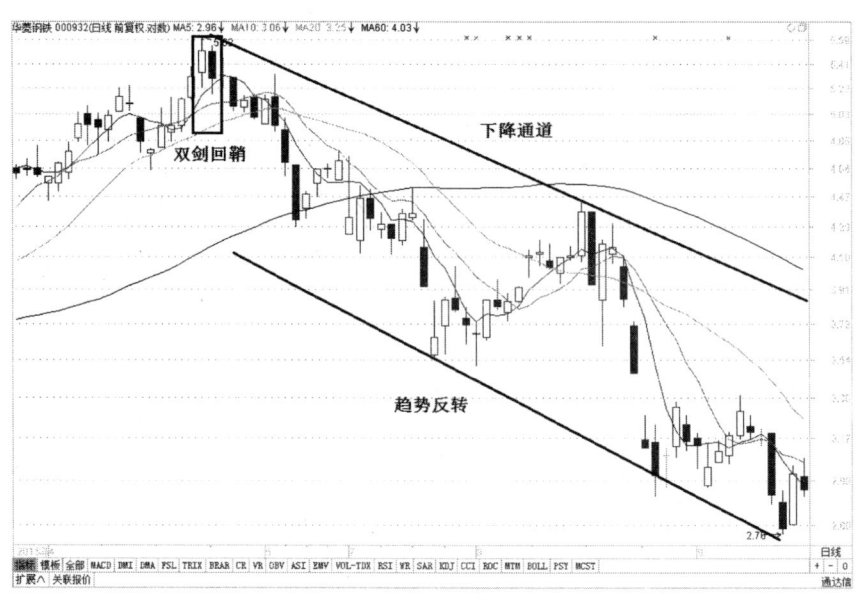

图6-110 后续走势

如图6-110所示，原有上涨趋势随着双剑回鞘信号的出现，便涨势不再，一转原有的上升趋势为下降趋势，股价进入了新一轮的下降通道！

12. RSI顶背离、WR顶背离——卖出

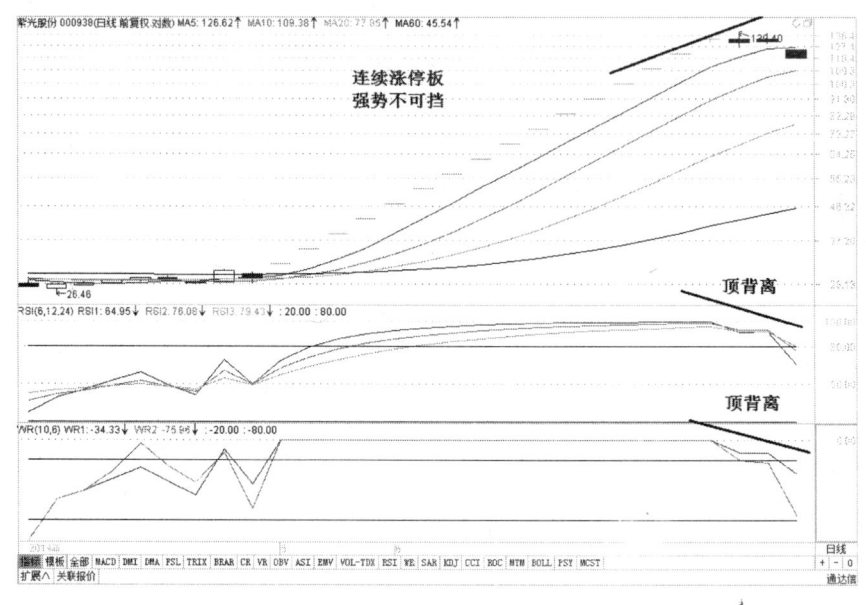

图6-111 RSI顶背离、WR顶背离——卖出

上页图6-111出现了 RSI 指标和 WR 指标共同发出的顶背离反转下跌信号，可靠性极强。虽然前期上涨非常强势，但是股市是善变的，不宜恋战，应该见好就收！

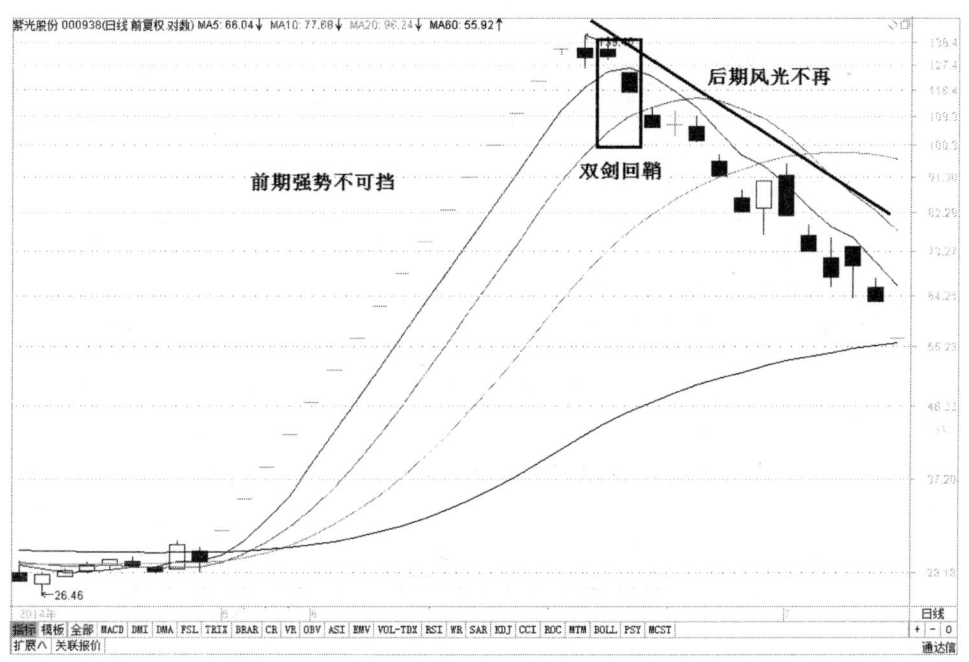

图6-112　后续走势

如图6-112所示，就在大家期待后市继续维持上涨趋势时，股价出现了双剑回鞘信号，并且股价反转下跌进入了下降通道！

四、三剑回鞘——卖出

三剑回鞘是指 KDJ、RSI、WR 三剑客指标同时发出死叉、顶底背离的卖出信号，会大大增强后市下跌的概率！

1. KDJ死叉、RSI 死叉、WR 死叉——卖出

下页图6-113出现了三剑客指标同时发出的高位死叉卖出信号，后市必跌无疑，不能再抱有任何希望，否则亏损就是最大的"收获"！

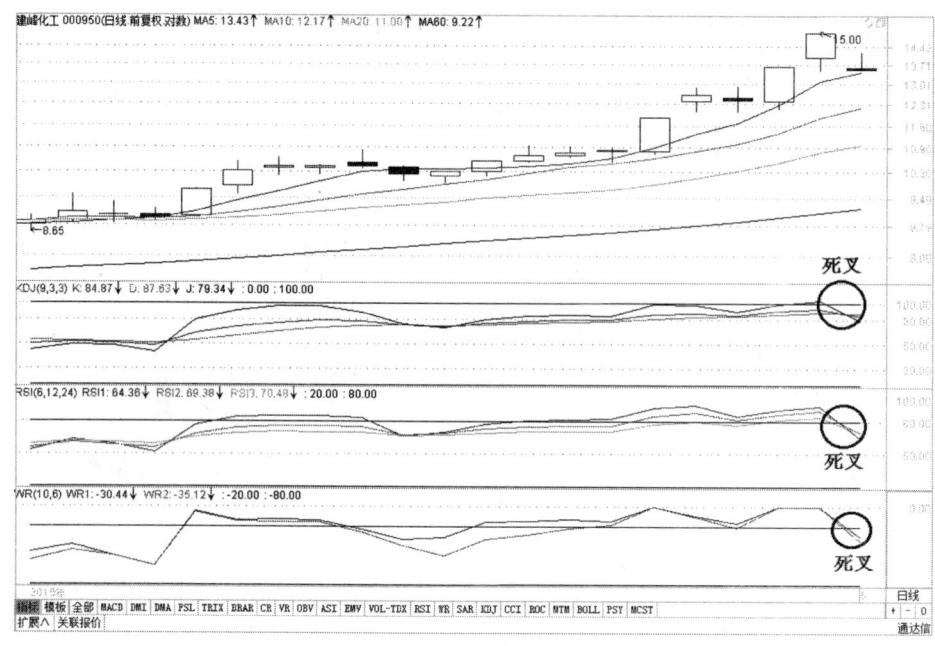

图6-113　KDJ死叉、RSI死叉、WR死叉——卖出

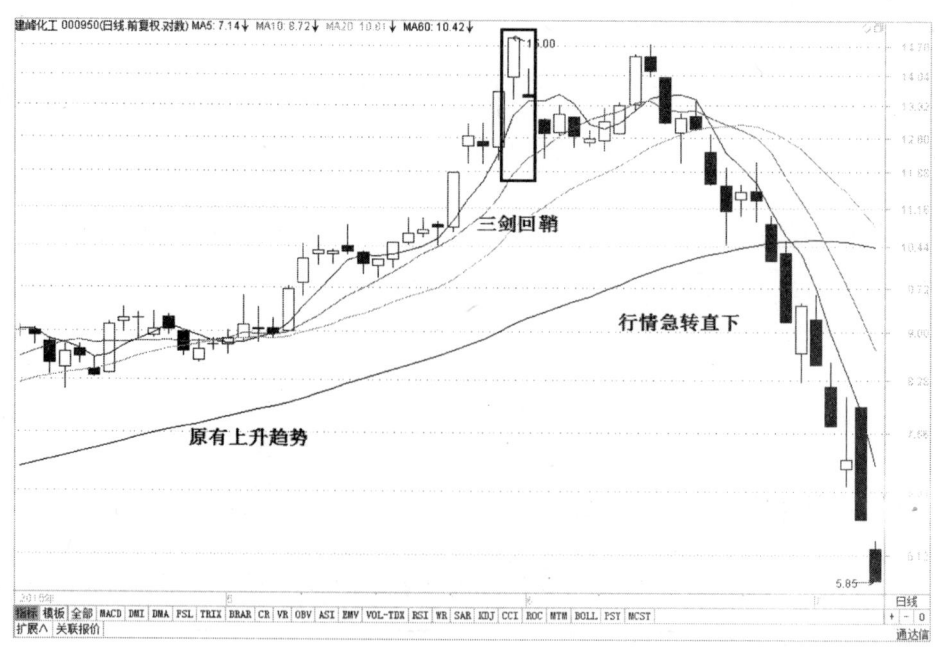

图6-114　后续走势

如图6-114所示，就在三剑回鞘信号发出后，股价就开始了反转下跌，从15元一直跌到5元！

2. KDJ 死叉、RSI 死叉、WR 顶背离——卖出

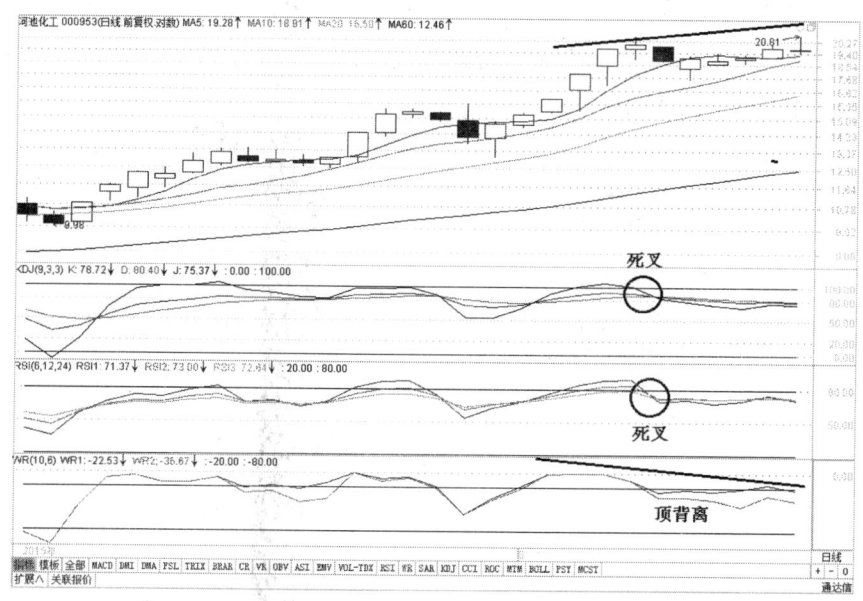

图6-115　KDJ 死叉、RSI 死叉、WR 顶背离——卖出

图6-115出现了 KDJ 和 RSI 指标同时发出的高位死叉卖出信号，而 WR 指标则发出了更为可信的顶背离反转下跌信号，当日又收出一个带有长长上影线的 K 线，说明后市继续上涨的可能在明显降低！

图6-116　后续走势

如上页图6-116所示,股价的后续走势,果然在三剑回鞘信号发出后,就改变原来的上升趋势为下降趋势!

3. KDJ 死叉、RSI 顶背离、WR 死叉——卖出

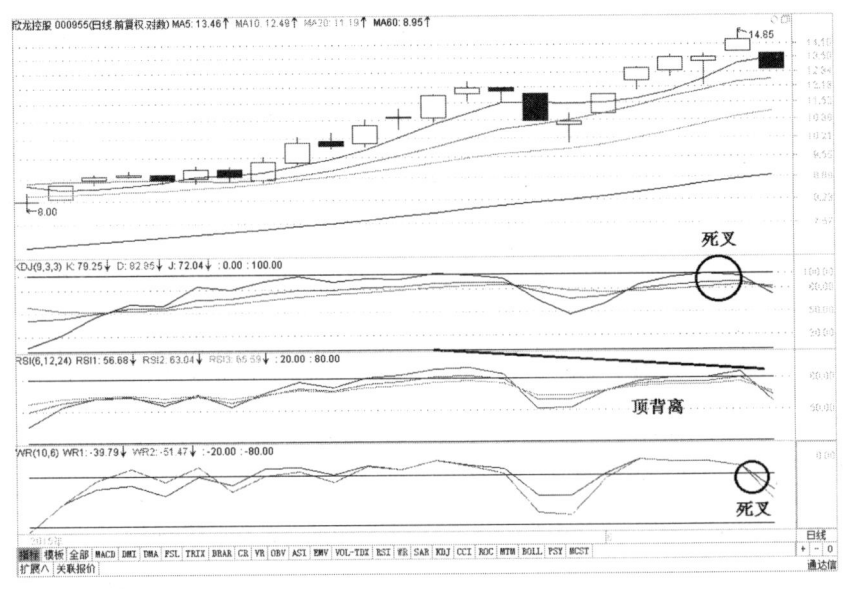

图6-117　KDJ 死叉、RSI 顶背离、WR 死叉——卖出

图6-117中,KDJ 和 WR 指标发出了高位死叉卖出信号,而 RSI 指标则发出了顶背离反转下跌信号,这些信号大大增大了后市反转下跌的概率。

图6-118　后续走势

如上页图6-118所示,三剑回鞘信号发出后,股价便不再创出新高而是不断地向下创出新低,反转了原有的上升趋势,投资者的利润大幅缩水甚至开始亏损!

4. KDJ 死叉、RSI 顶背离、WR 顶背离——卖出

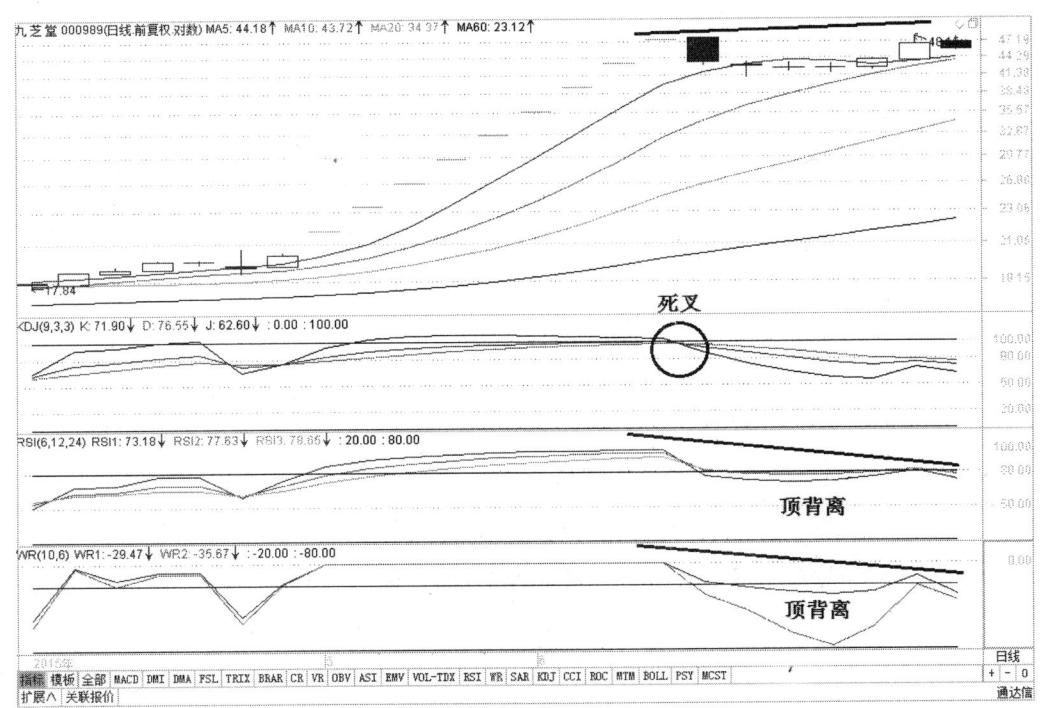

图6-119 KDJ 死叉、RSI 顶背离、WR 顶背离——卖出

图6-119出现了 KDJ 指标早前发出过的一个高位死叉卖出信号,随后行情便没有再创出新高,而 RSI 和 WR 两个指标则发出更可靠、更可信的顶背离反转下跌信号,这将加大后市反转下跌的概率,从 K 线上看也不太乐观,卖出为妙!

如下页图6-120所示,股价的后续走势下跌了约一半!

图6-120 后续走势

5. KDJ 顶背离、RSI 死叉、WR 死叉——卖出

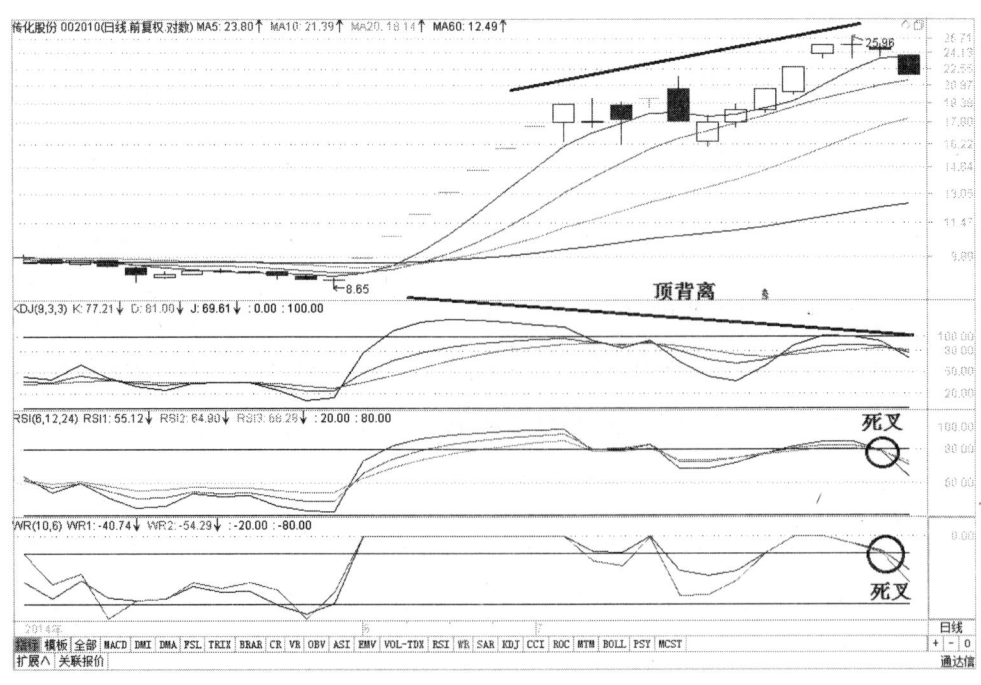

图6-121 KDJ 顶背离、RSI 死叉、WR 死叉——卖出

图6-121出现了KDJ指标发出的可靠顶背离反转下跌信号，与RSI、WR两个指标发出的高位死叉为卖出信号，未来上涨行情很可能就此告一段落，持股的投资者适宜见好就收，落袋为安！

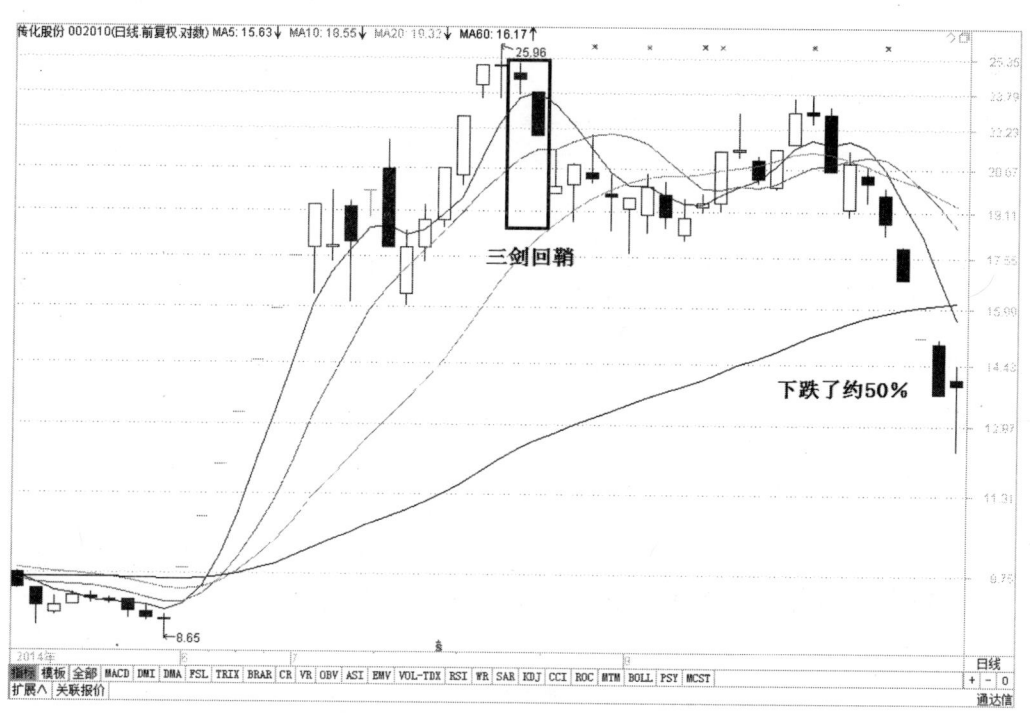

图6-122　后续走势

如图6-122所示，那些对后市还抱有希望的投资者将减少账面利润甚至是转盈利为亏损，所以三剑回鞘卖出信号是极为可信的，万不可轻视！

6. KDJ顶背离、RSI死叉、WR顶背离——卖出

下页图6-123出现了KDJ和WR指标同时发出的可靠性较高的顶背离反转下跌信号，且RSI指标也发出了高位死叉卖出信号，两个顶背离信号则大大加强了后市反转下跌的概率，持股者不可对此视而不见！

如下页图6-124所示，三剑回鞘信号发出后，股价没再能创出新高，而是横向震荡了一段时间，以跌破均线支撑而告终，最后跌入无底深渊！

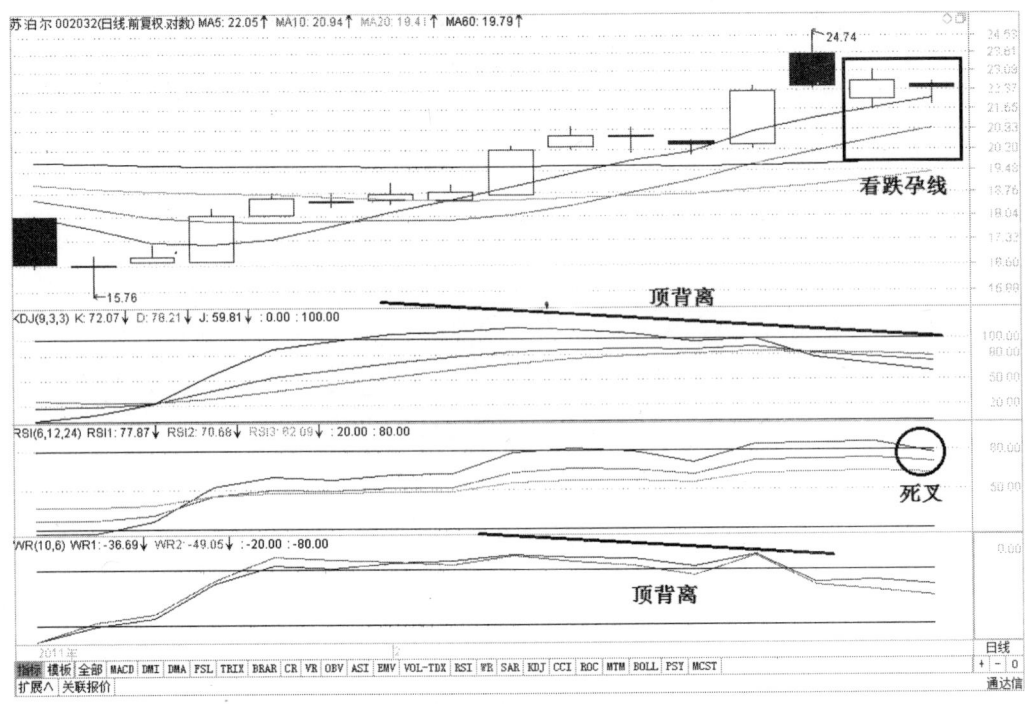

图6-123 KDJ顶背离、RSI死叉、WR顶背离——卖出

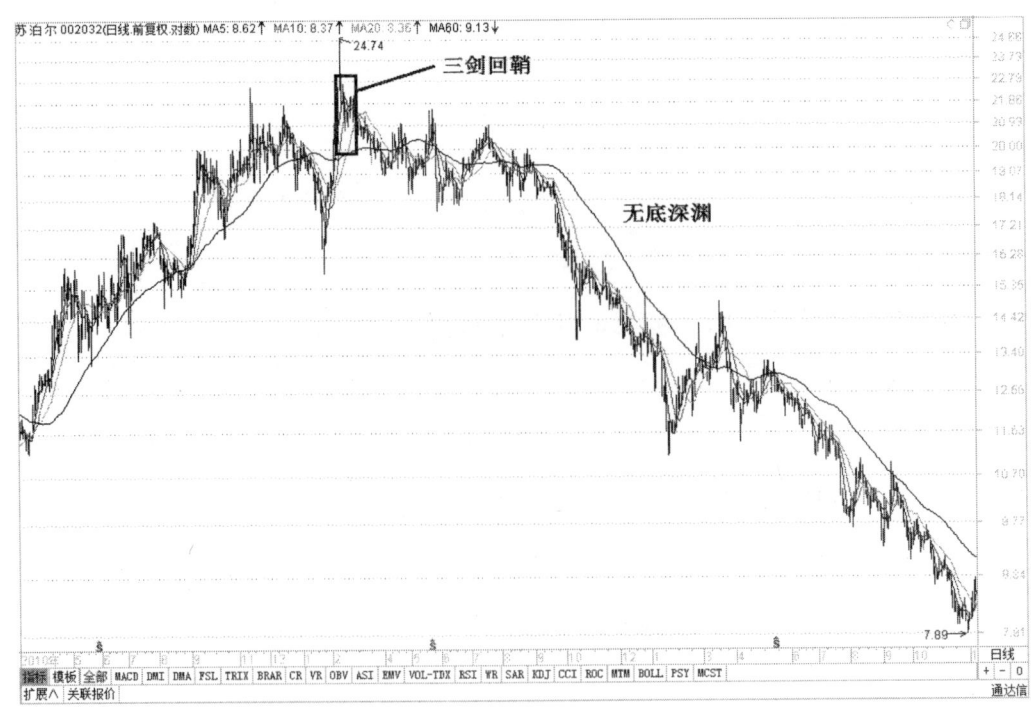

图6-124 后续走势

7. KDJ 顶背离、RSI 顶背离、WR 死叉——卖出

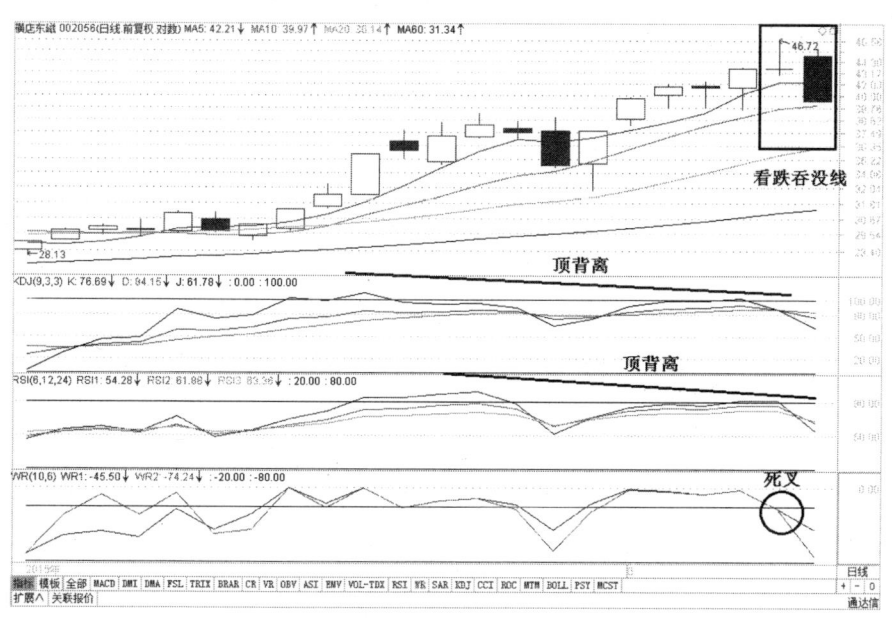

图6-125　KDJ 顶背离、RSI 顶背离、WR 死叉——卖出

图6-125出现了 KDJ、RSI 同时发出的可靠的顶底背离反转下跌信号，而WR指标也发出了高位死叉卖出信号，三个指标共同发出了卖出信号，这是很好的卖出时机，万不可继续持股，以防不测！

图6-126　后续走势

如上页图6-126所示，后续走势果然如我们所料，在三剑回鞘信号发出后，股价马上直线下跌，往日涨势风光不再！

8. KDJ顶背离、RSI顶背离、WR顶背离——卖出

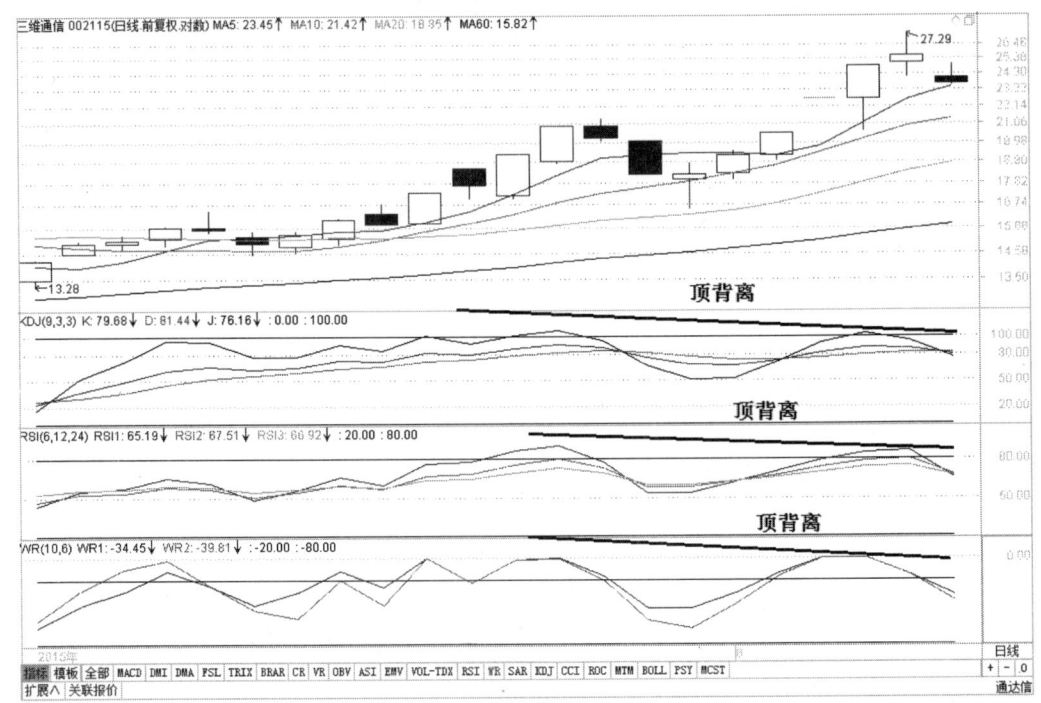

图6-127　KDJ顶背离、RSI顶背离、WR顶背离——卖出

图6-127出现了KDJ、RSI、WR三剑客纷纷发出的顶背离反转下跌信号，是非常可靠的卖出信号，投资者切忌在这个时候买入这样的股票！

如下页图6-128所示，后续走势证明了三剑回鞘信号的可靠性，股价没有再创出新高，反而是不断下探，最终跌破所有均线的支撑并一路下跌，让持有它的投资者亏损不已！

图6-128 后续走势

上面我们列举了大量的三剑客买卖信号,下面我们将用实战案例来讲解实战中不同环境下所需要注意的事情!

第七章

超短线操作案例

超短线是指在一两个交易日内就完成了整套买卖交易。持股时间最短，风险相对中长线交易来说较低，但对投资者的技术和心理要求会更高！

三剑客指标能用于超短线操作，除了常规的三剑客买卖信号之外，还需要放大所使用的指标参数，通常将各指标的参数放大5倍。

1. KDJ 指标公式的改动与步骤

KDJ指标公式改动如下：

RSV:=(CLOSE−LLV(LOW,N*5))/(HHV(HIGH,N*5)−LLV(LOW,N*5))*100

K:=SMA(RSV,M1*5,1);

D:=SMA(K,M2*5,1);

J:=3*K−2*D,COLORBLACK;

0,COLORBLACK;100,COLORBLACK;

具体操作步骤如下：

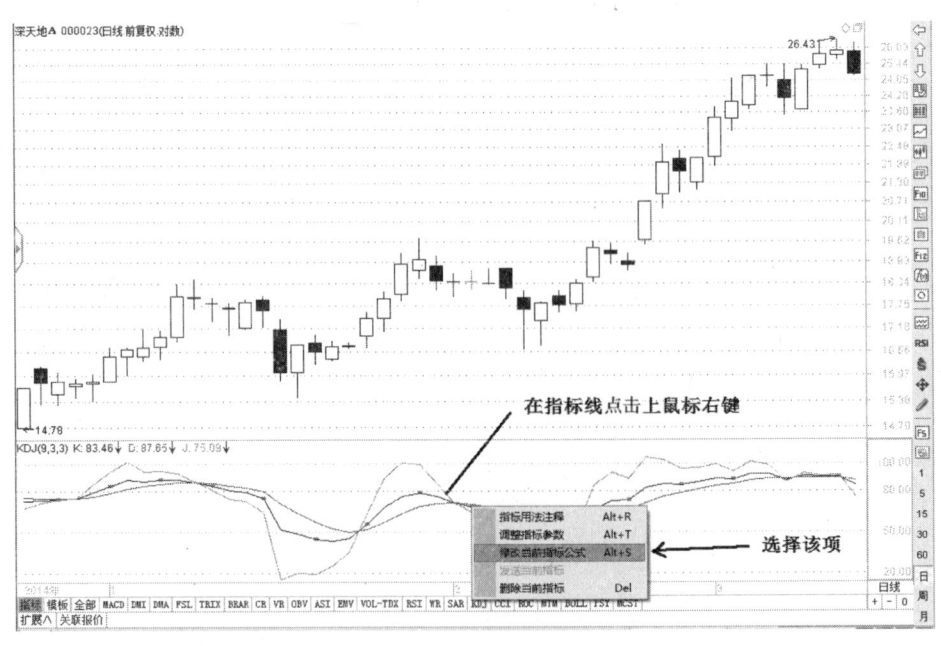

图7-1　修改指标

如图7-1所示，在指标线上点击鼠标右键，可以看到修改指标公式的选项。然后点击"修改指标公式"即可进入公式编辑器进行修改。

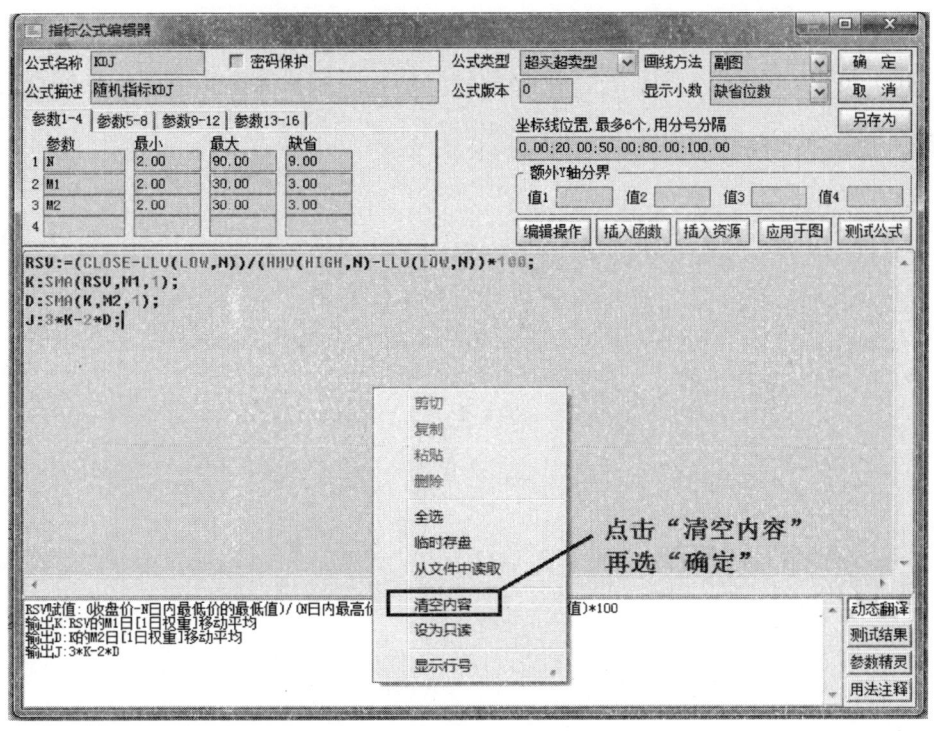

图7-2 指标编辑器内修改代码

如图7-2所示,在打开的编辑器上点击鼠标右键,系统弹出一个菜单,在该菜单上选择"清空内容",然后再选择"确定",这样编辑器里的内容就被清空了。

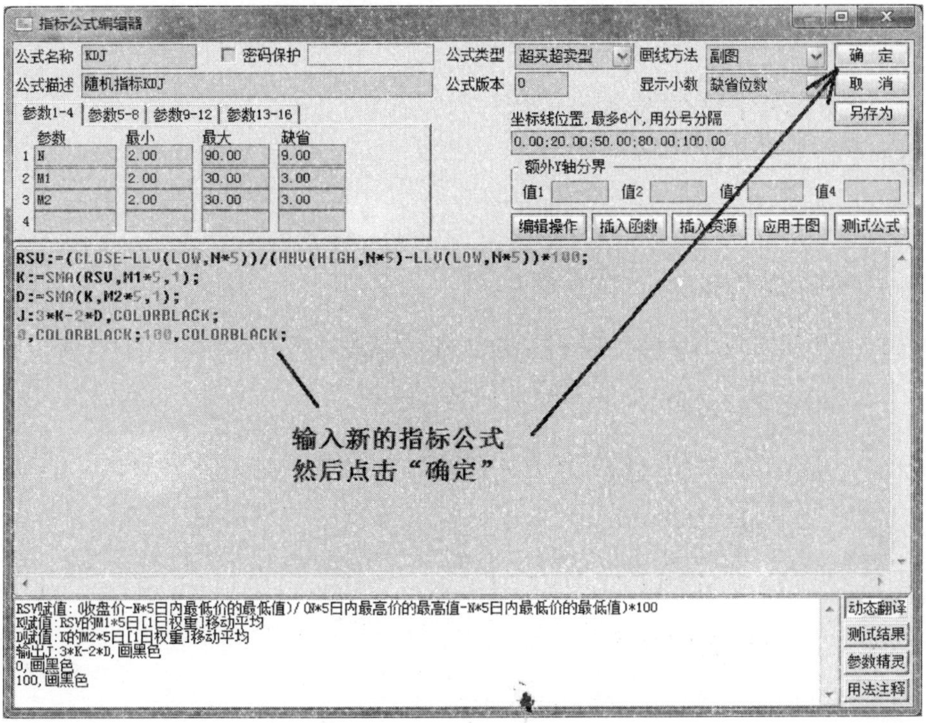

图7-3 修改代码并确定保存

如上页图7-3所示，我们把上面新的代码输入进编辑器中，输入完成后点击右上角的"确定"键确认修改。

图7-4 修改完成

如图7-4所示，KDJ指标修改完成后，其震荡就没有这么频繁了，能更好地抓住中短线行情！

2. RSI指标公式的改动与步骤

RSI指标公式改动如下：

LC:=REF(CLOSE,5);

RSI1:SMA(MAX(CLOSE-LC,0),N1*5,1)/SMA(ABS(CLOSE-LC),N1*5,1)*100;

RSI2:=SMA(MAX(CLOSE-LC,0),N2*5,1)/SMA(ABS(CLOSE-LC),N2*5,1)*100;

RSI3:=SMA(MAX(CLOSE-LC,0),N3*5,1)/SMA(ABS(CLOSE-LC),N3*5,1)*100;

20,COLORBLACK;80,COLORBLACK;

具体操作步骤如下：

图7-5 修改RSI指标

如图7-5所示，在指标线上点击鼠标右键，可以看到修改指标公式的选项，然后点击"修改指标公式"即可进入公式编辑器进行修改。

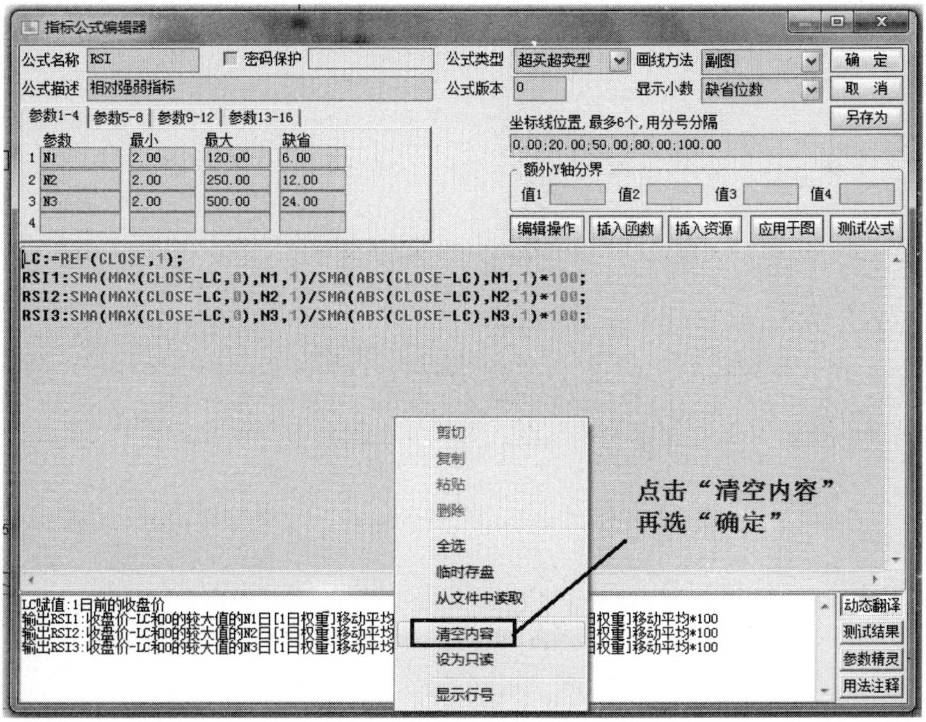

图7-6 清空原代码

如上页图7-6所示，接着在打开的编辑器上点击鼠标右键，系统弹出一个菜单，在该菜单上选择"清空内容"，然后再选择"确定"，这样编辑器里的内容就被清空了。

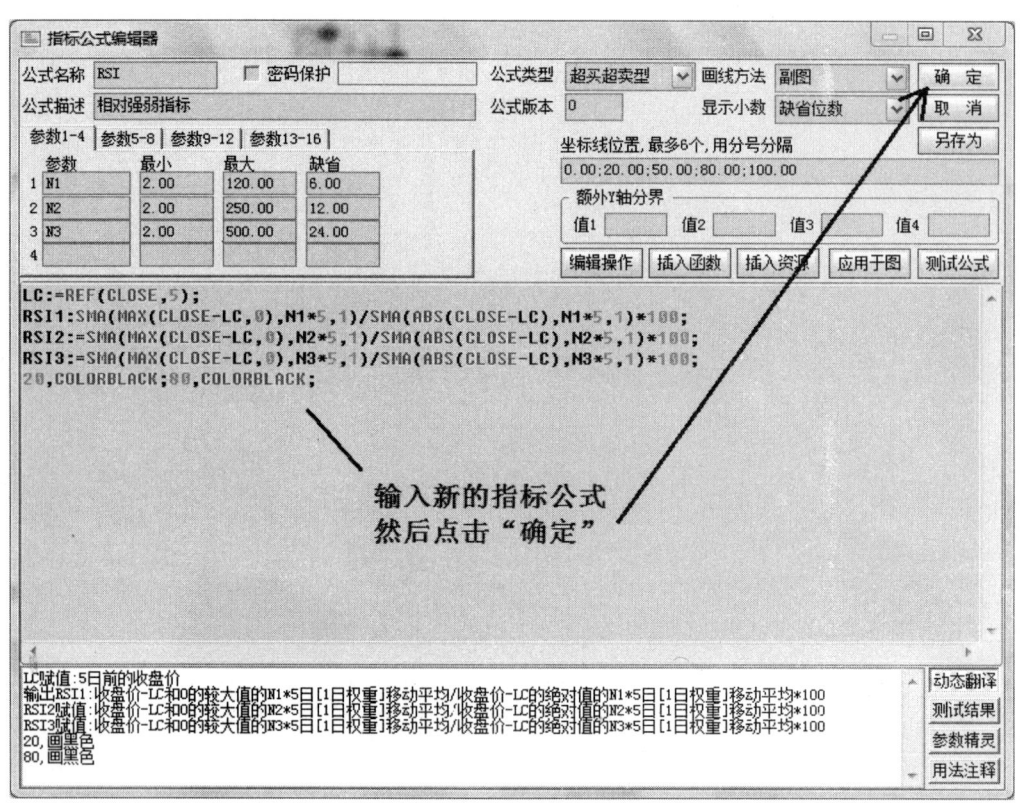

图7-7 修改代码后确定保存

如图7-7所示，然后我们把上面新的代码输入编辑器，输入完成后点击右上角的"确定"键确认修改。

RSI指标修改完成后，可从下页图7-8中看到修改后的指标前期发生的高位二次死叉，死叉发生后股价确实见顶了。可见修改后的RSI更加适合中、短期的研判。

图7-8 修改成功

3. WR指标公式的改动和步骤

WR指标公式改动如下：

WR1:100*-1*(HHV(HIGH,N*20)-CLOSE)/(HHV(HIGH,N*20)-LLV(LOW,N*20));

WR2:100*-1*(HHV(HIGH,N1*60)-CLOSE)/(HHV(HIGH,N1*60)-LLV(LOW,N1*60));

20*-1,COLORBLACK;80*-1,COLORBLACK;

具体操作步骤如下：

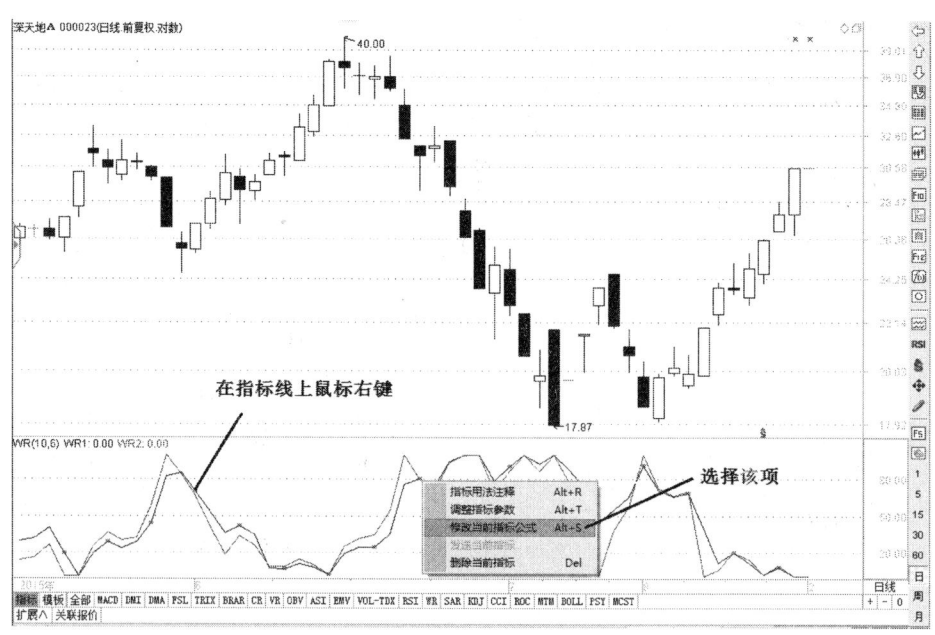

图7-9 开始修改代码

在指标线上点击鼠标右键,然后可看到修改指标公式的选项。点击"修改指标公式"即进入公式编辑器进行修改,如图7-9所示。

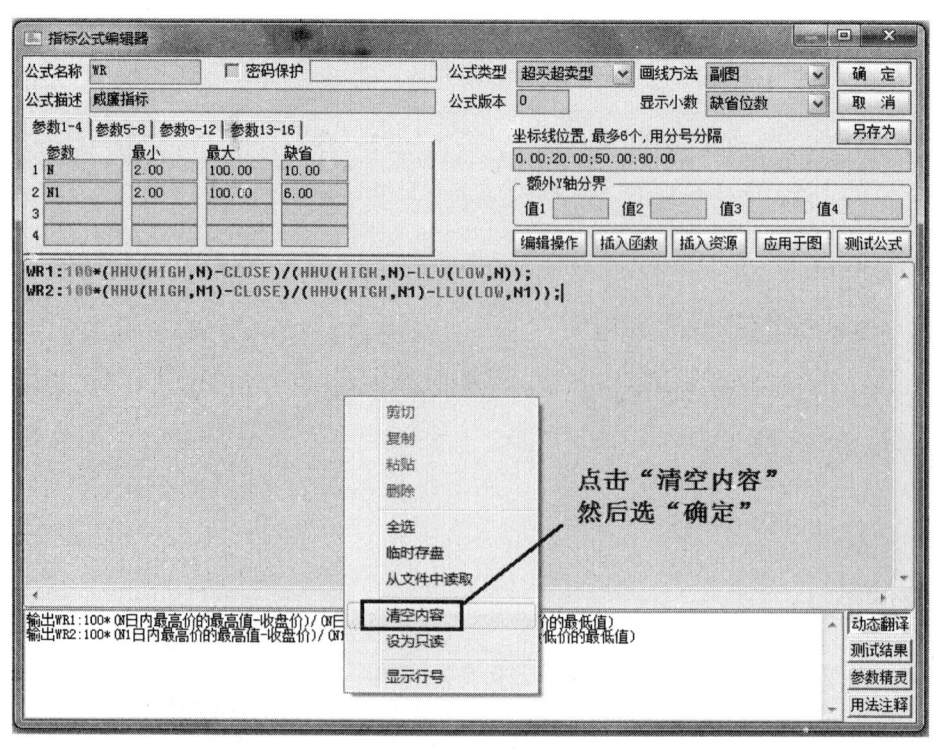

图7-10 清空内容

如上页图7-10所示，在编辑器上点击鼠标右键，系统弹出一个菜单，在该菜单上选择"清空内容"，然后选择"确定"以确认清空指标代码，这样编辑器里的内容就被清空了。

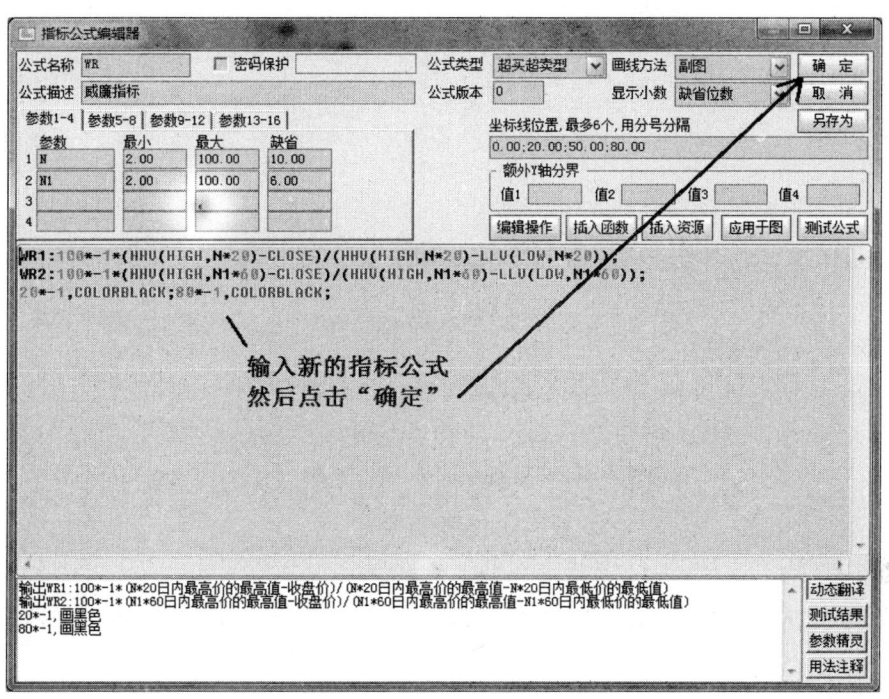

图7-11　修改代码并确定保存

图7-12　修改成功

如上页图7-11所示，然后我们把上面新的代码输入编辑器，输入完成后点击右上角的"确定"键确认修改。

如上图7-12所示，WR指标修改完成后，其震荡就没有这么频繁了。就上页图7-11来看，近期那波暴跌之前，该指标曾发出了可靠的顶背离反转下跌信号，加上RSI指标发出的高位二次死叉也是卖出信号，所以近期那波暴跌是完全可以预测出来的！

三剑客指标已经初露锋芒了。

下面，我们就用这些改动过的三剑客指标在超短周期下进行交易。

一、T+0超短线操作案例——粤电力A（000539）

所谓T+0是指在某个交易日结束前最后数分钟买入该股，然后在下个交易日开盘后择高卖出。这种交易法持股时间最短，风险也相对较低，但对时机的把握要准，对操作者的心理素质要求更高。

下面我们用三剑客指标来解说如何操作！

图7-13 粤电力A 前期分析

如上页图7-13所示，先观察前期走势，该股一直处于下降通道中，近期又再次加速向下，价格看似相对很低了，那能不能买入这只股票呢？不行！光凭感觉是不可靠的！

图7-14 粤电力A 即将形成三剑出鞘买入信号

如图7-14所示，2016年1月27日13时19分，股价小幅上涨，已经出现了双剑出鞘的金叉买入信号，如果第二个交易日WR指标还可能也出现金叉，就可能形成更可靠的三剑出鞘买入信号，所以当时是不错的T+0买入时机！

如下页图7-15所示，13时29分，股价逐渐走出了一条上升趋势线，并且WR指标出现了金叉买入信号，所以我们继续持股待涨！

如下页图7-16所示，受均线压制的影响，股价在13时30分后开始回落，但是我们不要过于担心，相信三剑客指标的信号一定不会错！

图7-15 粤电力A 三剑出鞘买入信号

图7-16 粤电力A 受均线压制回调

图7-17　粤电力A　行情再次向上突破

如图7-17所示，13时47分，股价成功向上突破了均线的压制，并且可以看到WR指标再次发出了金叉买入信号，这是一次不错的加仓时机，行情很可能就此反转上涨！

图7-18　粤电力A　卖出分析

如上页图7-18所示,直到当日收盘前,股价确实创出了新高,但是也同时出现了顶背离信号和二次死叉卖出信号!WR指标的读数也略偏高,并且从最后几十分钟的走势看,行情主要聚集在5.44元附近,可以选择在下个交易日再次进入这个价位时卖出!

图7-19 粤电力A 卖出时机分析

如图7-19所示,次日开盘大幅低开1.65%,虽然如此,还是需要再观察后续走势,如有机会还是可以选择在上个交易日尾盘的5.44元附近卖出!

如下页图7-20所示,可以看到,开盘不久又返回到上个交易日尾盘的5.44元附近震荡,最后连WR指标也提示高位风险,这说明未来行情再上涨的可能性越来越低,所以在这期间卖出是明智的!

图7-20 粤电力A 进入震荡区间

图7-21 粤电力A 卖出在震荡区间

如图7-21所示,这就是利用三剑客指标信号来指导T+0操作的全程图,卖出后,该股开始连续下跌!

二、T+0超短线操作案例二——万向钱潮（000559）

图7-22 万向钱潮 前期分析

观察该股走势，可以发现前期处在明显的下降通道中，这样的行情可以买到低价，但是买入时机的选择很重要，否则买到的也可能是高价！

如图7-22所示，观察三剑客指标，KDJ、WR指标都有可能在后面的数分钟内形成买入信号，所以应该关注这类个股！

如下页图7-23所示，2016年2月3日13时50分，该股走势图中，KDJ指标发出了较为可靠的底背离反转上涨信号和WR指标发出的二次金叉买入信号，双剑出鞘必有所获。所以在该日的13时50分左右买入该股，等到下个交易日再择高卖出！

图7-23　万向钱潮　买入

图7-24　万向钱潮　持股待涨

如图7-24，这是接近收盘前的走势，股价强势上涨，期间得到均线的支撑，转变观念，我们可以以该均线作为最后的出场依据，如果急需变现也可以选择三剑回鞘或双剑回鞘信号的出现，操作是灵活多变的！

图7-25　万向钱潮　交易全程

如图7-25所示，就在两个交易日内我们就完成了买和卖整个交易，并且获利不小！

实战交易时更需要灵活多变，该案例借用均线取得了不少利润，但是如果急于变现用钱的话，就不必参考均线指标了！

三、T+0超短线操作案例三——金杯汽车（600609）

如下页图7-26所示，横向震荡了较长时间，并没有可靠的三剑客指标发出，所以这期间最好还是持币为好！

图7-26 金杯汽车 前期分析

图7-27 金杯汽车 买入

如图7-27所示，2016年2月3日13时40分，指标出现了双剑出鞘买入信号，可以买入该股了，然后就是持股待涨，并时刻关注卖出信号的出现，或是跌破具有支撑作用的均线！

图7-28　金杯汽车　交易全程

如图7-28所示，整个交易过程，我们获利约4.5%。虽然利润不高，但要是每天都能赚到4%，一个月下来总盈利不是小数！

四、T+0超短线操作案例四——国新能源（600617）

如下页图7-29（a）所示，国新能源（600617）前期走势一直是横向震荡，没有任何三剑客指标发出，以持币为主，不可轻易入场！股市中不缺机会，最缺的是耐心！

如下页图7-29（b）所示，2016年2月15日9时42分，三剑客指标发出买入信号，KDJ指标发出了底背离反转上涨信号，RSI指标发出了二次金叉买入信号，WR指标也发出了底背离反转上涨信号，三剑出鞘必不同凡响！买入无疑！

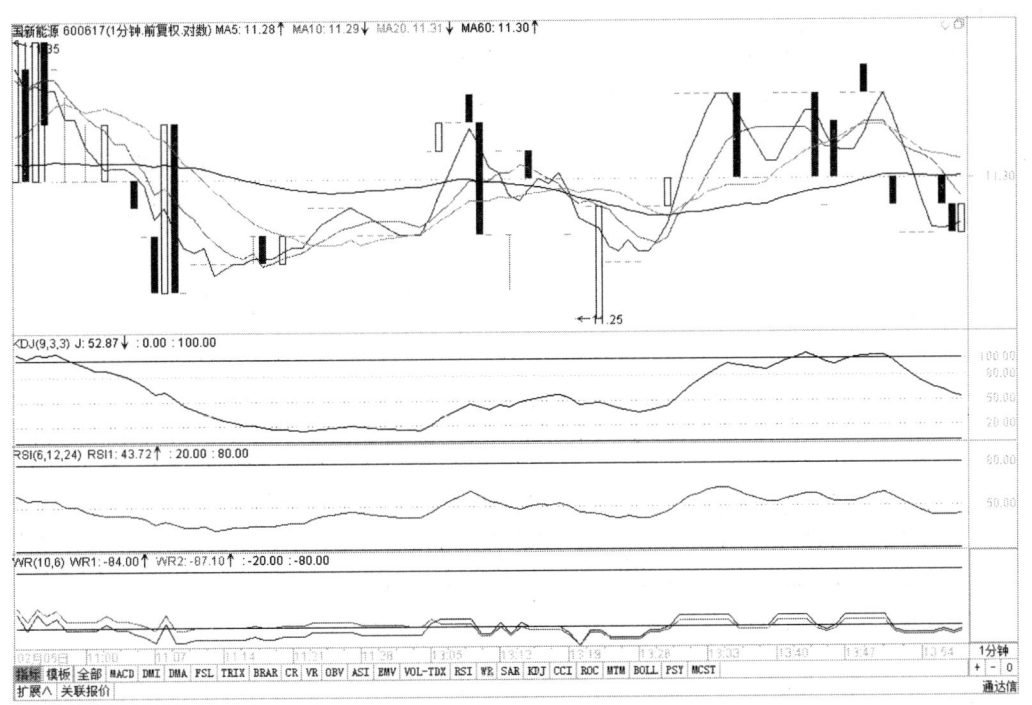

图7-29(a) 国新能源 前期分析

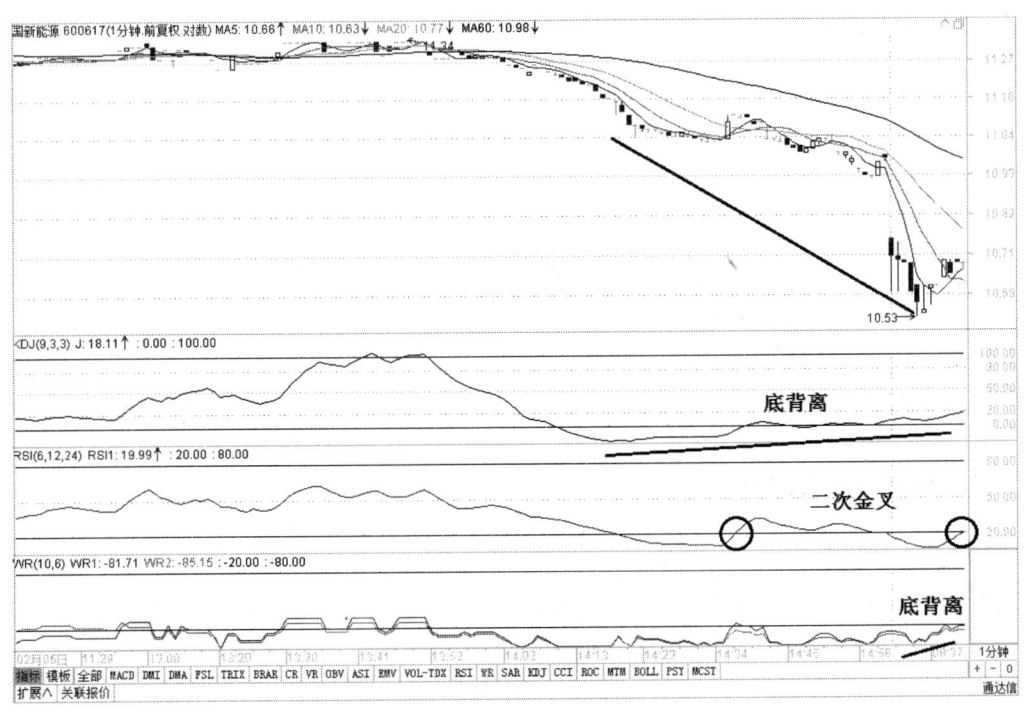

图7-29(b) 国新能源 买入

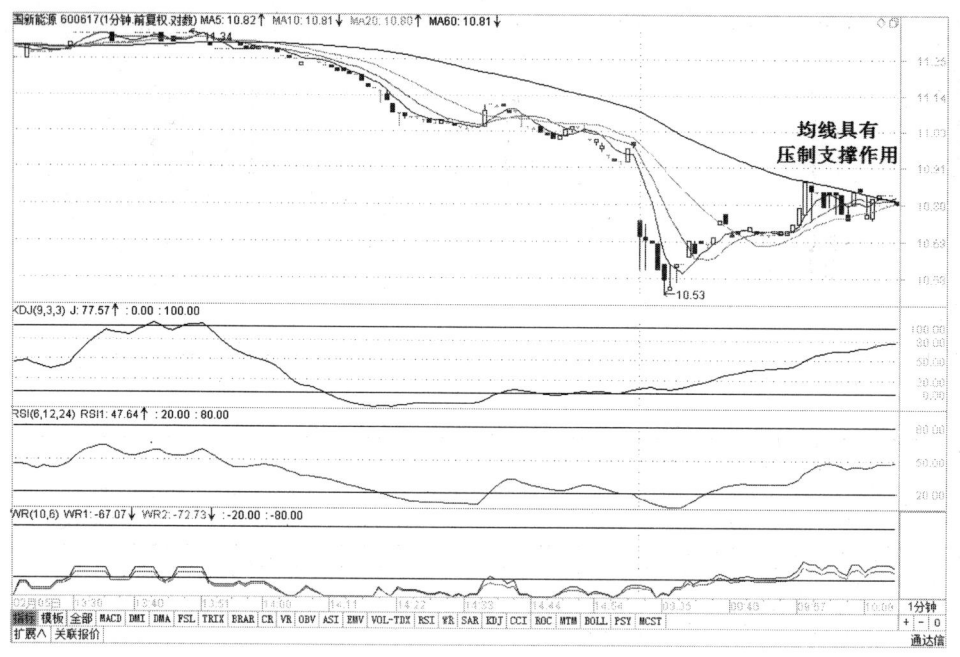

图7-30 国新能源 持股期间股价曾受均线压制

如图7-30所示，10时14分，股价围绕在均线之下，可见未来可以以这条均线作为卖出参考线了。

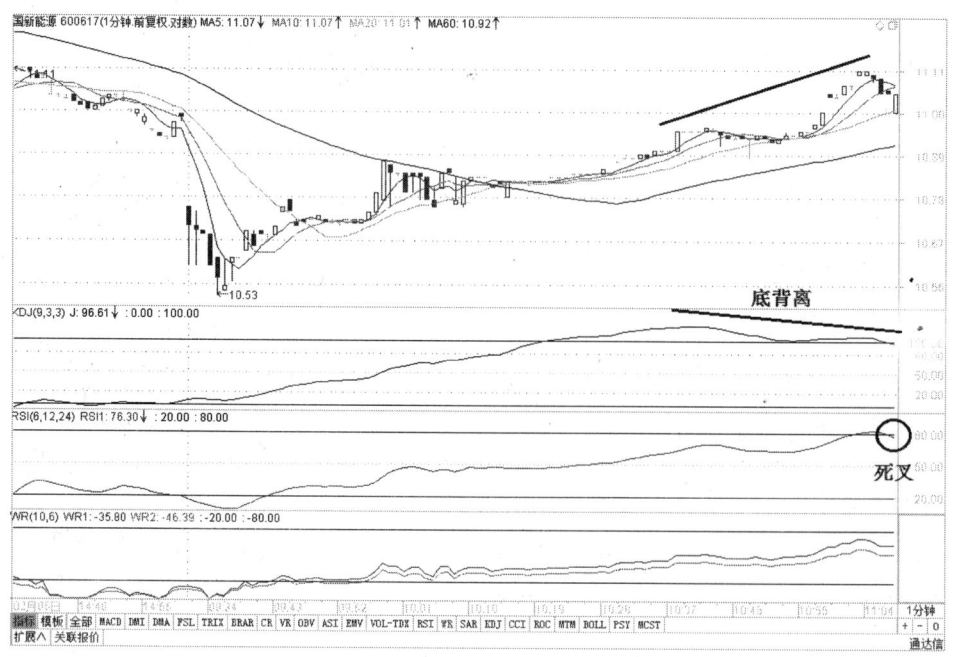

图7-31 国新能源 卖出分析

如上页图7-31所示，我们可以选择在双剑回鞘或三剑回鞘信号后卖出，也可以选择在股价跌破均线后卖出，这个看个人喜好和需要！

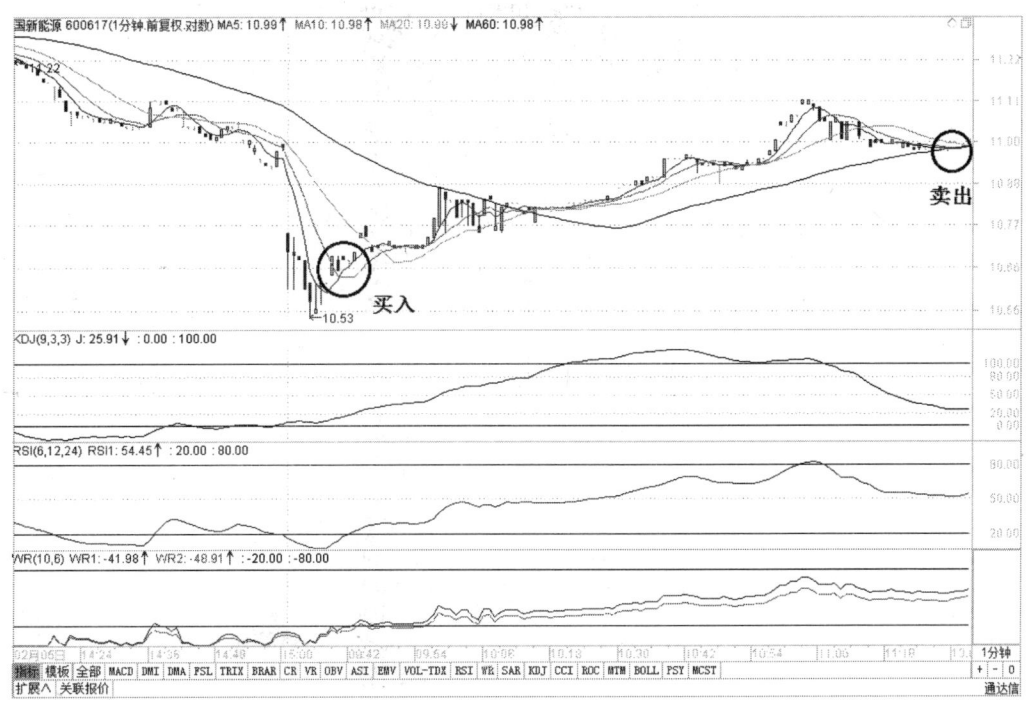

图7-32　国新能源　交易全程

如图7-32所示，要是不急于卖出，可以等到均线被跌破时卖出。

五、5分钟图操作案例——氯碱化工（600618）

如下页图7-33所示，氯碱化工（600618）此前也是横向震荡，并无三剑客指标买卖信号出现，故而持币等待！

如下页图7-34所示，2016年1月27日13时20分，个股终于发出了双剑出鞘买入信号，其中KDJ和WR指标发出了可靠的底背离反转上涨信号，RSI也发出了金叉买入信号，这是三剑出鞘，必有所获！

图7-33 氯碱化工 前期分析

图7-34 氯碱化工 买入

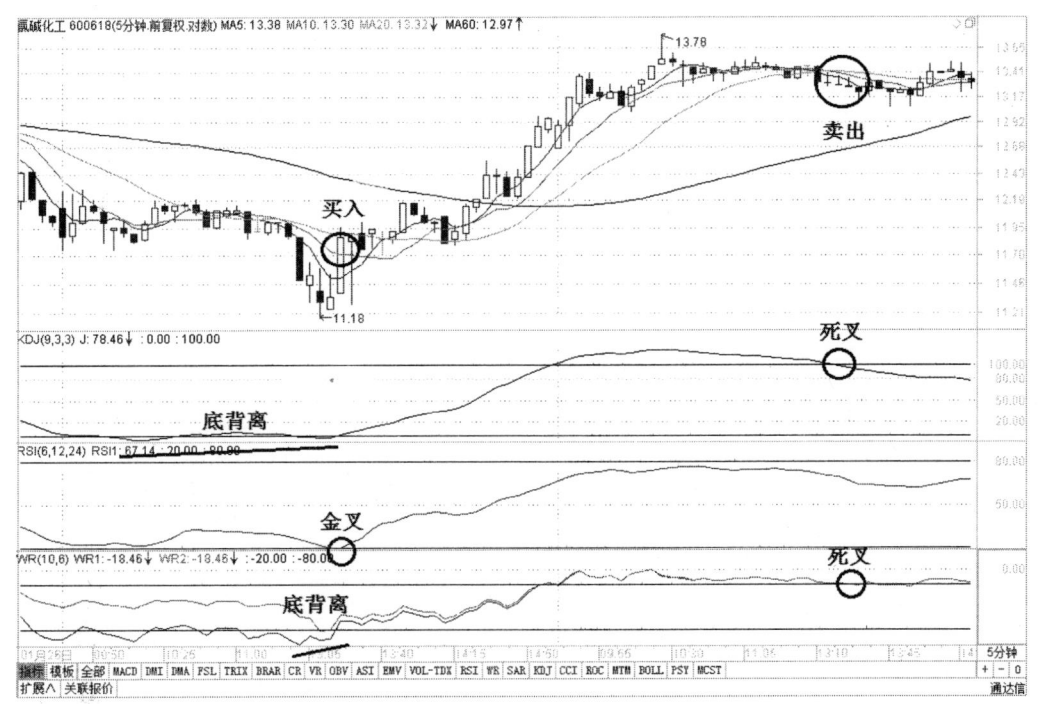

图7-35 氯碱化工 交易全程

如图7-35所示，此次均线没有明显的支撑压制作用，所以没有用来作为卖出参考线，而是以双剑回鞘或三剑回鞘作为卖出个股的依据！

整个交易获利约12%，相当不错了，只用了不到两个交易日的时间！

六、10分钟图操作案例——海立股份（600619）

如下页图7-36所示，多数个股早期处在横向震荡或下跌行情中时，才有可靠的信号出现，时刻关注该股！

如下页图7-37所示，2016年1月27日，个股开始大幅下跌，三剑客纷纷进入预警线之下，加大对该股的关注力度，时刻准备买入操作！

图7-36 海立股份 前期分析

图7-37 海立股份 等待买入时机

如下页图7-38所示，14时40分，临近27日收盘的时候，个股出现了三剑出鞘买入信号，而且都是可靠的底背离反转上涨信号，买入！

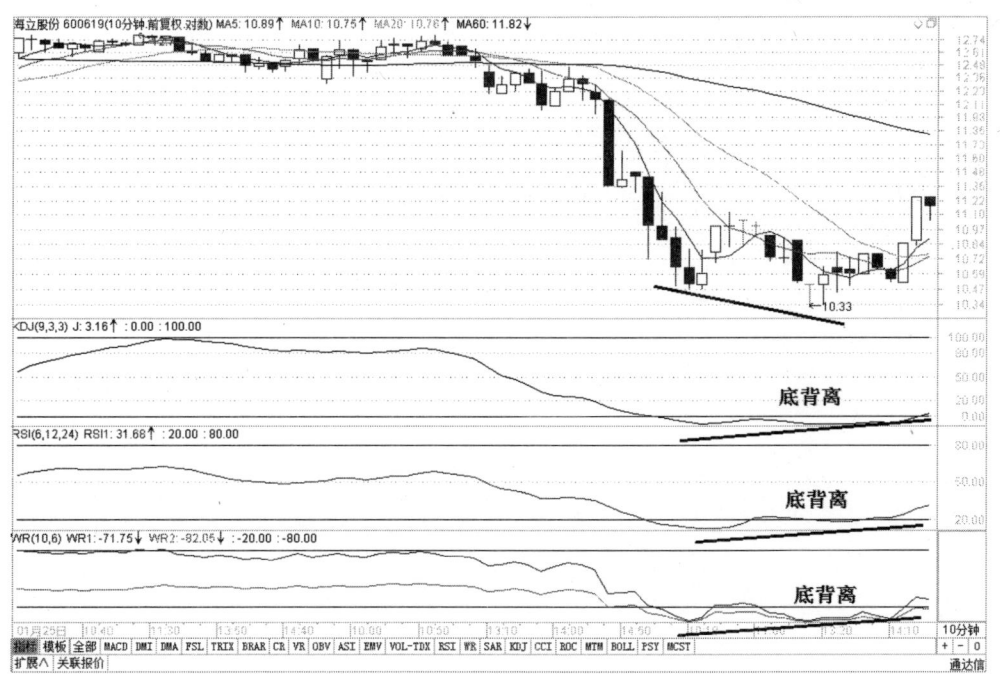

图7-38 海立股份买入信号

图7-39 海立股份暴发信号

如图7-39，29日开盘直奔涨停板而去！强势不可当！

图7-40 海立股份 继续暴发

如图7-40,2月1日开盘再次封死在涨停板上,强势?三剑客指标均处高位,需要对此类行情提防!

图7-41 海立股份 分批卖出

急于变现的可以在此涨停板上卖出，如果不急于变现，可以选择三剑客指标发出卖出信号后再卖出，或者选择股价跌破均线后再行卖出。

如上页图7-41所示，不管选择哪种卖出方式，都是卖在了相对高位！

七、15分钟图操作案例——ST乐电（600644）

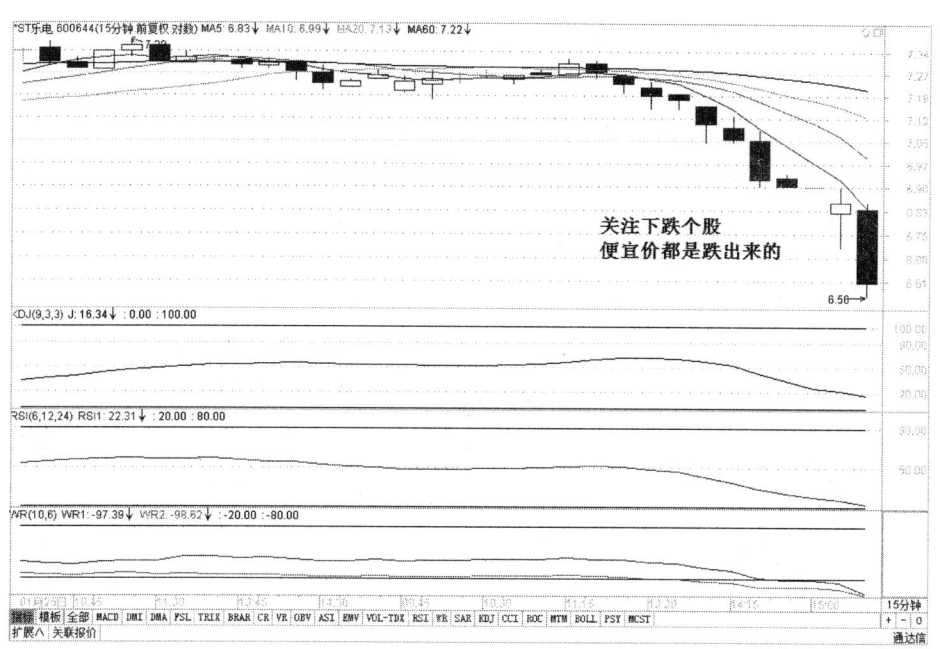

图7-42 ST乐电 前期分析

如图7-42所示，下跌的个股最容易导致三剑客指标进入低位区，最后很可能发出买入信号，所以关注这类个股是不错的寻找猎物的手段。

如下页图7-43所示，2016年1月29日11时15分，ST乐电（600644）发出了三个底背离反转上涨信号，强大的三剑出鞘信号必将引领个股向上飞奔！买入！

就在买入后不久，股价迅速脱离了低价区，飞奔而上！

如下页图7-44所示，2月4日13时15分，三剑客又发出了三剑回鞘卖出信号，那就按指标的指示卖出该股，直接获利约11%！

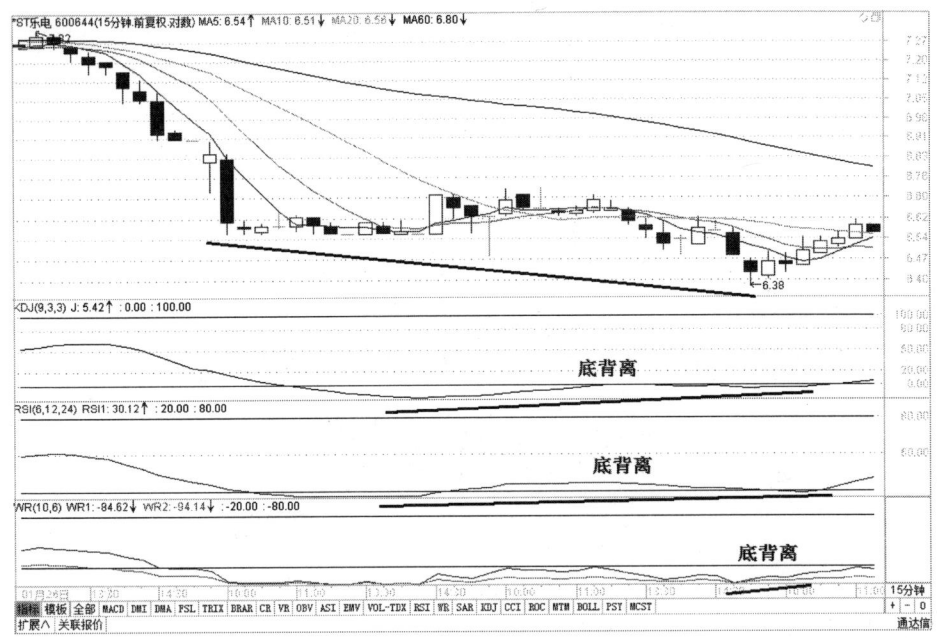

图7-43 ST乐电 买入

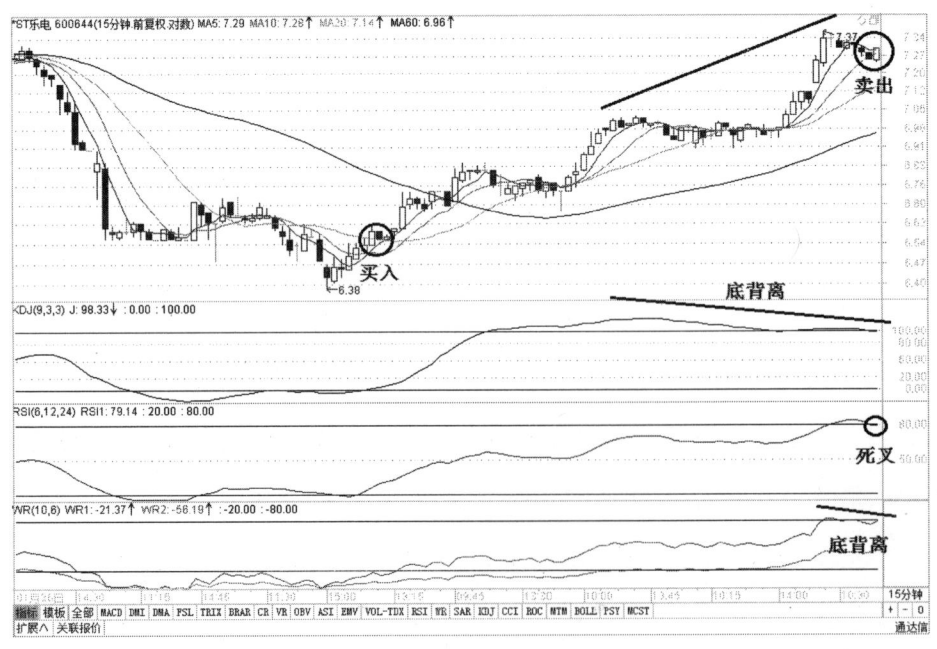

图7-44 ST乐电 卖出

因为是超短线操作，所以对于ST类个股也没有什么好担心的，一买一卖，快进快出，大大降低了风险！

第八章

中线操作案例

由于日线级别的案例已在第五章中作了详细的解说，所以不再重复，本章直接越过日线案例，从周线级别说起！

三剑客指标也能用于中线操作，除了常规的三剑客买卖信号之外，还需要增大所使用的指标参数，通常将各指标的参数放大5倍！

1. KDJ 指标公式的改动与步骤

KDJ 指标公式改动如下：

RSV:=(CLOSE−LLV(LOW,N*5))/(HHV(HIGH,N*5)−LLV(LOW,N*5))*100;

K:=SMA(RSV,M1*5,1);

D:=SMA(K,M2*5,1);

J:3*K−2*D,COLORBLACK;

0,COLORBLACK;100,COLORBLACK;

具体操作步骤如下：

图8-1 修改 KDJ 指标

如图8-1所示，在指标线上点击鼠标右键，可以看到修改指标公式的选项。然后点击"修改指标公式"即可进入公式编辑器进行修改。

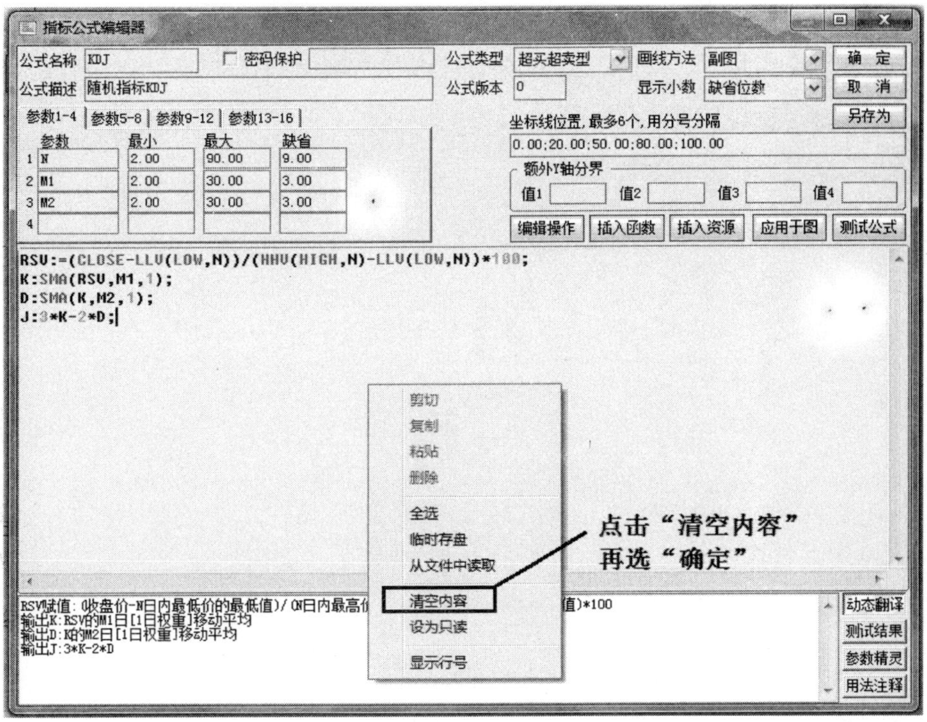

图8-2 清空内容

如图8-2所示,在打开的编辑器上点击鼠标右键,系统弹出一个菜单,在该菜单上选择"清空内容",然后再选择"确定",这样编辑器里的内容就被清空了。

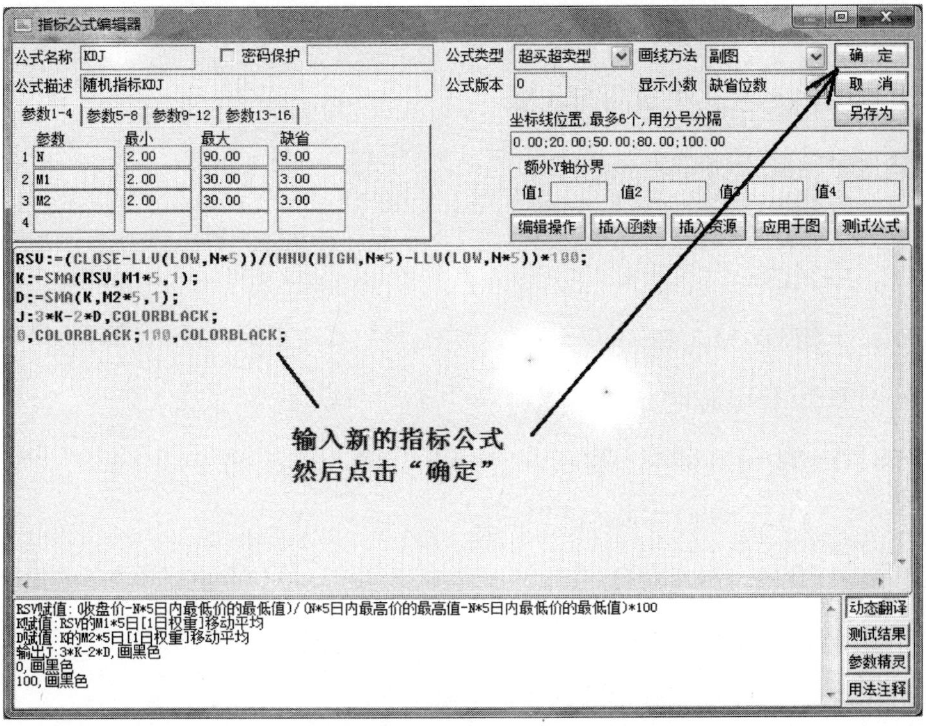

图8-3 输入新公式并确认保存

如上页图8-3所示,我们把上面新的代码输入编辑器中,然后点击右上角的"确定"键确认修改。

图8-4 修改完成

这样我们就把KDJ指标给修改了,可以从图8-4看到修改后的指标的震荡没有这么频繁了,能更好地抓住中短期行情!

2. RSI指标公式的改动与步骤

RSI指标公式改动如下:

LC:=REF(CLOSE,5);

RSI1:SMA(MAX(CLOSE-LC,0),N1*5,1)/SMA(ABS(CLOSE-LC),N1*5,1)*100;

RSI2:=SMA(MAX(CLOSE-LC,0),N2*5,1)/SMA(ABS(CLOSE-LC),N2*5,1)*100;

RSI3:=SMA(MAX(CLOSE-LC,0),N3*5,1)/SMA(ABS(CLOSE-LC),N3*5,1)*100;

20,COLORBLACK;80,COLORBLACK;

具体操作步骤如下：

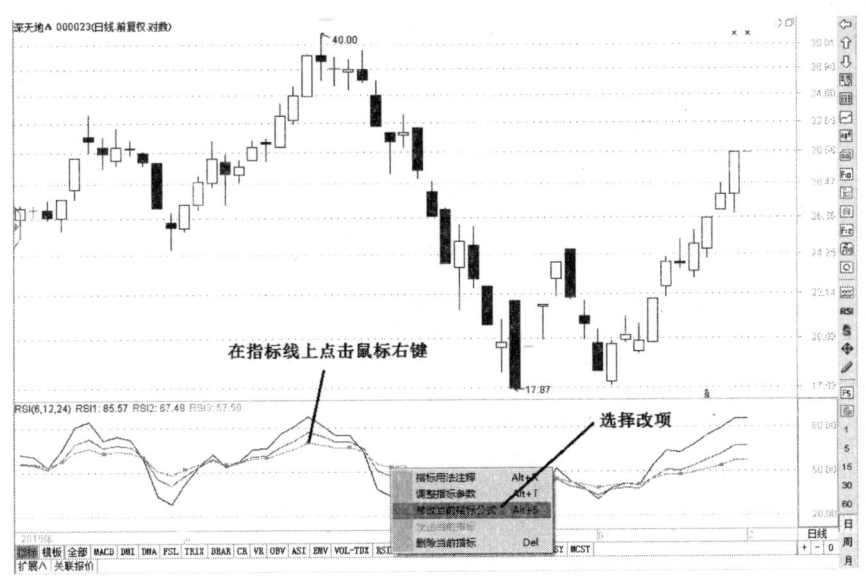

图8-5 修改RSI指标

如图8-5所示，在指标线上点击鼠标右键，可以看到修改指标公式的选项。然后点击"修改指标公式"即可进入公式编辑器进行修改。

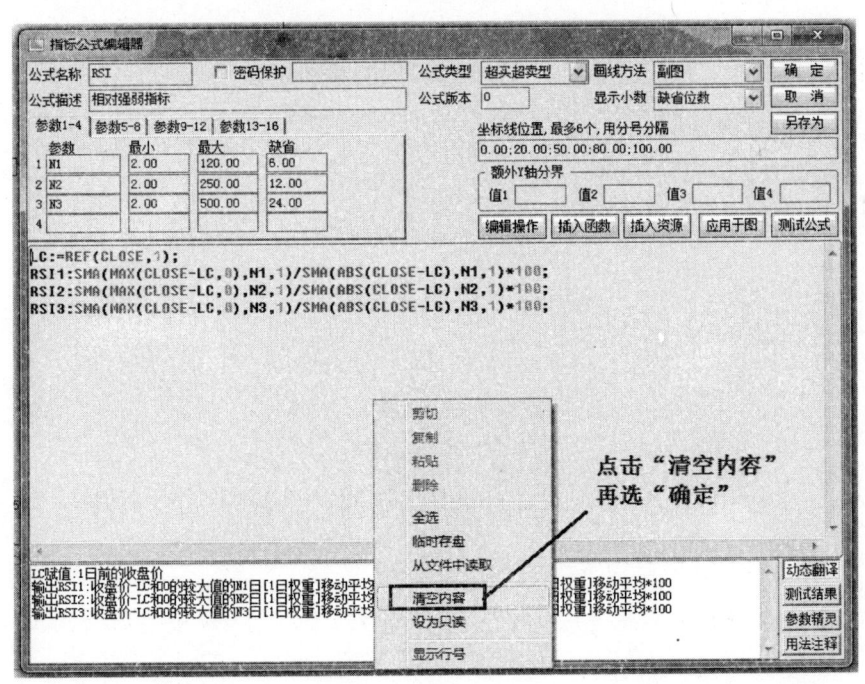

图8-6 清空原有内容

如上页图8-6所示，接着在打开的编辑器上点击鼠标右键，系统弹出一个菜单，在该菜单上选择"清空内容"，然后再选择"确定"，这样编辑器里的内容就被清空了。

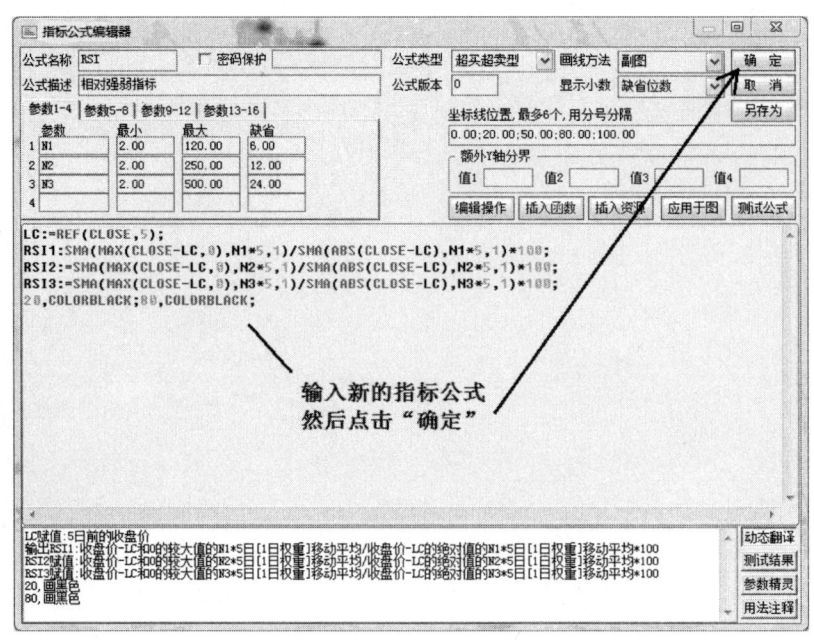

图8-7 输入新公式并确定保存

如图8-7所示，我们把上面新的代码输入编辑器中，输入完成后点击右上角的"确定"键确认修改。

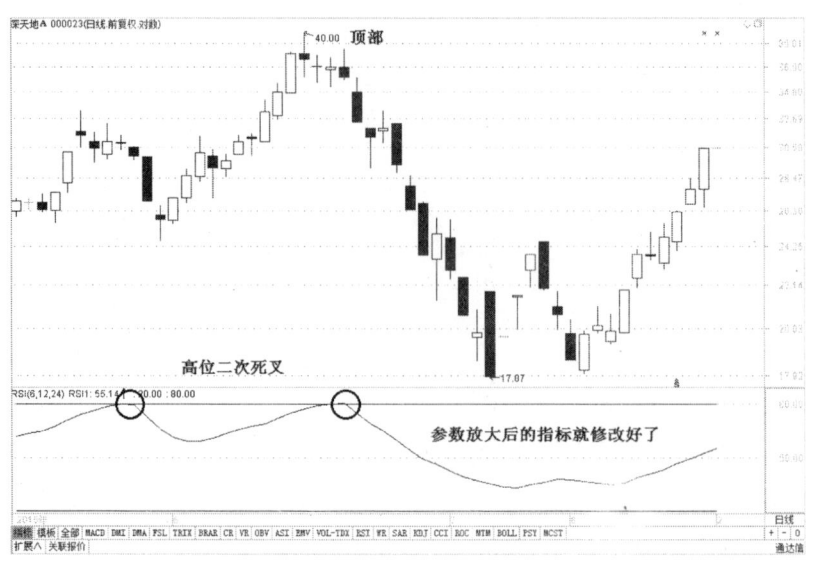

图8-8 修改完成

这样就把 RSI 指标修改了,可从上页图8-8看到修改后的指标前期发生的高位二次死叉,发出后股价确实见顶了。可见修改后的 RSI 面更加适合中、短期的研判。

3. WR 指标公式的改动与步骤

WR 指标公式改动如下:

WR1:100*-1*(HHV(HIGH,N*20)-CLOSE)/(HHV(HIGH,N*20)-
　　　LLV(LOW,N*20));
WR2:100*-1*(HHV(HIGH,N1*60)-CLOSE)/(HHV(HIGH,N1*60)-
　　　LLV(LOW,N1*60));
20*-1,COLORBLACK;80*-1,COLORBLACK;

修改操作步骤如下:

图8-9　修改WR指标

在指标线上点击鼠标右键，然后可看到修改指标公式的选项，点击"修改指标公式"即进入公式编辑器（如上页图8-9所示）。

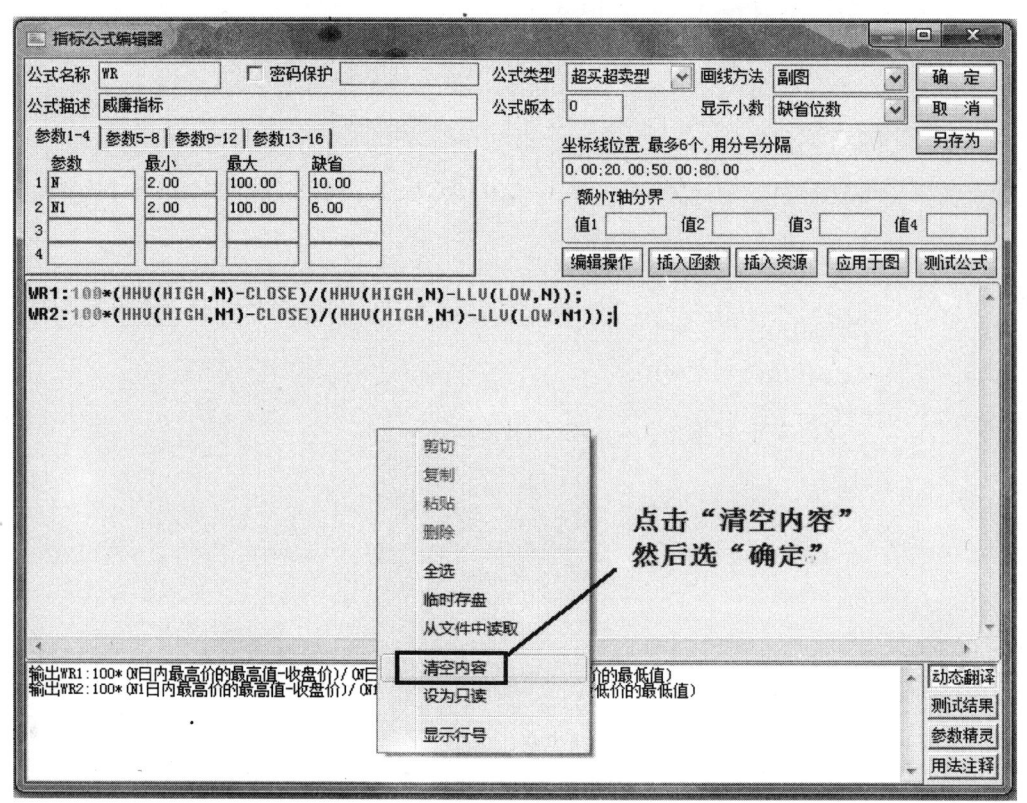

图8-10　清空代码

如图8-10所示，在编辑器上点击鼠标右键，系统弹出一个菜单，在该菜单上选择"清空内容"，然后选择"确定"，以确认清空指标代码，这样编辑器里的内容就被清空了。

如下页图8-11所示，我们把上面新的代码输入编辑器中，然后点击右上角的"确定"键确认修改。

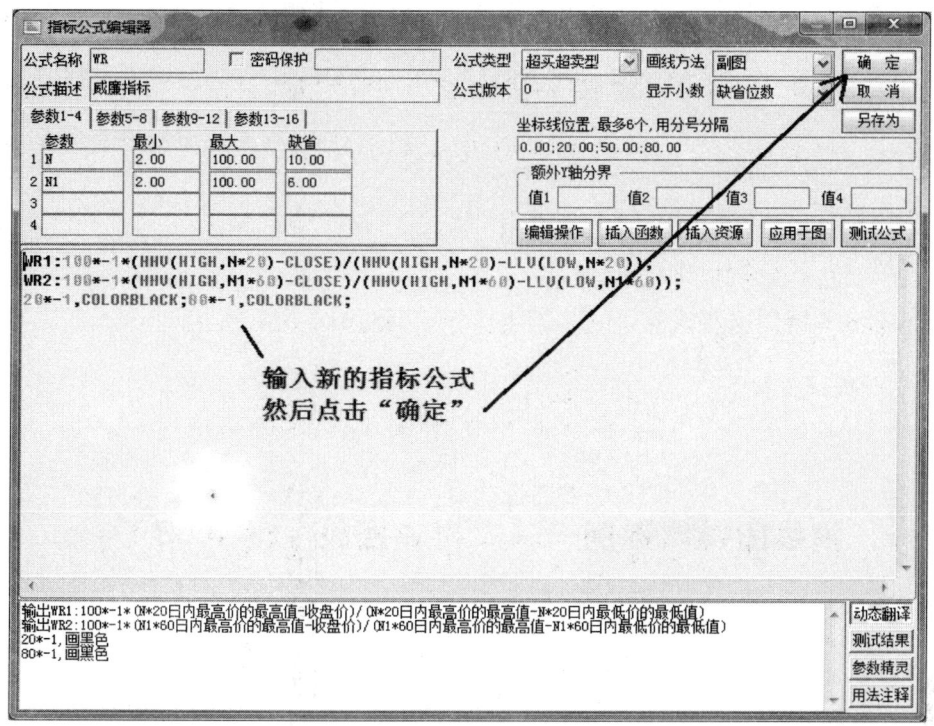

图8-11 输入新指标公式并保存

图8-12 修改完成

这样我们就把 WR 指标修改了，可以从上页图8-12看到修改后的指标震荡就没有这么频繁了，近期那波暴跌之前，该指标曾发出可靠的顶背离反转下跌信号，加上 RSI 指标发出的高位二次死叉卖出信号，其实近期那波暴跌是完全可以预测出来的！

三剑客指标已经初露锋芒！

下面我们就用这些改动过的三剑客指标在周线图下进行解说。

一、周线图操作案例———申华控股（600653）

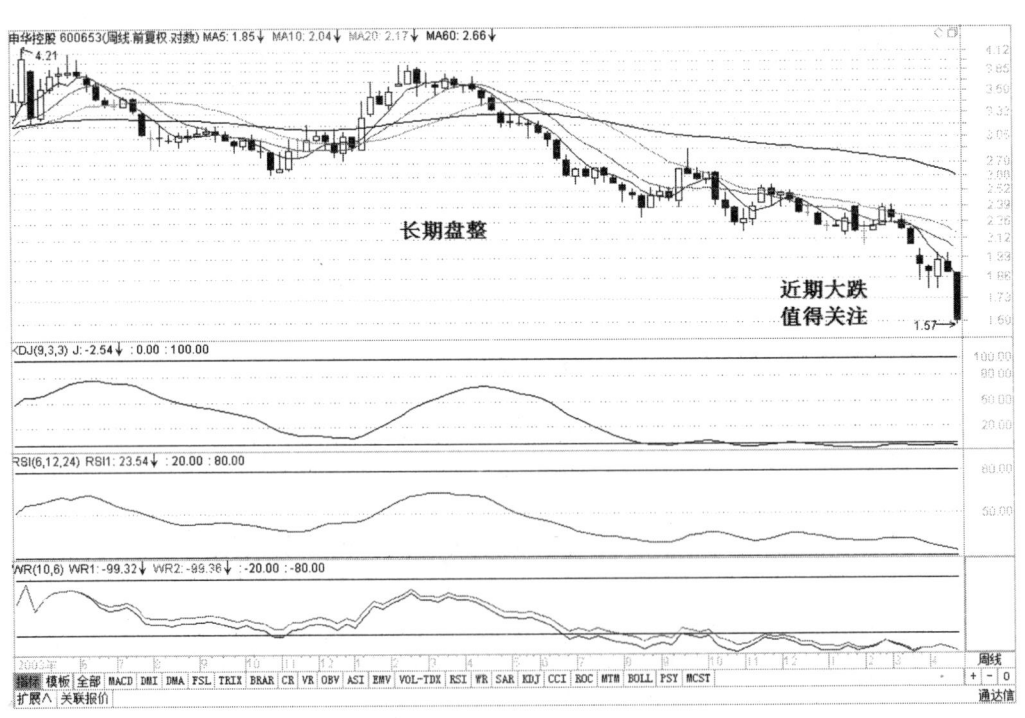

图8-13　申华控股　前期分析

如图8-13所示，个股一旦开始大幅下跌，就会导致三剑客指标进入低位，最后很可能引发买入信号的发出，所以这类个股很值得持续关注！

图8-14 申华控股 买入

如图8-14所示，2005年9月16日，申华控股（600653）开始出现了两个底背离和一个二次金叉的三剑出鞘买入信号，可靠性极高！

图8-15 申华控股 突破！持股待涨

如上页图8-15所示，2006年5月19日，个股股价成功向上突破了均线的压制！

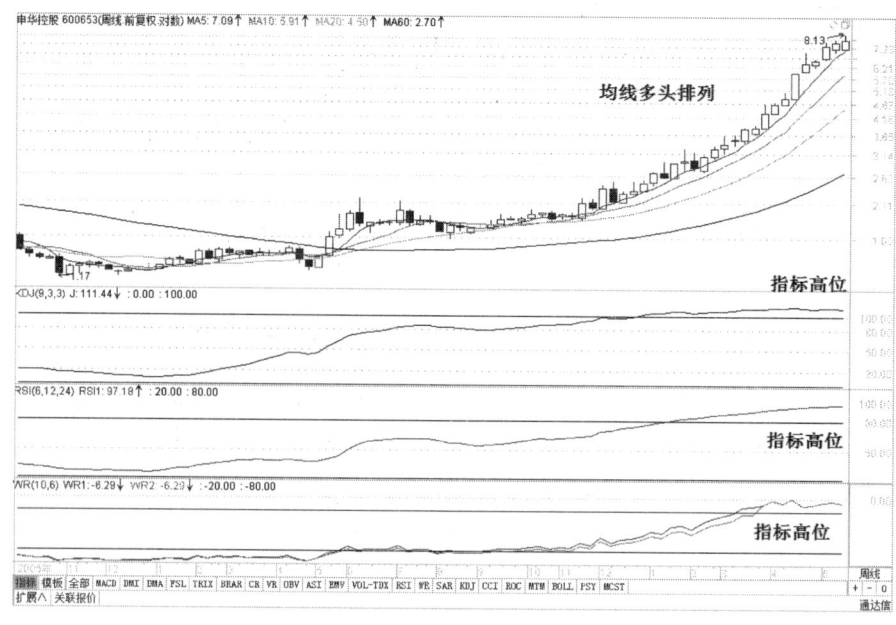

图8-16　申华控股　形势大好

如图8-16所示，后续走势因为大盘处在大牛市而不断上涨，但是三剑客指标的读数都开始偏高，不宜对后市再抱有太大幻想，随时关注指标是否发出卖出信号！

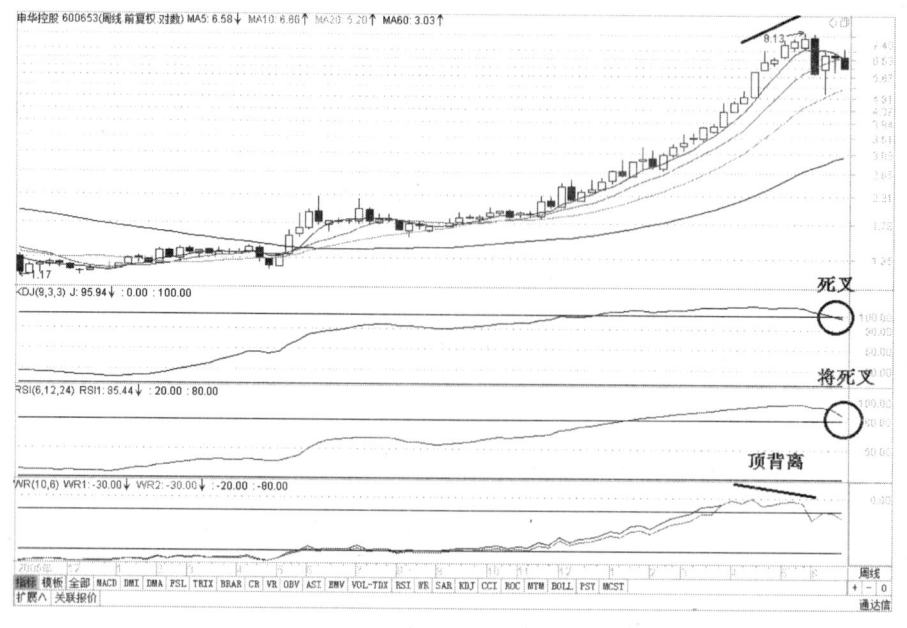

图8-17　申华控股　卖出

如上页图8-17所示，2007年6月22日，个股随着上证大盘一起飞奔而上，然而，指标却出现了卖出信号，不要犹豫不决！赶紧卖出该股！

图8-18　申华控股　后续走势

如图8-18所示，如果我们没有选择卖出，那这只个股后来的暴跌将让持有它的投资者大大受损！

二、周线图操作案例二——工大高新（600701）

如图8-19所示，关注这类突然暴跌的个股，也有机会在低价买到，我们可以看到三剑客指标纷纷调头向下，大有跌破低位区的可能！

图8-19 工大高新 前期分析

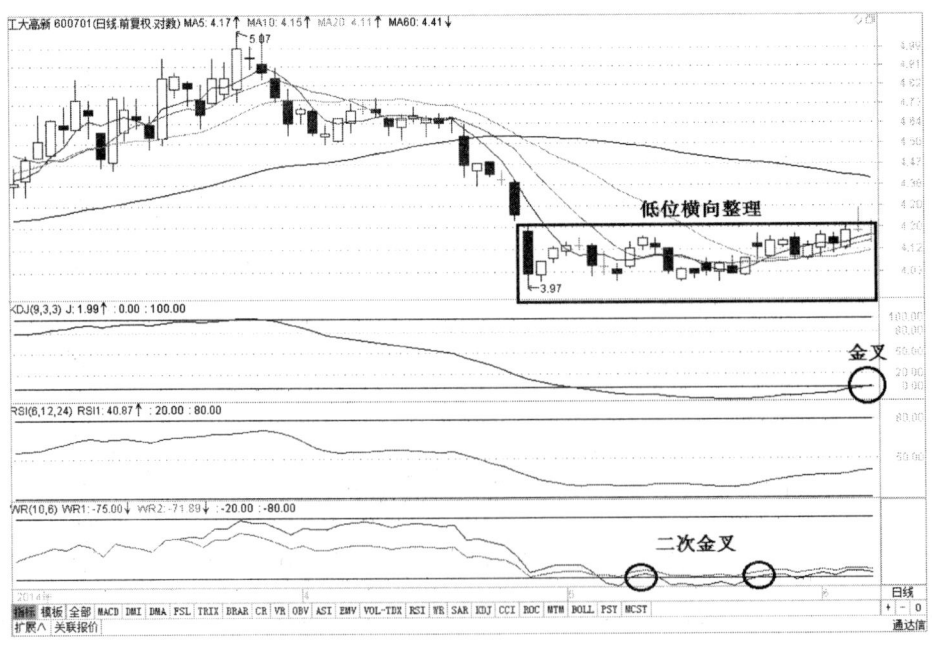

图8-20 工大高新 买入分析

如图8-20所示,直到2014年6月9日,个股一直处在低位横向盘整区间中,指标则出现双剑出鞘买入信号,买入!

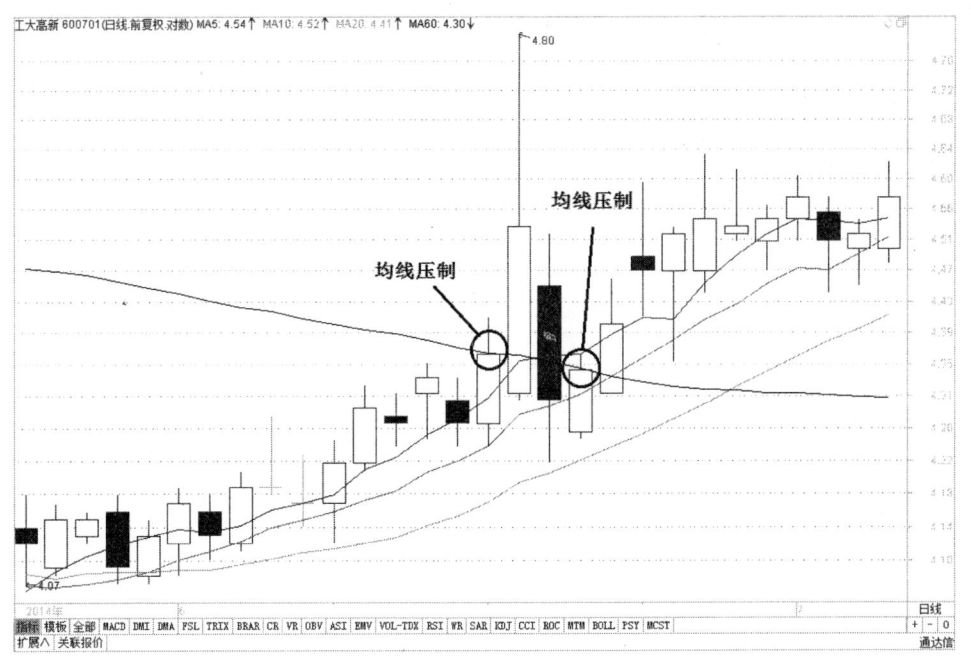

图8-21 工大高新 股价向上突破均线

如图8-21所示,盘中股价至少有两次受到均线的明显压制,所以后续我们选择以股价跌破均线为卖出依据,不再强调三剑客指标是否出现卖出信号!

图8-22 工大高新 仍持股待涨

如上页图8-22所示，因为均线仍未被跌破，所以继续持股，除非急于变现，否则持股到跌破均线为止！

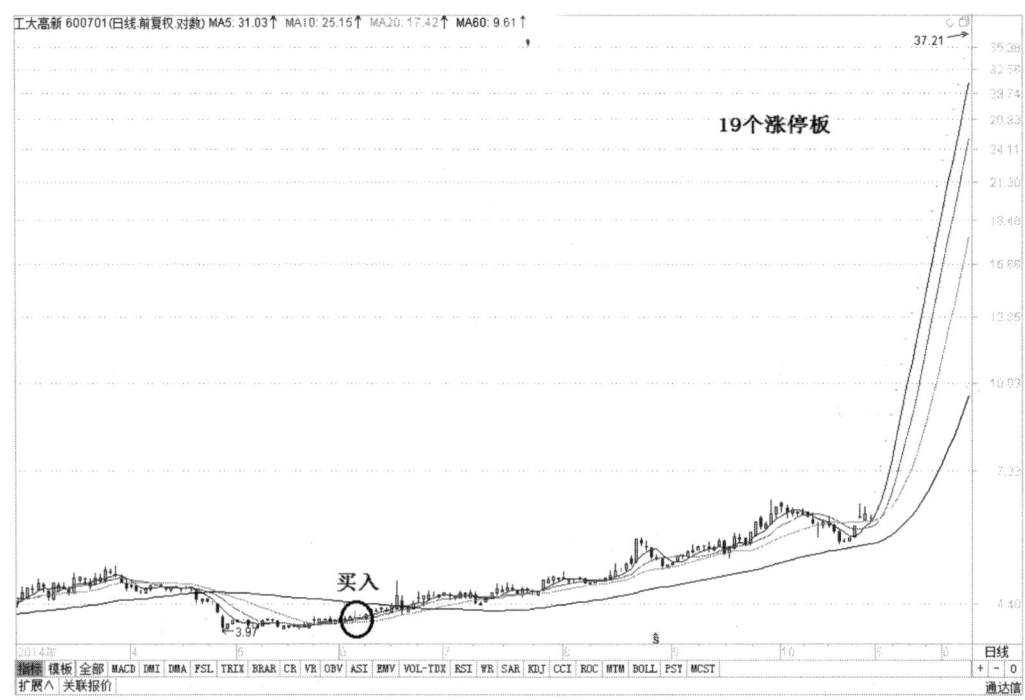

图8-23　工大高新　强势拉升

如图8-23所示，后续涨势惊人，连续19个涨停板，急于变现的话随时可以卖出。若按均线处理的话，此时应该转用短期均线作为止盈依据。我们这时选择用5日均线作为止盈依据，这样我们就能卖到较高的价格了！

如下页图8-24所示，整个买卖过程可以看到我们买到了起涨前的低价，卖在了反转下跌前的高价！这不就是所有炒股者都向往的"低买高卖"吗？

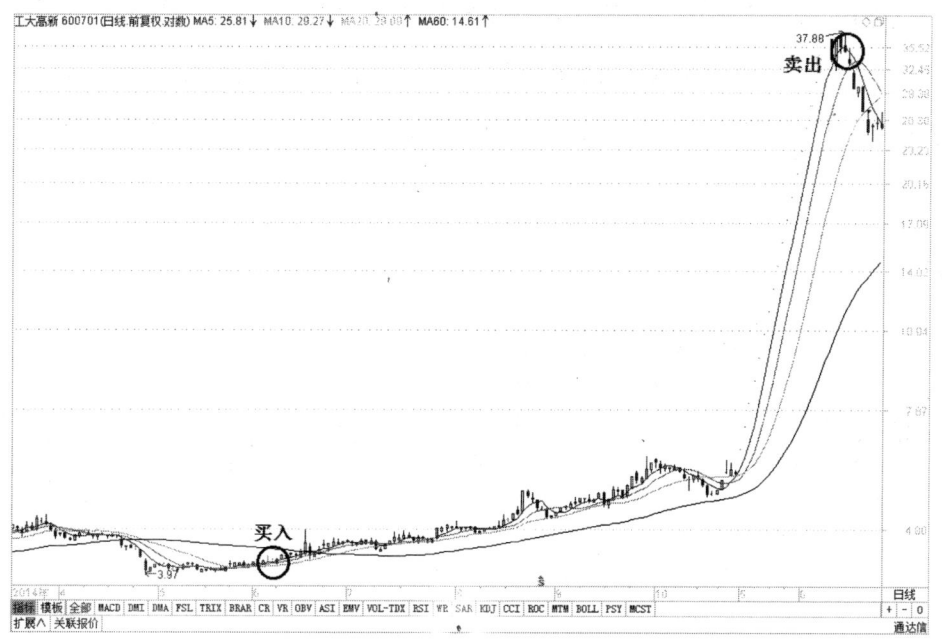

图8-24 工大高新 卖出分析

三、周线图操作案例三——招商证券（600999）

图8-25 招商证券 前期分析

如上页图8-25所示，招商证券（600999）自2012年至2014年5月，一直处在整理形态之中，并且震荡的幅度越来越窄，很可能酝酿着新的变盘，至于向哪个方向变盘目前尚不可知，三剑客指标尚未发出可靠的买卖信号，等待时机是最好的选择！

图8-26　招商证券　买入分析

如图8-26所示，到了7月25日，该股虽然没有突破整理区间，但是三剑客指标发出了"双剑出鞘"的买入信号，加上当周报收一根大阳K线，说明后市反转上涨的可能性要比下跌的可能性高，时机终于到了，买入！

如下页图8-27所示，9月26日，该股在均线上来回震荡了几个星期后，终于向上突破了均线的压制，试图向上突破下行整理形态的压制线，买入的投资者应该耐心持股等待！

图8-27 招商证券 买入后待涨

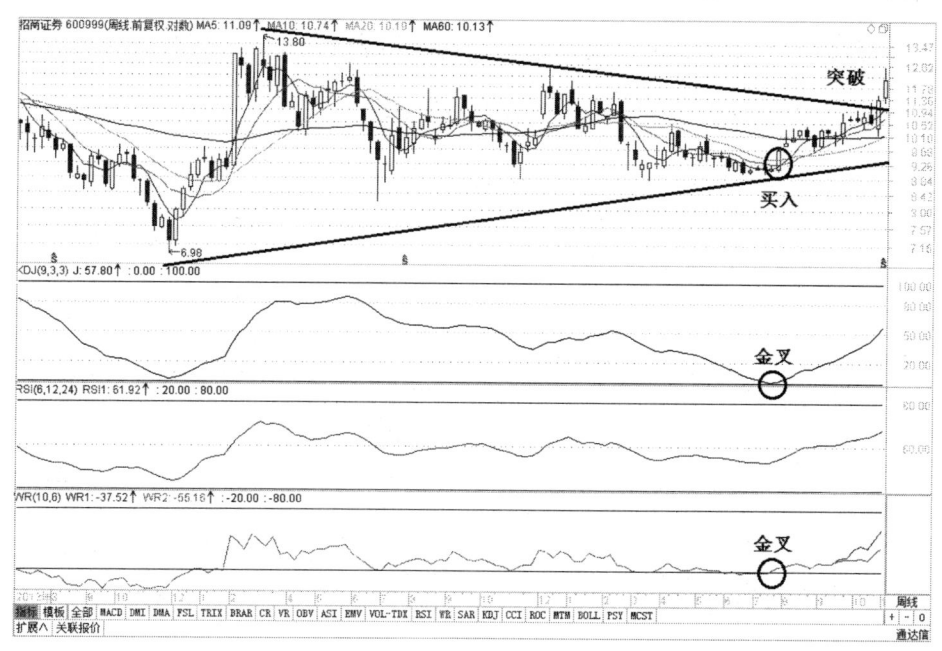

图8-28 招商证券 向上突破

如图8-28所示，11月7日，个股再次向上突破了整理形态的下行压制线，股价上行的压力越来越小了，坐稳了，飞机起飞了！

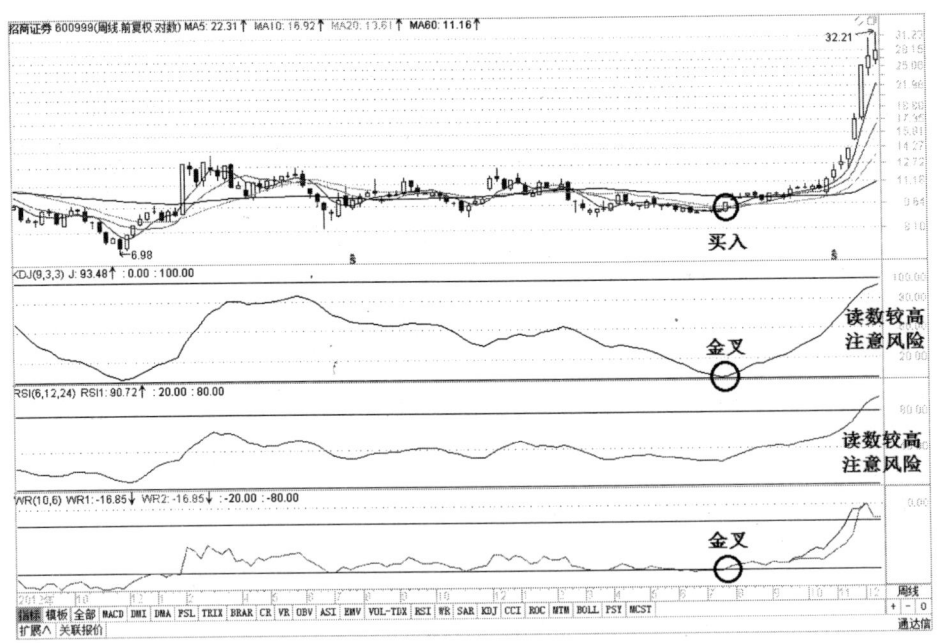

图8-29 招商证券 拉升股价

如图8-29所示,12月19日,该股股价不负众望大幅上涨,但同时也导致了三剑客指标的读数也纷纷高企,这不能不引起持股者的重视,时刻关注指标读数的变化,以防卖出信号的发出,避免不必要的失误!

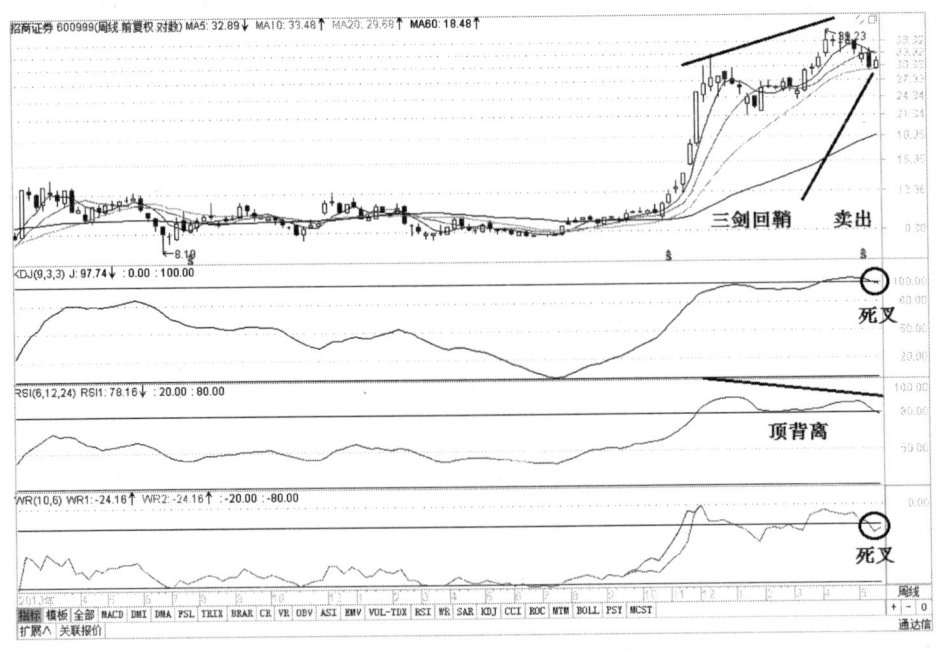

图8-30 招商证券 卖出分析

如上页图8-30所示，2015年6月5日，该股再创新高，同时，三剑客指标也发出了三剑回鞘的卖出信号，预示不管个股表面上怎么风光，也不宜于继续持股了，卖出才是明智的选择！

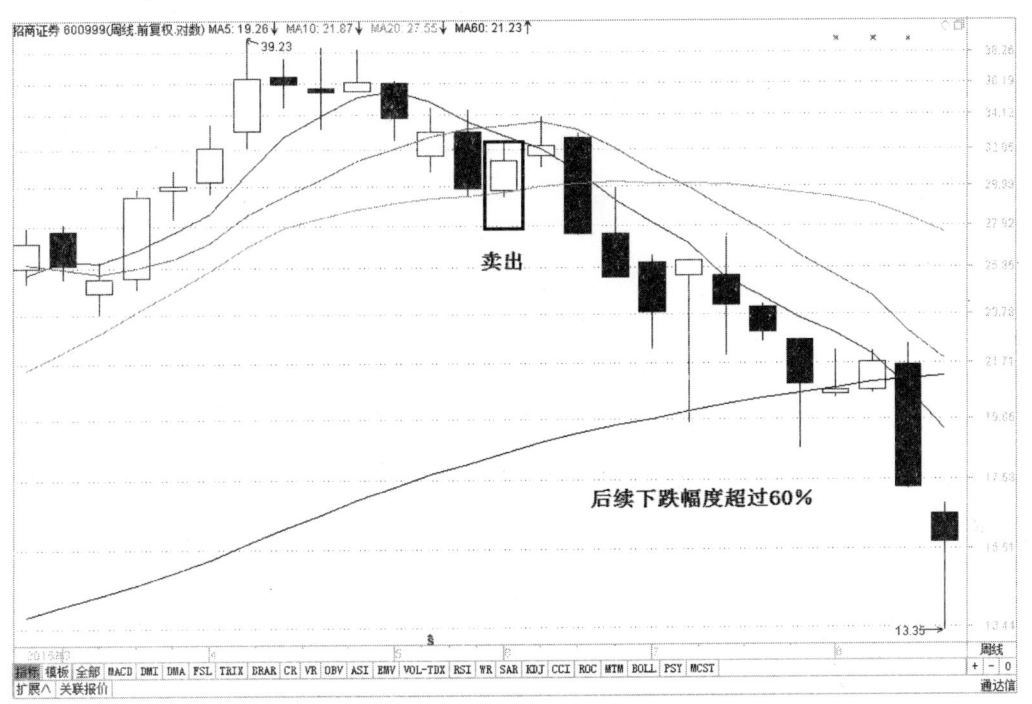

图8-31　招商证券　后续走势

如图8-31所示，忽视三剑客指标发出的卖出信号，将让持股者损失惨重！

四、周线图操作案例四——金科股份（000656）

如下页图8-32所示，2013年1月至10月，股价一直缓慢式下跌加上频繁的震荡，没有出现三剑客指标的任何买卖信号，但可以看到三剑客指标的读数在不断降低，这很可能会导致三剑客指标发出买入信号，所以可以加大对该股的关注力度！

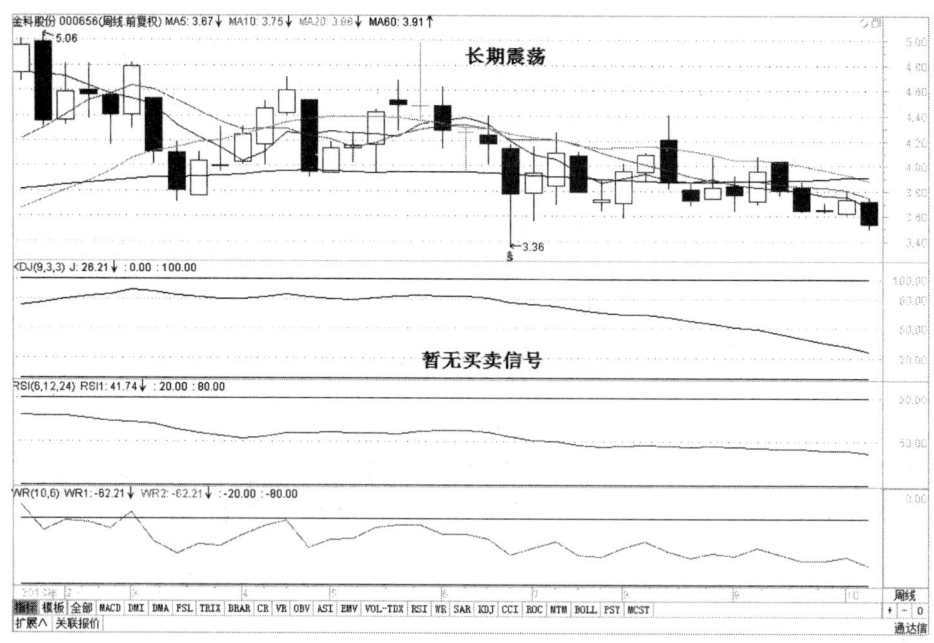

图8-32 金科股份 前期分析

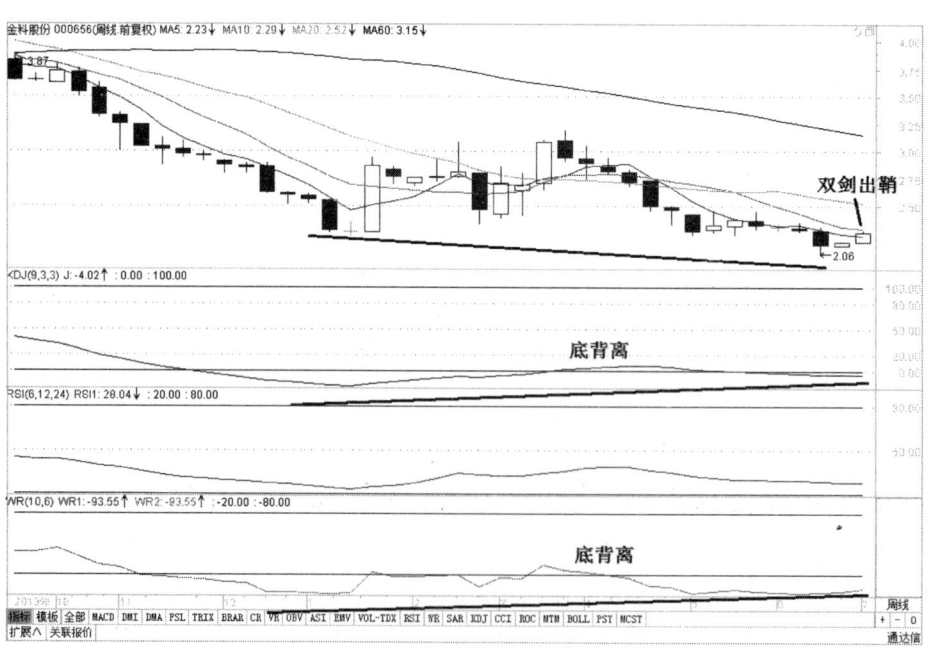

图8-33 金科股份 买入分析

如图8-33所示，直到2014年7月，三剑客指标终于发出了可靠的双剑出鞘买入信号，双底背离买入信号加大了后市反转上涨的可能性与力度，买入无疑！

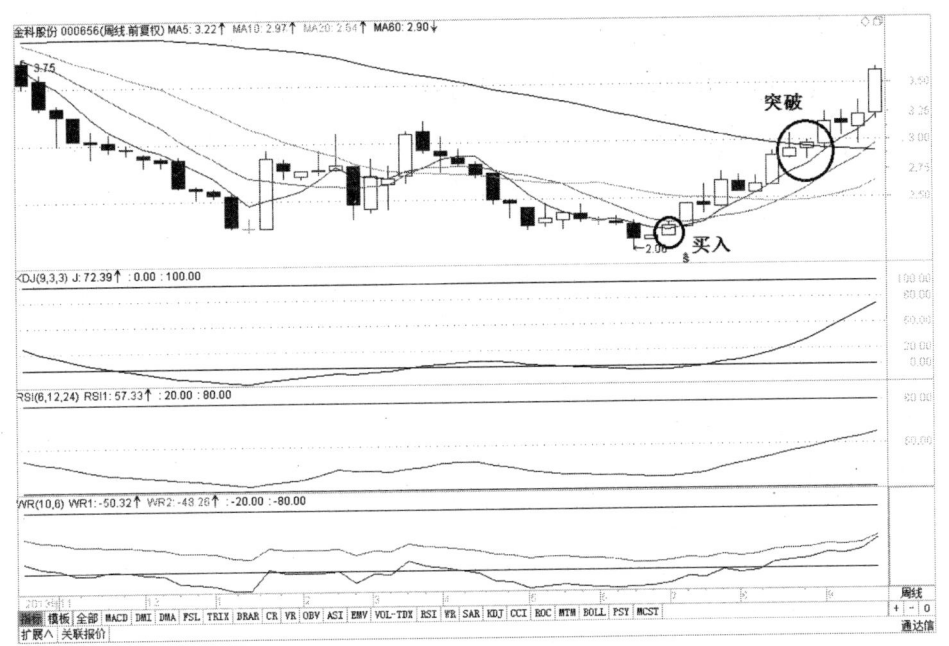

图8-34 金科股份 股价向上突破

如图8-34所示,9月,行情发展至此已无大的压力,上行空间较大,但是要提防三剑客指标发出卖出信号,防止受过度乐观情绪的影响!

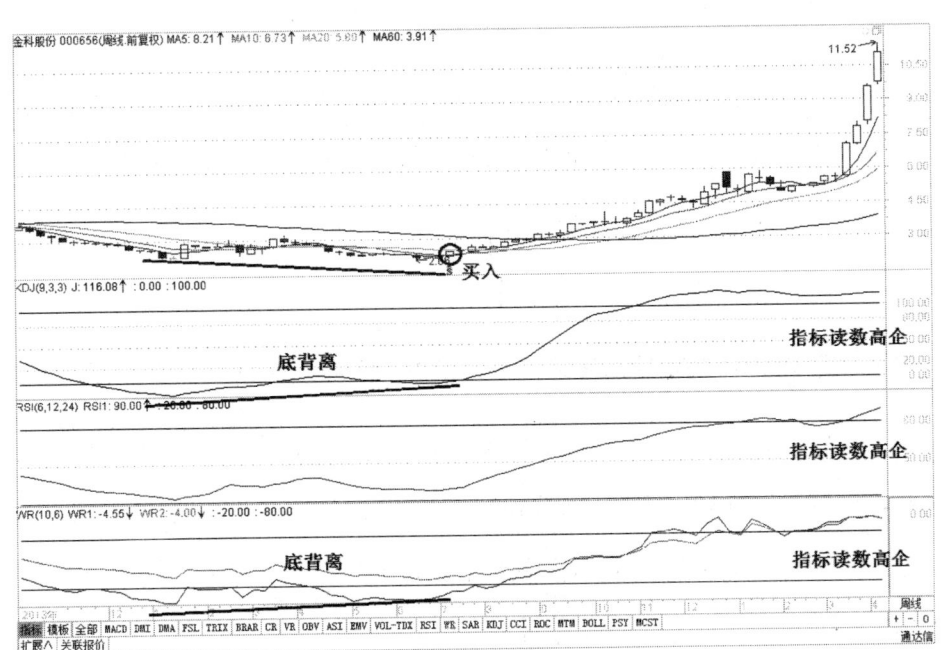

图8-35 金科股份 警惕过度乐观

如上页图8-35所示，2015年4月，股价不断创出新高，同时三剑客指标的读数也接近发出卖出信号的时候了，所以不能掉以轻心，不能对后市过于乐观！提防下一周是否会发出卖出信号！

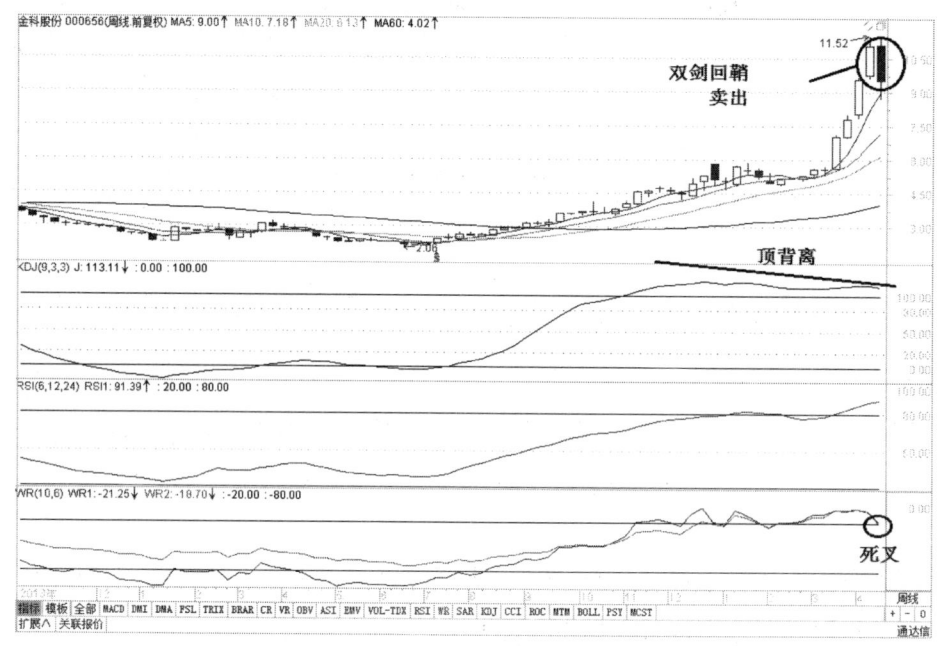

图8-36 金科股份 卖出

如图8-36所示，果然，下一个交易周收出一个大阴K线，并且三剑客指标发出了双剑回鞘卖出信号，卖出该股的时刻到了，整个交易获利约289%！

五、周线图操作案例五——四川美丰（000731）

如下页图8-37所示，四川美丰（000731）在2013年6月至2014年3月中旬，一直处在横向整理区间中，虽然没有指标发出买卖信号，但是细察指标读数可以发现，指标线不断向下聚集，耐心等待指标线进入低位区，并期待指标发出可靠的买入信号！

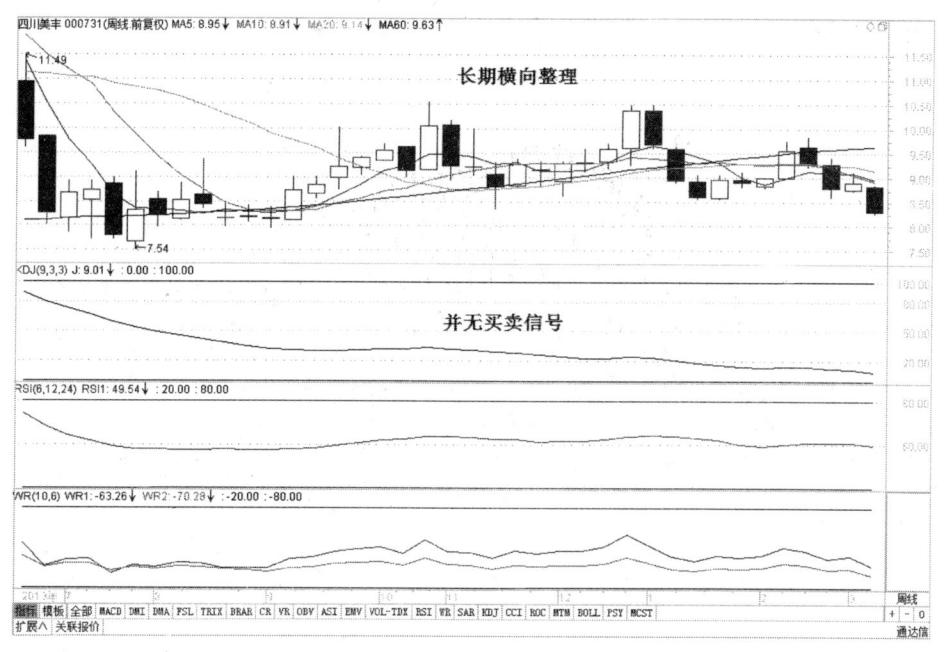

图8-37　四川美丰　前期分析

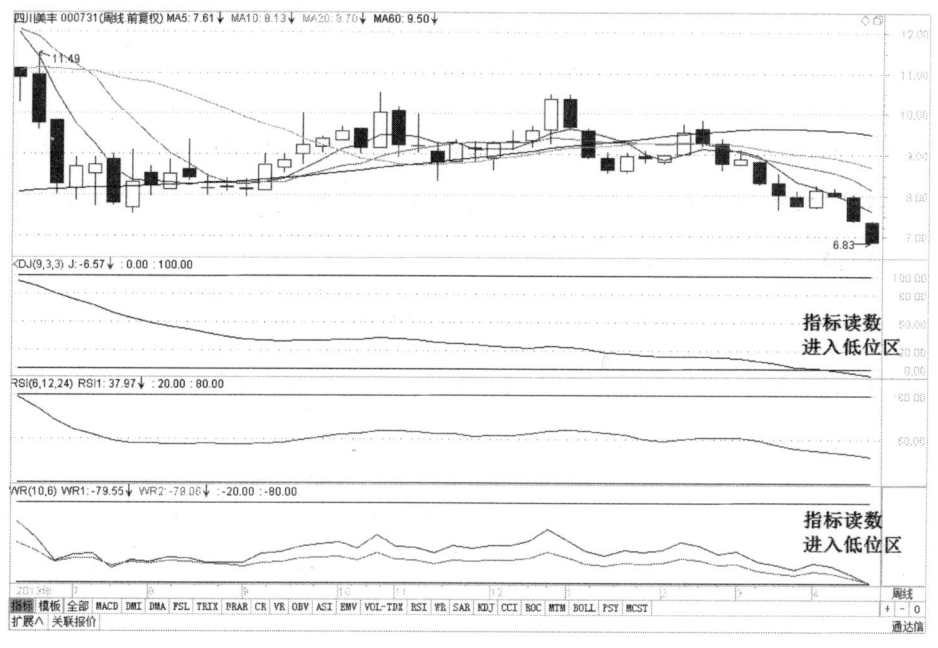

图8-38　四川美丰　买入信号发出前的分析

如图8-38所示，2014年4月下旬，股价不再维持横向震荡走势，而是转而下跌，致使KDJ与WR指标的读数进入了低位区，一旦指标读数回转形成金叉形态，就是很好的买入信号，请耐心等待！

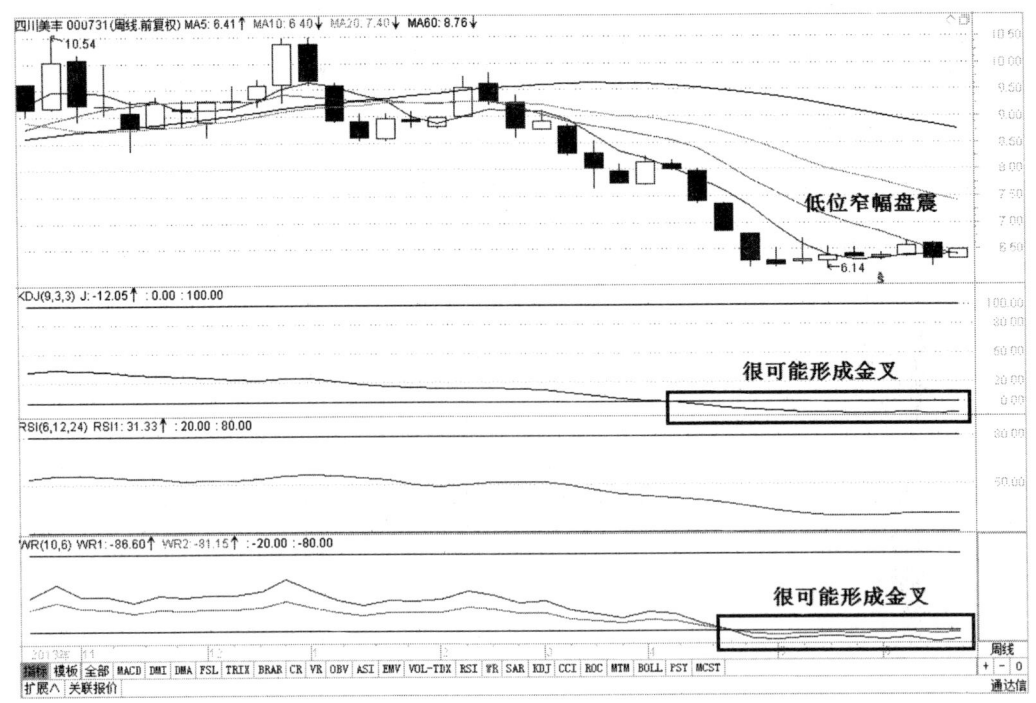

图8-39　四川美丰　买前分析

如图8-39所示，2014年6月，股价止跌但横向窄幅盘整约两个月时间，KDJ与WR指标的读数也处在极低的位置，一旦行情向上发展，这两个指标就必然发出金叉买入信号，买入无需犹豫！

如下页图8-40所示，2014年8月，股价不断回升，致使KDJ与WR指标纷纷向上转头并形成金叉买入信号，形成"双剑出鞘"的买入信号，不必犹豫，买入！持股待涨！

如下页图8-41所示，2015年4月下旬，股价不断涨升，但同时三剑客指标也纷纷达到较高的数值，需要密切关注，一旦指标向下就很可能形成死叉或是别的卖出信号！

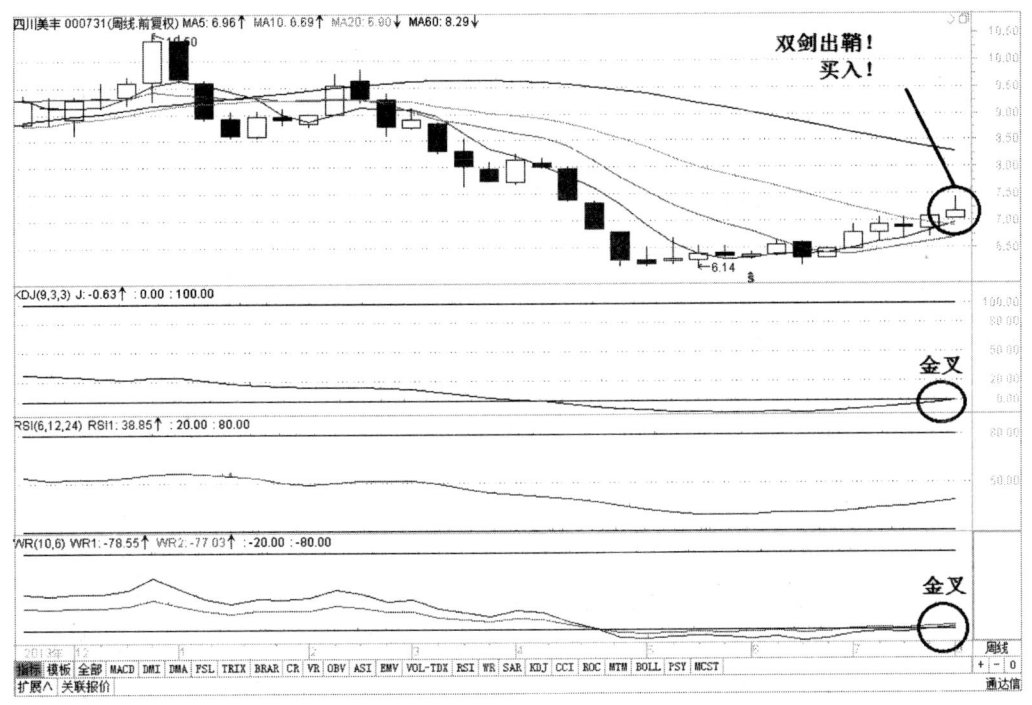

图8-40 四川美丰 买入

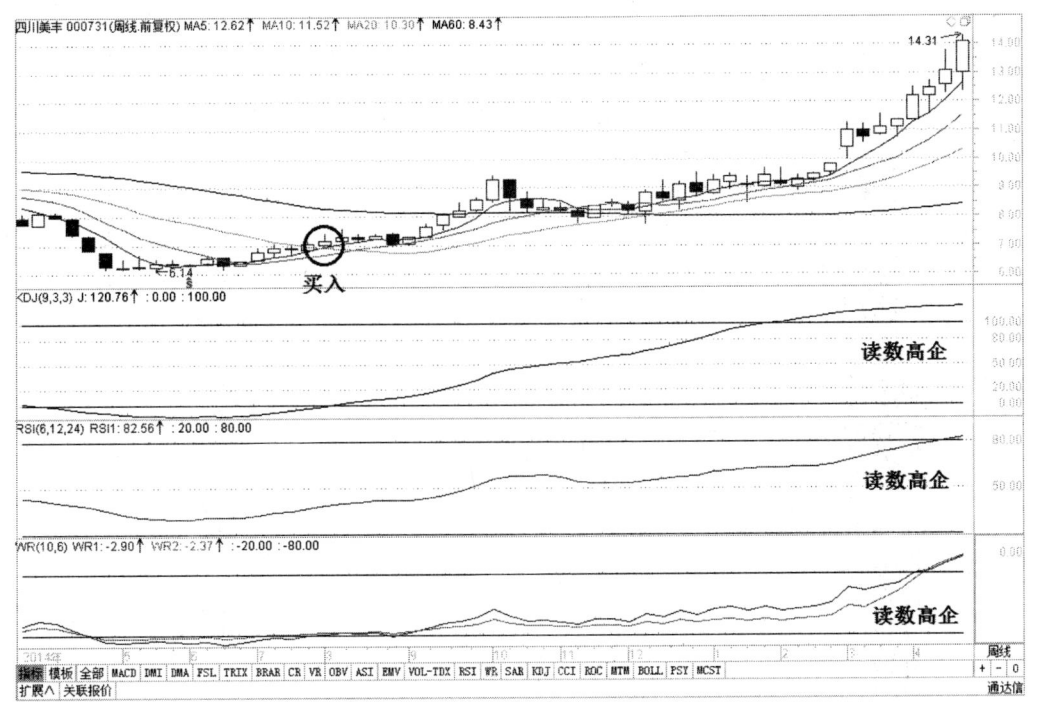

图8-41 四川美丰 三剑客指标纷纷高企，注意卖出信号

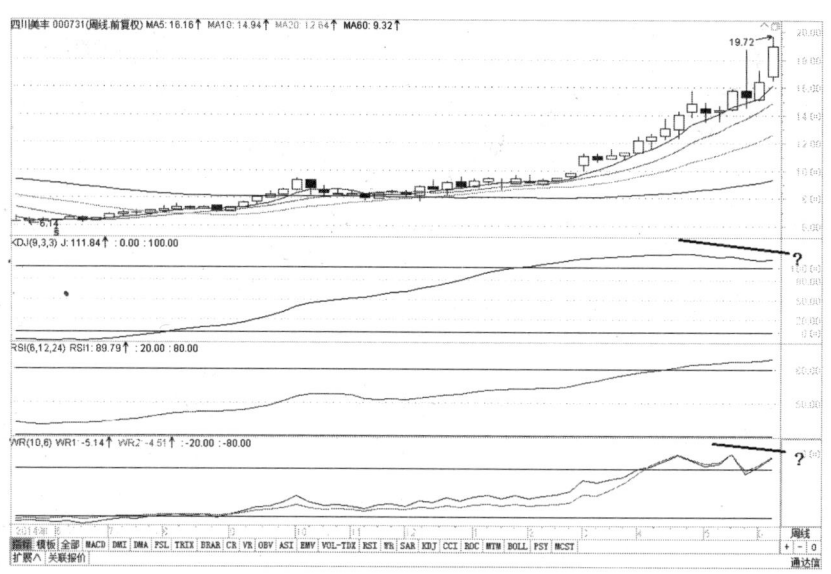

图8-42 四川美丰 卖出

如图8-42所示，2015年6月12日，股今再创新高，但是从指标线形态来看，不是很乐观，KDJ指标在三周前就发出了顶背离信号。现在有可能会再出现一次顶背离信号，WR指标也很可能在下周同样发出顶背离信号。只要下周下跌，就会触发这两个指标同时发出顶背离反转下跌的卖出信号，所以应该提高警惕，一旦行情不再上涨，就会导致"双剑回鞘"卖出信号的出现，这时就不宜再持有该股了！

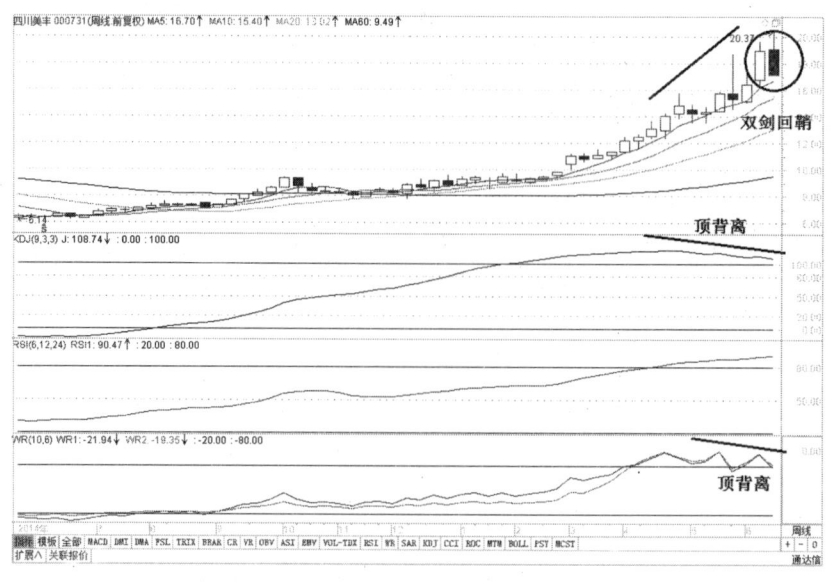

图8-43 四川美丰 卖出

如上页图8-43所示，就在下一周中，股价在上半周真的继续创出了新高，但好景不长，最后几天的持续下跌导致了该周K线变成了大阴线，也导致 KDJ 与 WR 指标同时发出顶背离反转下跌的双剑回鞘卖出信号，所以我们不能再对该股抱有任何幻想，赶紧卖出该股才是当务之急！

图8-44 四川美丰 后续走势

如图8-44所示，就在双剑回鞘信号发出后，后续三周的直线式下跌幅度超过50%，甚至跌到了我们当时的买入价。如果对该股仍抱有幻想的话，必然损失惨重，让到手的利润变成亏损的负担！

按照三剑客指标的指示操作，在本次交易中获利约138%！

第九章

长线操作案例

三剑客指标用于长线操作时，一般是指在月线图上，除了常规的三剑客买卖信号之外，也需要相应地增大指标的参数。相对于周线来说，月线周期相对更慢，所以放大的倍数不宜太大，通常各指标的参数放大 2 倍即可。

1. KDJ 指标的改动

KDJ 指标改动如下：

RSV:=(CLOSE-LLV(LOW,N*2))/(HHV(HIGH,N*2)-LLV(LOW,N*2))*100;

K:=SMA(RSV,M1*2,1);

D:=SMA(K,M2*2,1);

J:3*K-2*D,COLORBLACK;

0,COLORBLACK;100,COLORBLACK;

2. RSI 指标的改动

RSI 指标改动如下：

LC:=REF(CLOSE,2);

RSI1:SMA(MAX(CLOSE-LC,0),N1*2,1)/SMA(ABS(CLOSE-LC),N1*2,1)*100;

RSI2:=SMA(MAX(CLOSE-LC,0),N2*2,1)/SMA(ABS(CLOSE-LC),N2*2,1)*100;

RSI3:=SMA(MAX(CLOSE-LC,0),N3*2,1)/SMA(ABS(CLOSE-LC),N3*2,1)*100;

20,COLORBLACK;80,COLORBLACK;

3. WR 指标的改动

WR 指标改动如下：

WR1:100*-1*(HHV(HIGH,N*10)-CLOSE)/(HHV(HIGH,N*10)-
　　LLV(LOW,N*10));

WR2:100*-1*(HHV(HIGH,N1*30)-CLOSE)/(HHV(HIGH,N1*30)-
　　LLV(LOW,N1*30));

20*-1,COLORBLACK;80*-1,COLORBLACK;

具体修改方法，请参阅第六章和第七章。

下面我们就利用这些改动过的三剑客指标在月线图下进行实例解说。

一、月线图操作案例一——南风化工（000737）

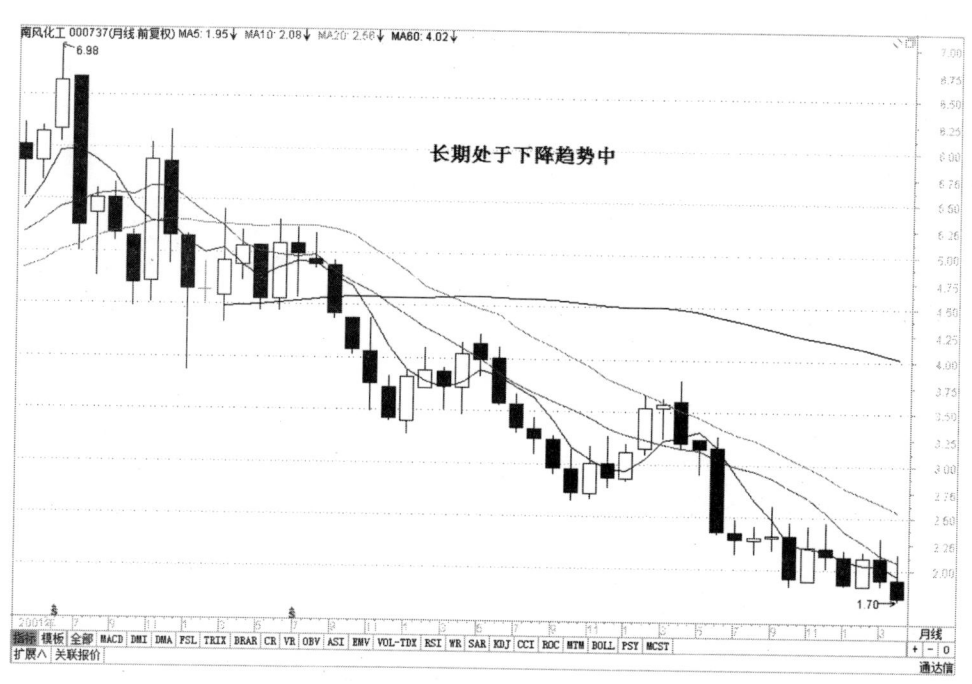

图9-1　南风化工　前期分析

如图9-1所示，首先，看一下这只股票之前处在什么趋势之中，如果是处在整理趋势之中，则进行整理趋势的交易模式。如果处在下降趋势中，就应该观察三剑客指标的读数，这样可以找到价位较低的买点。

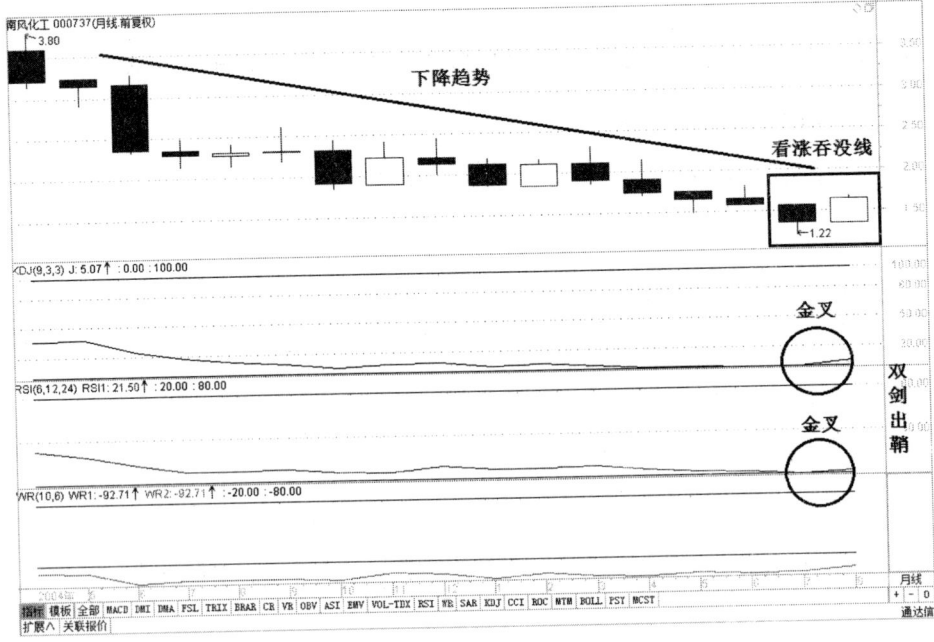

图9-2　南风化工　买入分析

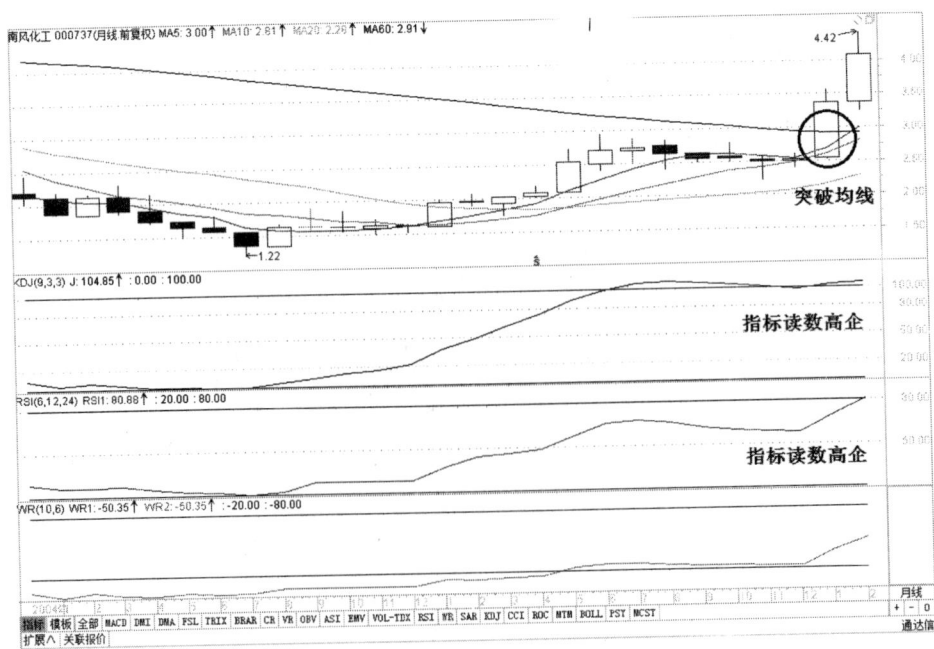

图9-3　南风化工　股价向上突破均线

如上页图9-2所示，2005年8月，该股不再下跌而是报收一个大阳线，并且是看涨吞没线的形态出现。另外从三剑客指标上看，也可以看到出现了双剑出鞘的双金叉买入信号，各种数据证实了这是个极好的买入时机，机不可失！买入！

如图9-3所示，2007年2月，股价向上突破了压制许久的均线，同时三剑客指标的读数也纷纷高企。我们必须小心谨慎，以防指标发出卖出信号！

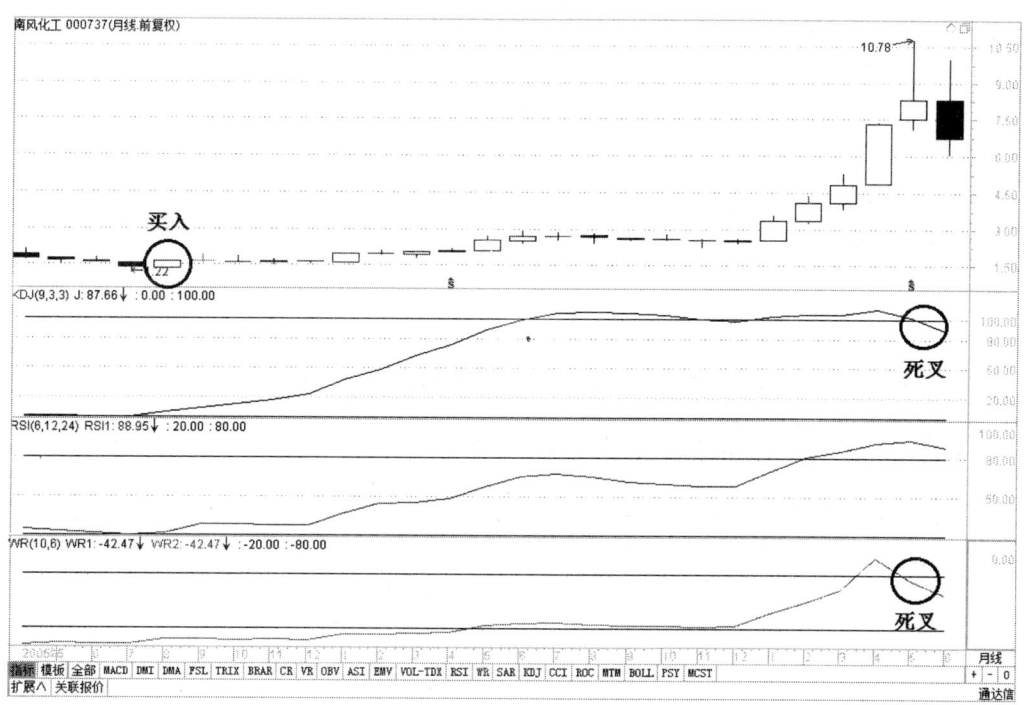

图9-4　南风化工　卖出分析

如图9-4所示，6月，股价月线大幅下跌，出现了双剑回鞘的卖出信号，可以选择在此时出场，但也可以因为大盘指数仍属大牛市，而等待进一步的下跌信号，或是分批卖出，总之可以灵活处理！

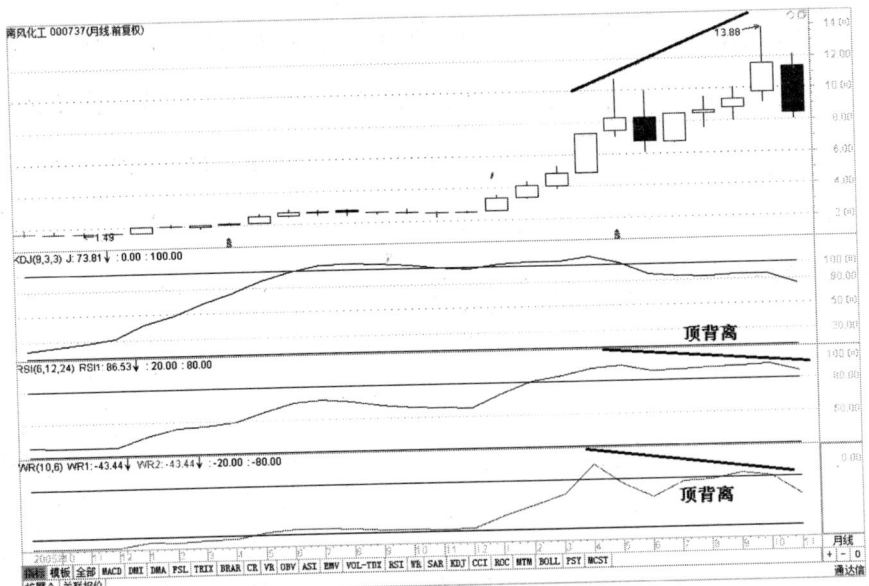

图9-5 南风化工 卖出分析

如图9-5所示，11月，股价在10月份确实又创出了新高，但是KDJ、RSI、WR三个指标的读数并未相应增高，而是纷纷形成了顶背离反转下跌信号，成为"双剑回鞘"的卖出信号，此时不可再幻想股价还能再创出新高，必须及时卖出，否则亏损就将到来！

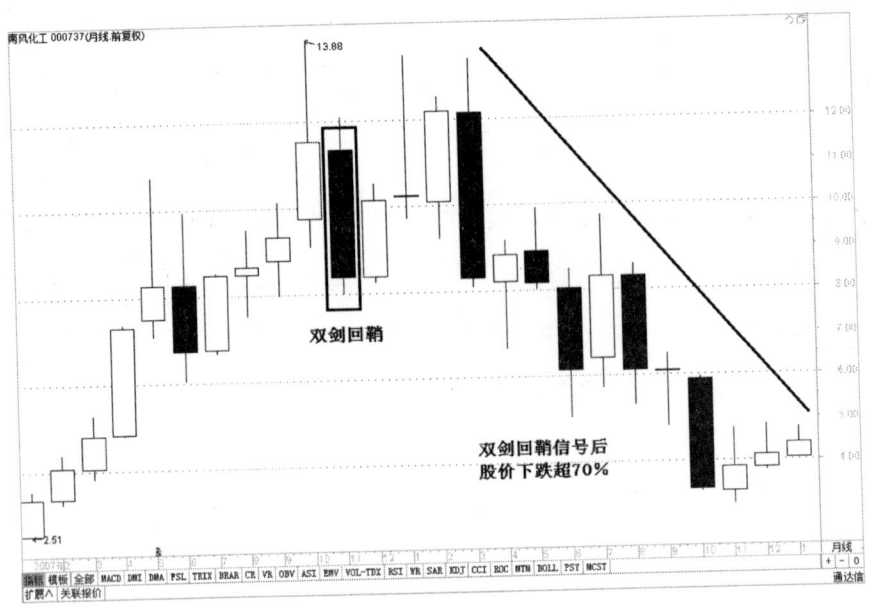

图9-6 南风化工 后续走势

如上页图9-6所示，随着双剑回鞘信号的出现，我们顺利地卖出了该股，获利约410%！如果我们没有及时卖出该股，那这个利润就会大大缩水甚至是亏损！

二、月线图操作案例二——斯太尔（000760）

图9-7　斯太尔　前期分析

如图9-7所示，该股从上市以来，就一直处在横向盘整的区间中，未见双剑甚至是三剑类的买卖指标。这类个股一般来说，只宜关注，不宜擅自交易。需要有明确的买卖信号发出后方能进行安全交易！

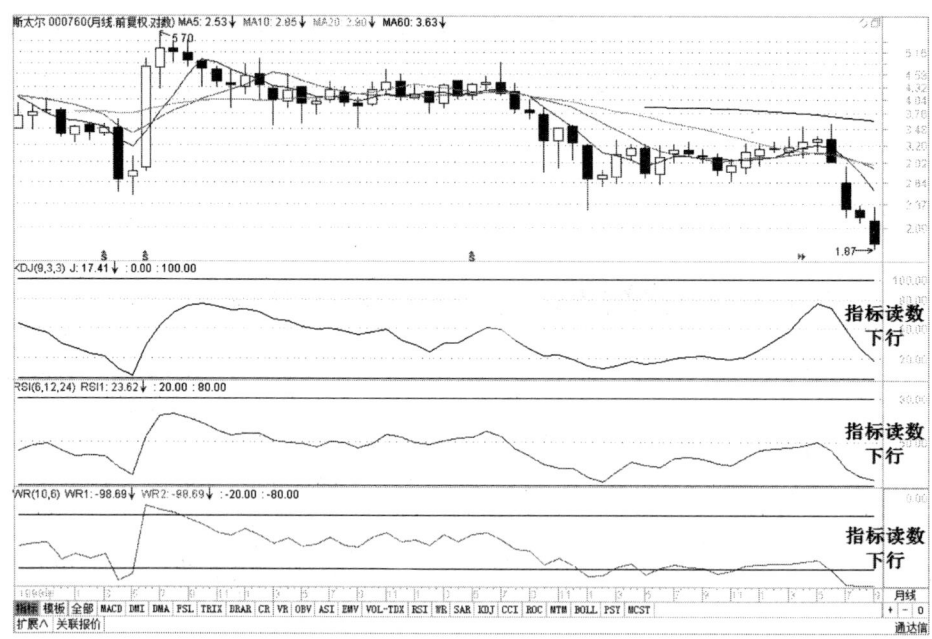

图9-8 斯太尔 买前分析

如图9-8所示，4个月后，股价终于打破平静，向下深跌。这导致了三剑客指标也纷纷向下调转方向，最后很可能跌破低位区，也就是说更有可能形成金叉类的买入信号，所以关注它们动向，就能把握买入时机！

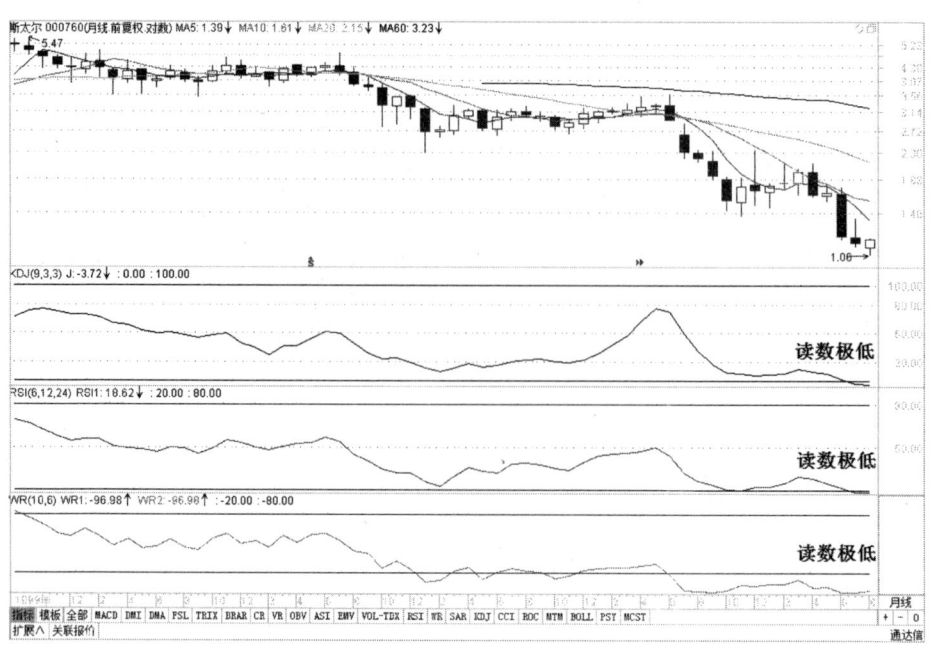

图9-9 斯太尔 准备买入

如上页图9-9所示，2004年8月，股价再次向下深探，最终导致三指标的读数均处低位，我们要做的就是继续等待，等待指标线向上突破形成金叉或是背离之类的可靠买入信号的出现！

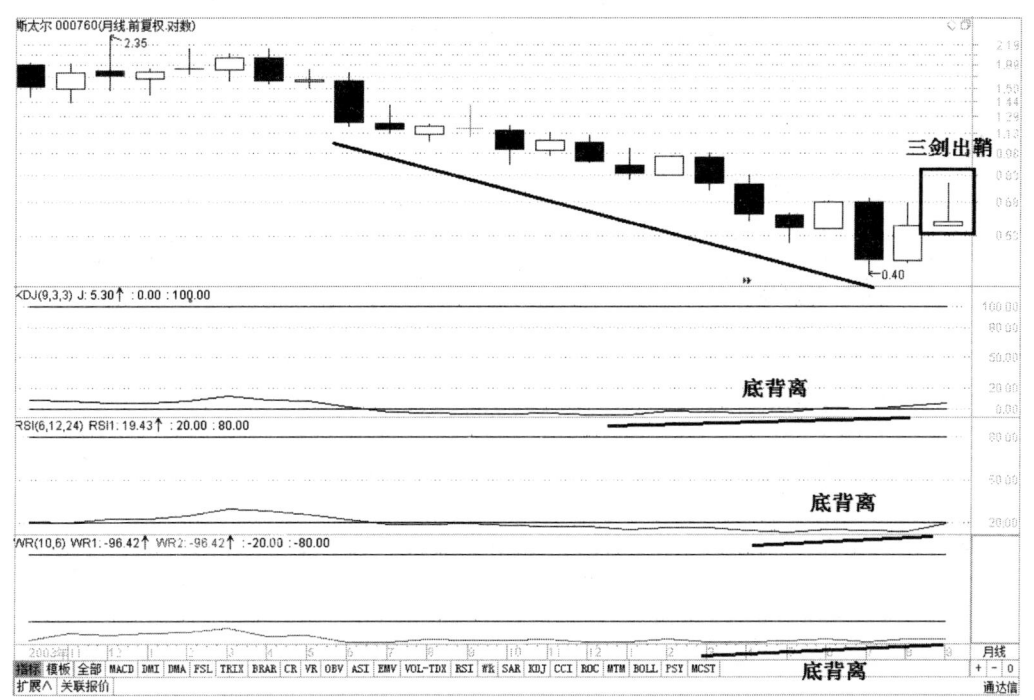

图9-10　斯太尔　买入

如图9-10所示，2005年9月，股价止跌回升，三剑客指标全部形成了较为可靠的底背离反转上涨信号，这是个千载难逢的买入机会，买入不用多想！

如下页图9-11所示，2006年5月，股价乘着大牛市之初连续上涨了8个月，并且后两个月的涨势极大，甚至有要向上突破长期均线的压制之势。与此同时，三剑客指标的读数也有高企之嫌，应当时刻关注并提防！

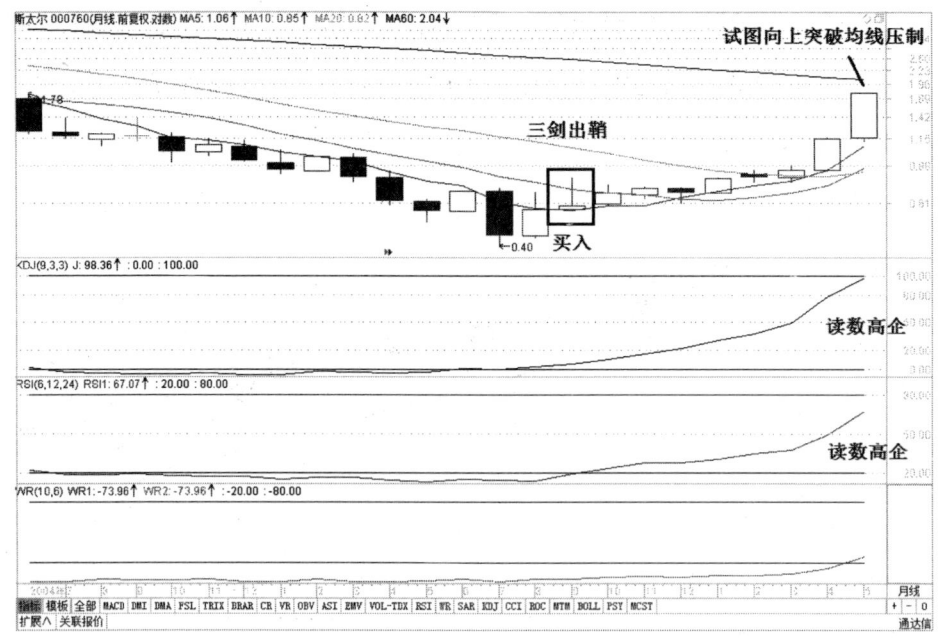

图9-11 斯太尔 持股待涨

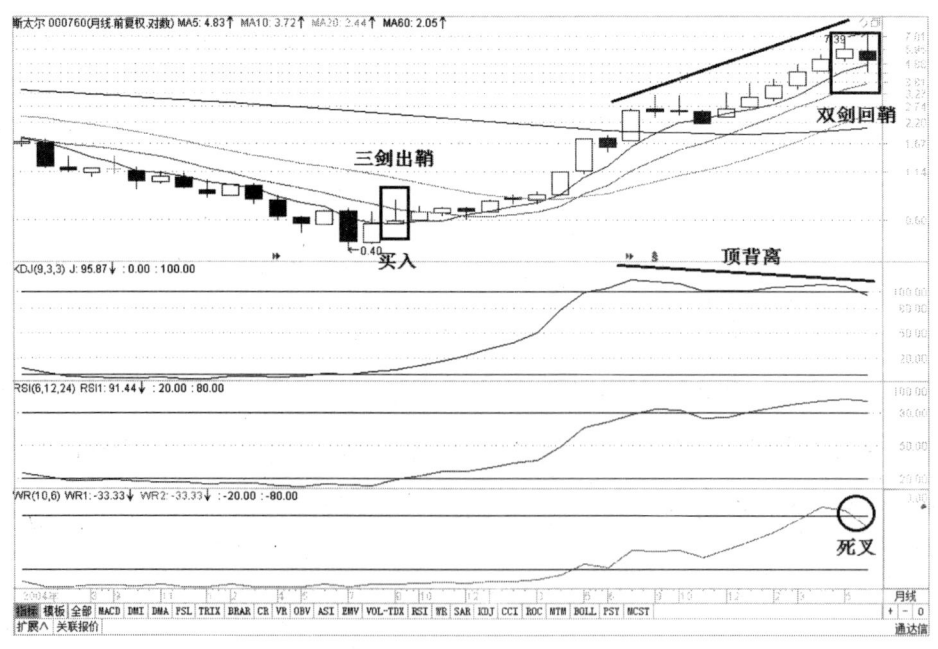

图9-12 斯太尔 卖出分析

如图9-12所示，2007年6月，正是大牛市最为红火的时候，该股发出了双剑回鞘的卖出信号。我们不能因为处在大牛市中就小看三剑客发出的卖出信号，交易者不应该失去理智，盲目追高追涨是危险的！忽视三剑客卖出信号是更危险的！

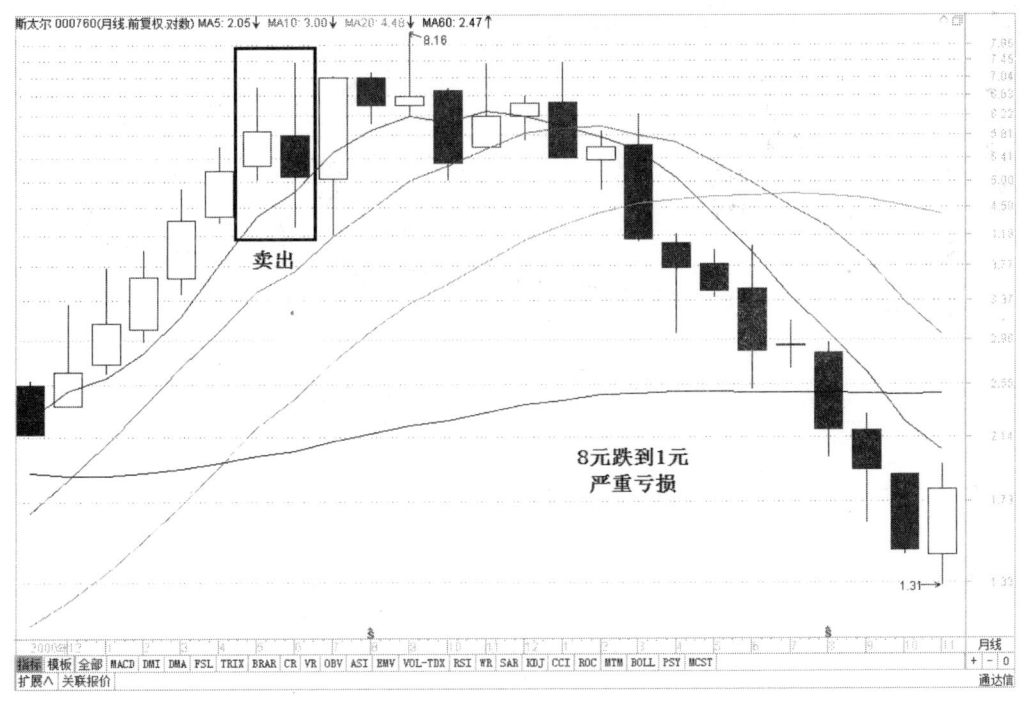

图9-13　斯太尔　后续走势

如图9-13所示，就在我们依照三剑客发出的卖出信号卖出手中的股票后，该股虽然还有再次创出新高的情况出现，但那已是强弩之末了，接下来带给大家的是无尽的下跌！从8元跌到只剩1元！这跌幅是惊人而惨烈的！

三、月线图操作案例三——宝诚股份（600892）

宝诚股份（600892）一段时间内一直在盘整区间中，近来区间越收越窄，可能引发变盘，关键看变盘的方向。

如下页图9-14所示，如果向上突破，可以适时寻找买入机会，如果向下跌破，也可以观察三剑客指标是否发出了买入信号。

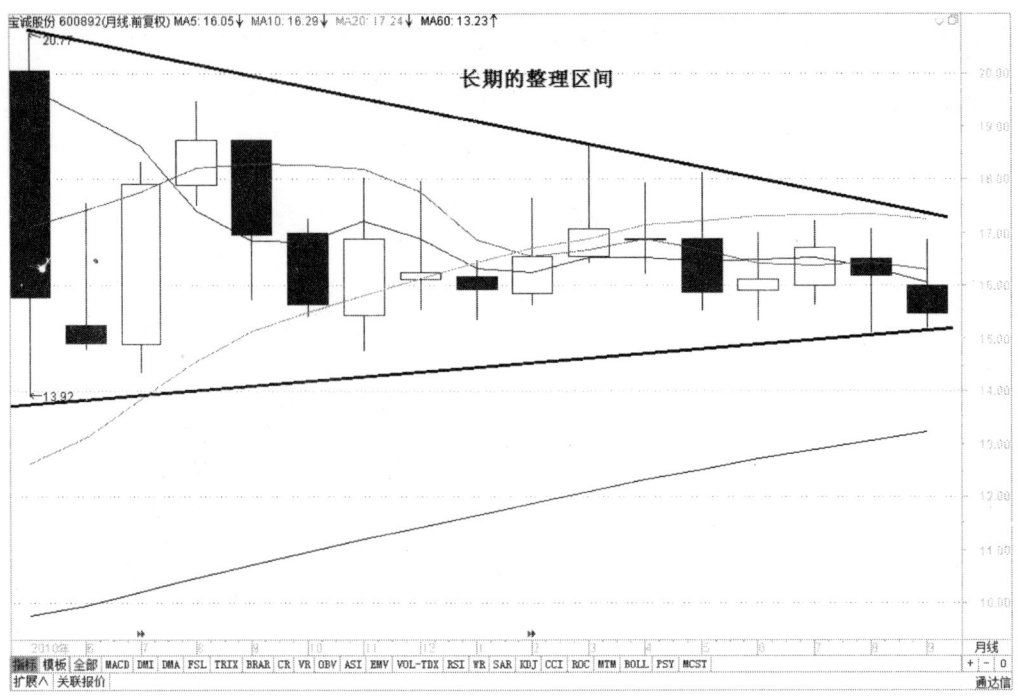

图9-14 宝诚股份 前期分析

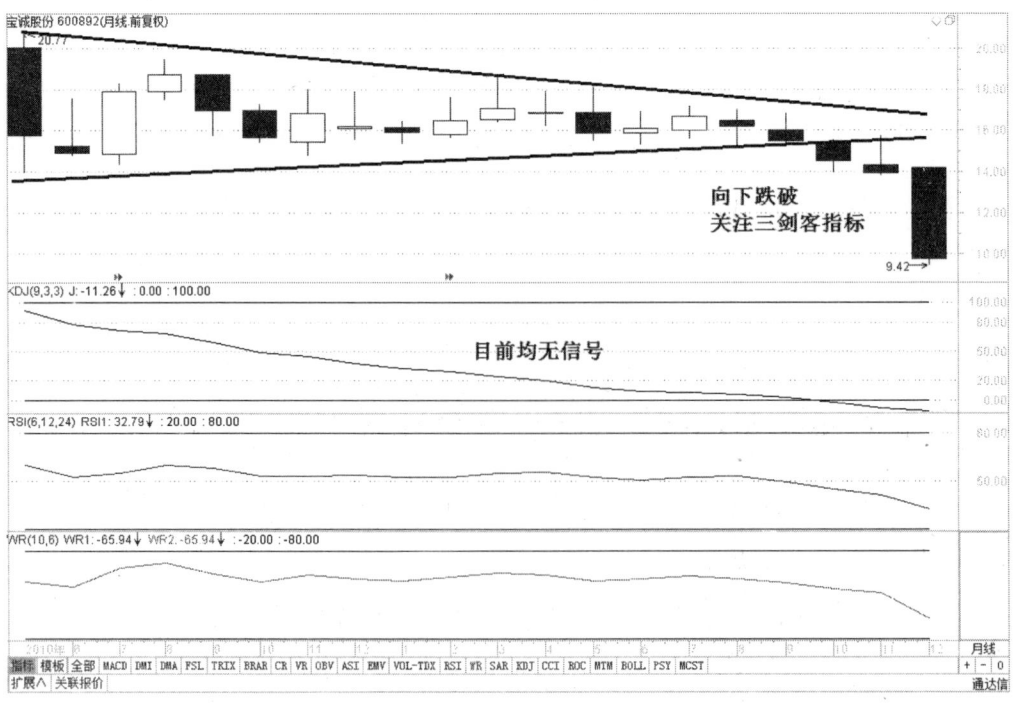

图9-15 宝诚股份 尚无买入信号

如上页图9-15所示，2011年年底，股价以大阴线收盘。目前三剑客指标无一发出买入信号，但可以看到 KDJ 指标已经进入低位区，其他两个指标也纷纷调转向下，进入低位区只是时间问题了。

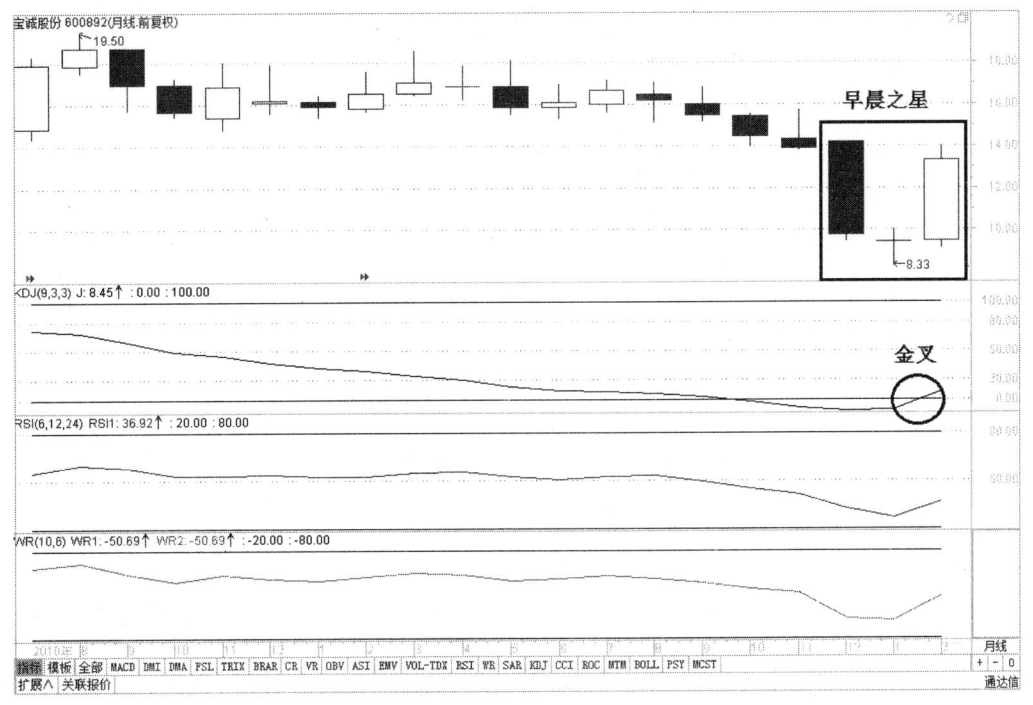

图9-16　宝诚股份　买入

如图9-16所示，2012年2月，股价在月线图上形成了极为罕见的早晨之星K线形态，这种形态意味着多方力量的反转，与三剑客指标发出的底背离威力同样大，加上 KDJ 指标发出的低位金叉买入信号，就形成了"双剑出鞘"买入信号。这时就不必强求两个剑客指标都发出买入信号。这是个灵活运用的案例！

如下页图9-17所示，2014年6月，股价连续上涨，但是总体涨幅还不算大，走出了一条缓慢的上升趋势支撑线。以三剑客指标来看，三指标的读数也在不断攀高！后市如何变化还有待后续观察！

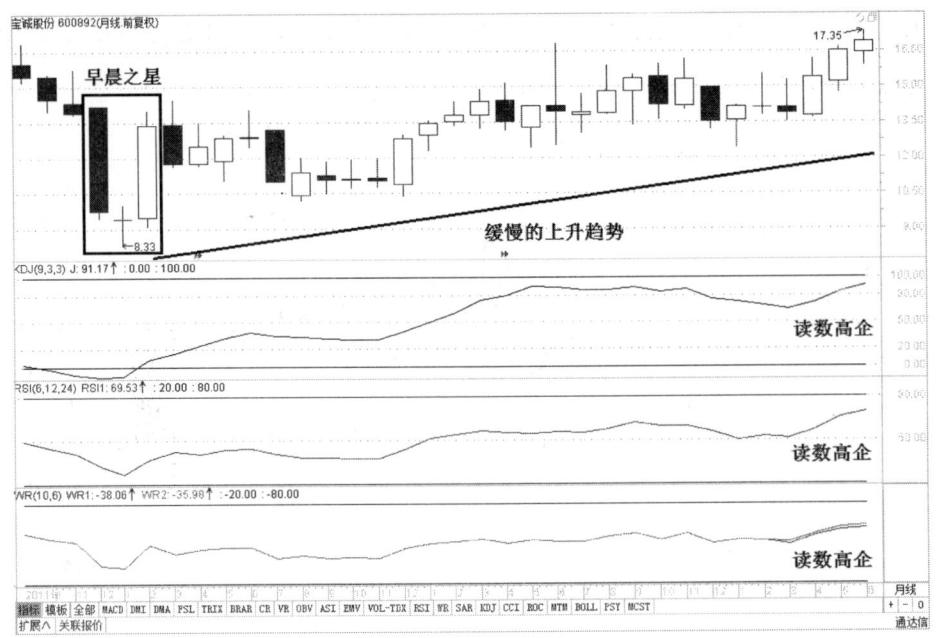

图9-17 宝诚股份 缓慢上涨

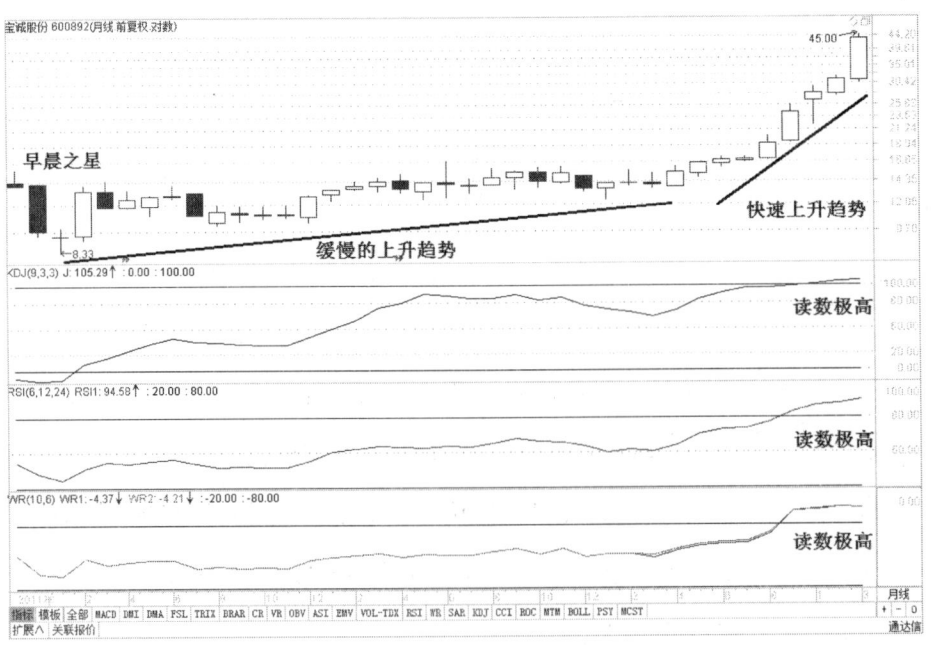

图9-18 宝诚股份 注意卖出信号

如图9-18所示,2015年3月,股价加速上升,同时也带动了三剑客指标纷纷上扬,最后都停留在了极高的读数上,这样的局面如果不能长期维持,就很可能向下而导致死叉或顶背离的形成，因此不能以为行情加速上升了就减轻了对三剑客指标的冷静观察。

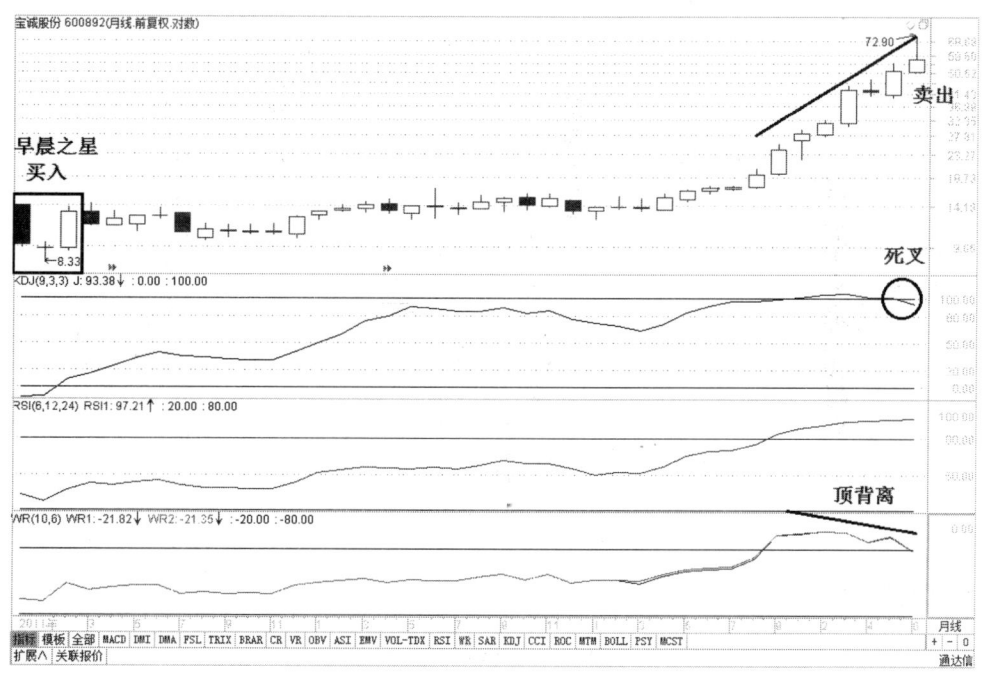

图9-19　宝诚股份　卖出分析

如图9-19所示，直到3个月后即2015年6月，个股再次创出新高，但创出新高的同时产生了较长的上影线，这说明上涨力度明显减弱，而且KDJ指标发出了高位死叉卖出信号。WR指标上还发出了顶背离反转下跌信号，这加大了该股上涨乏力，下行可能性已开始加大！

也就是说，我们见到这个双剑回鞘卖出信号就应该马上卖出，不应该有任何犹豫。该股之后下跌了47%，是所有持有它的投资者所不愿看到的局面！

四、月线图操作案例四——宝胜股份（600973）

如下页图9-20所示，宝胜股份（600973）2009年4月至2011年7月的大幅震荡走势。三剑客指标均未发出可靠的买卖信号，但这种大幅度震荡的走势最终还是会导致信号的发出，期待变盘下跌中！

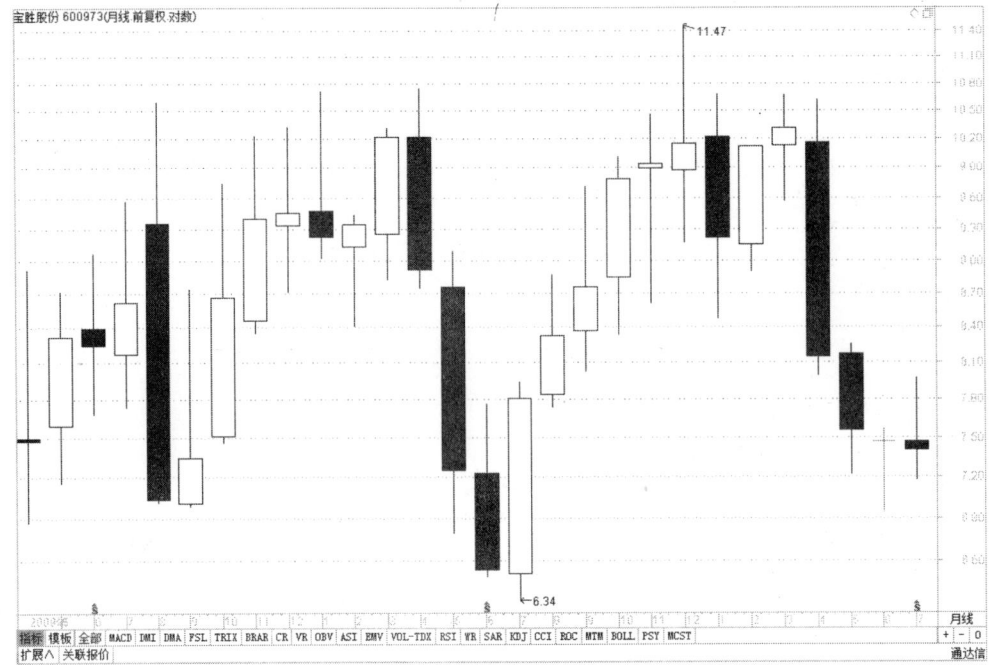

图9-20　宝胜股份　前期分析

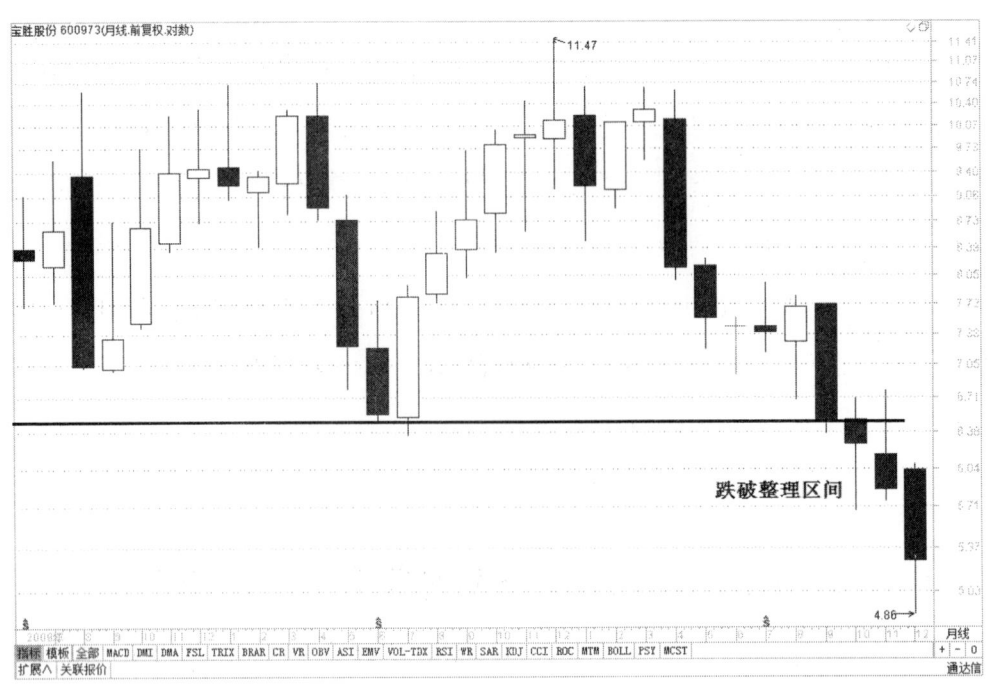

图9-21　宝胜股份　跌破整理区间

如上页图9-21所示，至2011年年底，股价大幅向下跌破了整理区间，我们再来观察三剑客指标都发出了什么信号！

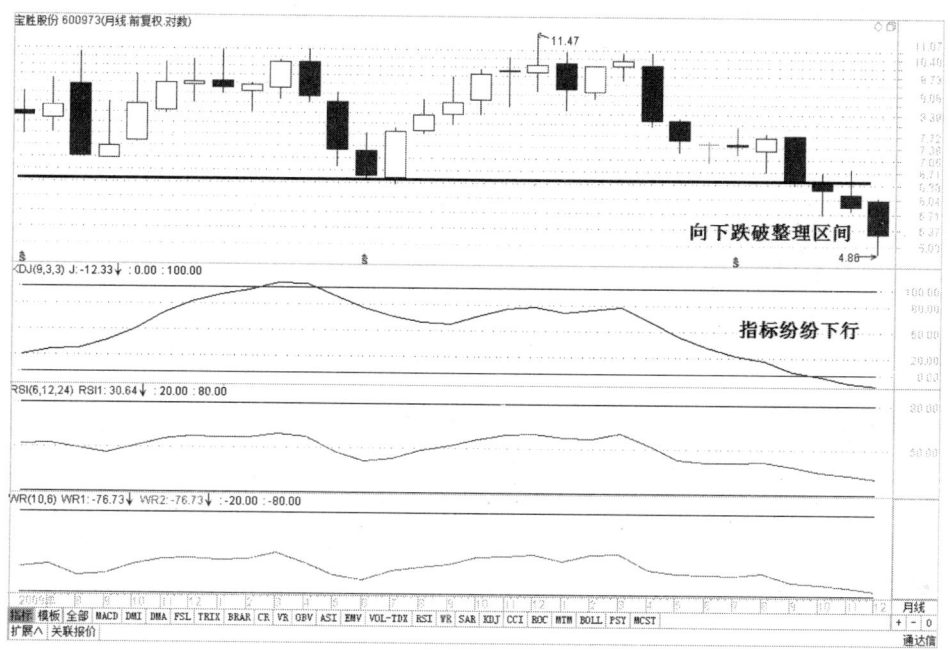

图9-22　宝胜股份　等待买入信号

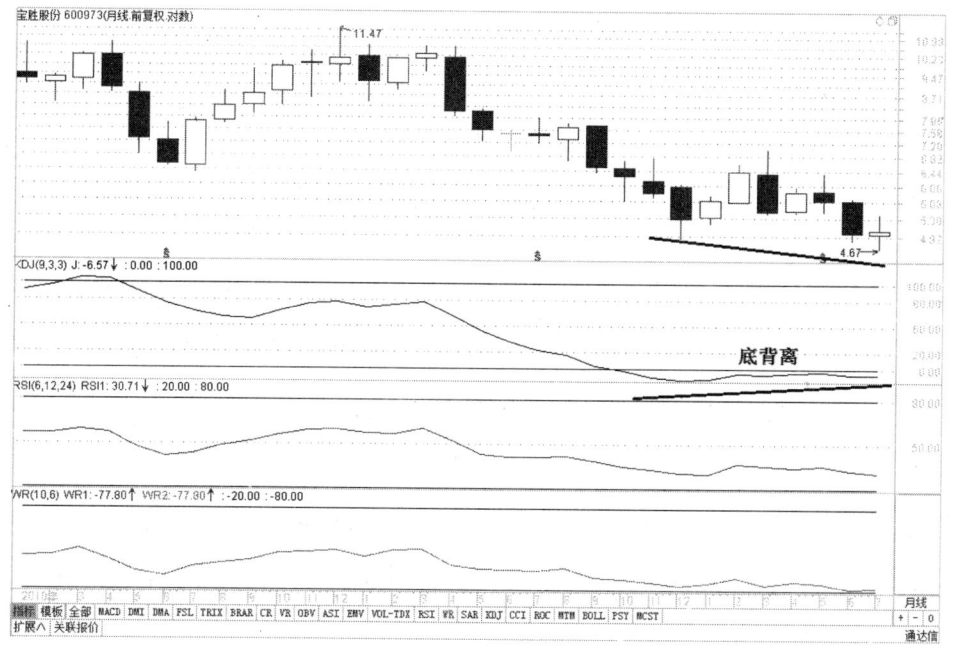

图9-23　宝胜股份　买入分析

如上页图9-22所示,调出三剑客指标,可以看到三个指标都逐渐向下,其中KDJ指标已经处在低位区之下了,想要买入这只股票的投资者必须学会耐心等待,盲目行动只会导致亏损!

如上页图9-23所示,2012年7月,KDJ指标发出了底背离反转上涨信号,但是其他两个指标均未发出信号,所以我们作为长线投资者还需要继续等待其他指标发出的买入信号!

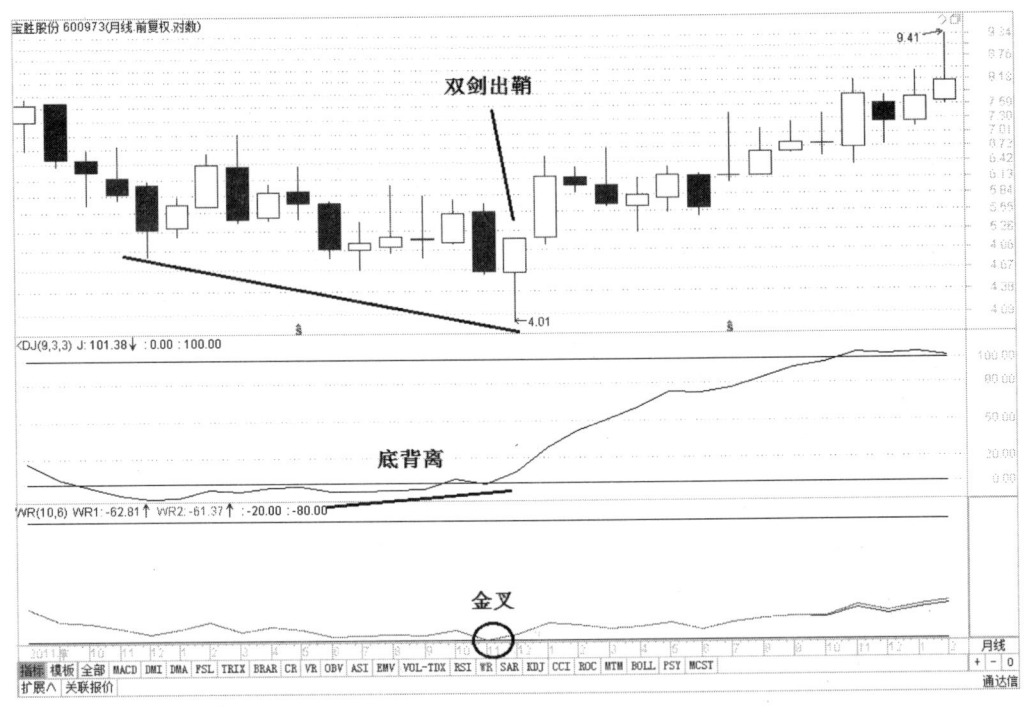

图9-24 宝胜股份 买入

如图9-24所示,2012年年底,一个大阳线加上一个长长的下影线的出现,说明多方已经开始发力!另外三剑客指标已经出现了双剑出鞘买入信号,就是KDJ指标发出的底背离反转上涨信号和WR指标发出的低位金叉买入信号,买入待涨!

如下页图9-25所示,持股至2015年5月,已经在账面上获利了241%之多!KDJ指标也发出了顶背离反转下跌信号,这已经是早期的见顶反转预警信号了!

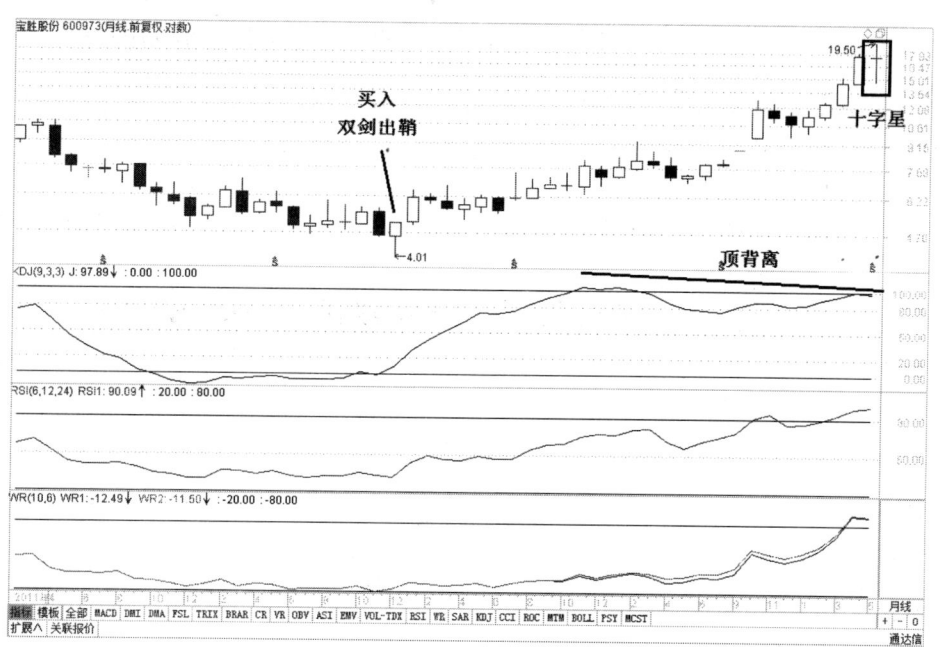

图9-25 宝胜股份 卖出分析（1）

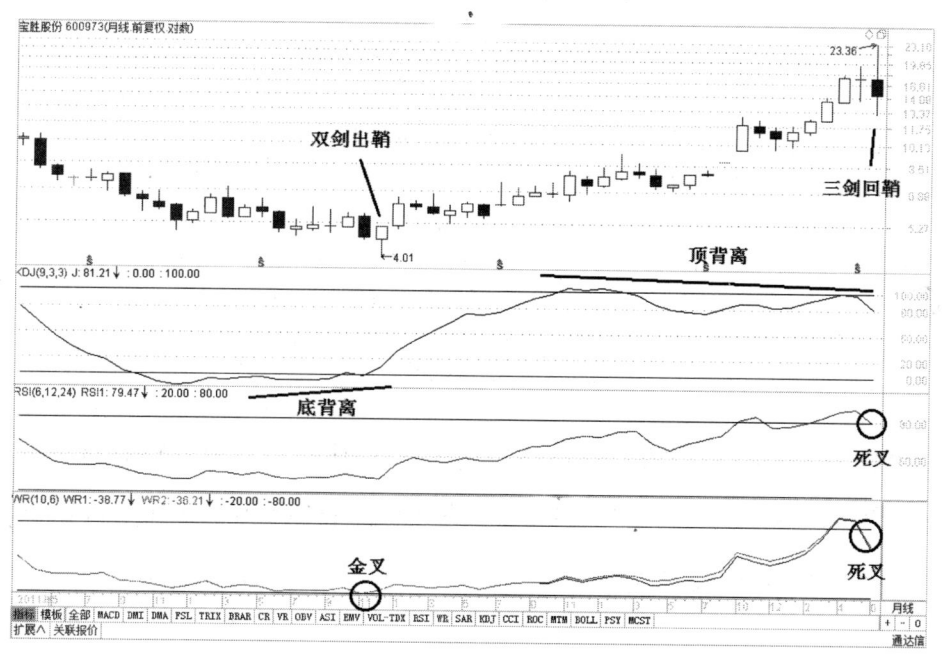

图9-26 宝胜股份 卖出分析（2）

如图9-26所示，6月，大幅度的震荡告诉了我们，行情开始犹豫，再上行的概率在降低，特别是 KDJ 发出了顶背离反转下跌信号和 RSI、WR 指标发出的高位死叉卖出信号。这就是三剑回鞘的卖出信号，相当可靠。所以我们决定在本月卖出手上的股票，这样我们在这次交易中实际获利196%！

五、月线图操作案例五——宏润建设（002062）

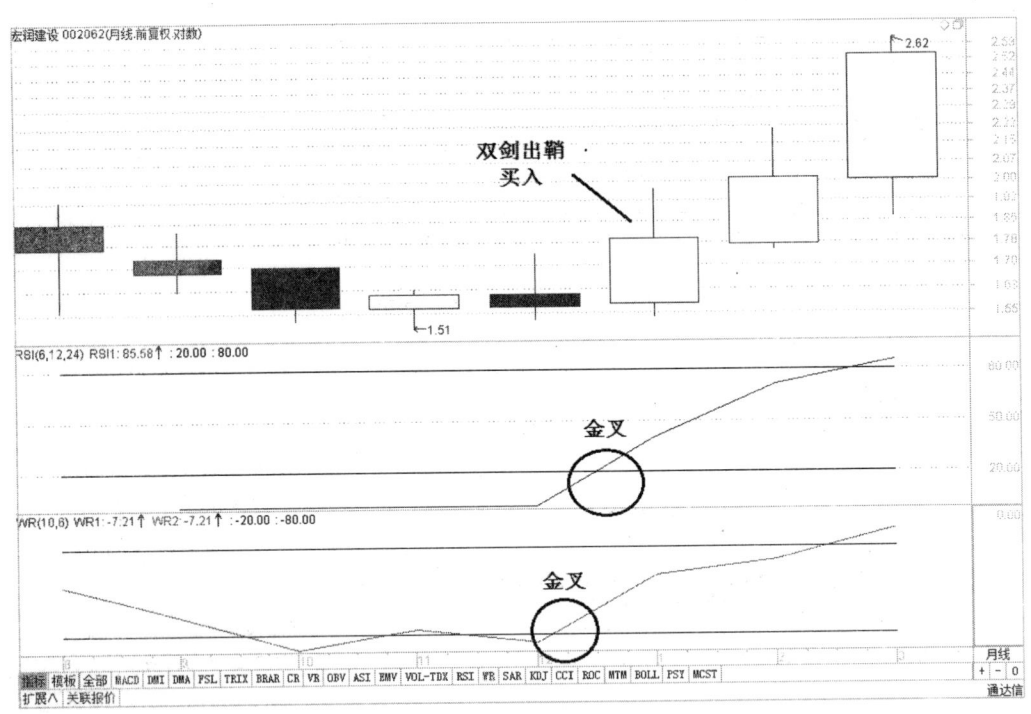

图9-27　宏润建设　买入

如图9-27所示，宏润建设（002062）是一只新股，该股在上市后两个指标都处在极低的读数上，而到了2007年1月，股价的上涨导致双剑出鞘买入信号的出现，我们坚决买入！

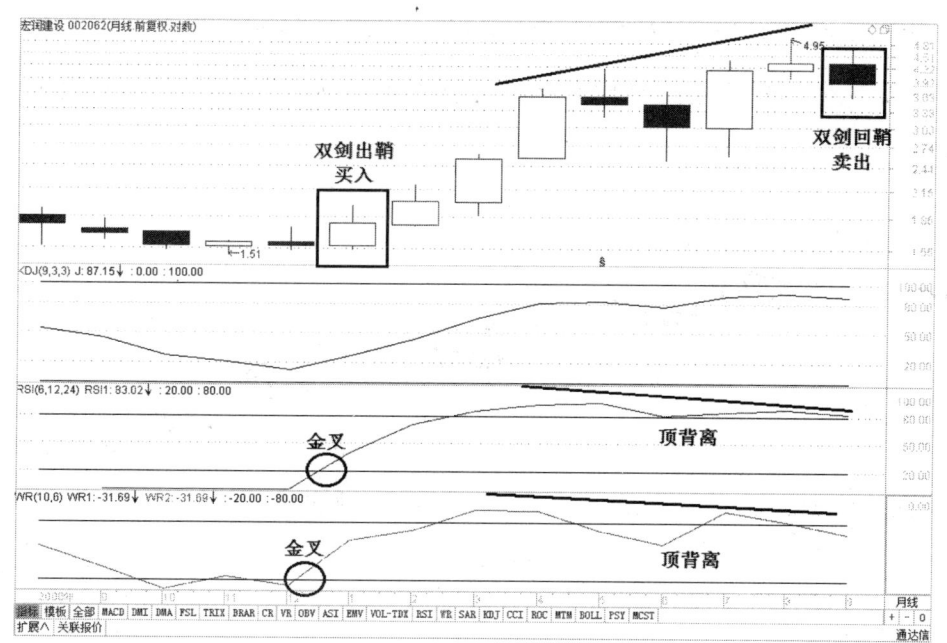

图9-28 宏润建设 卖出分析

如图9-28所示,到了2007年9月,RSI 和 WR 两指标同时发出顶背离反转下跌信号,我们按计划及时卖出,本次交易获利115%!

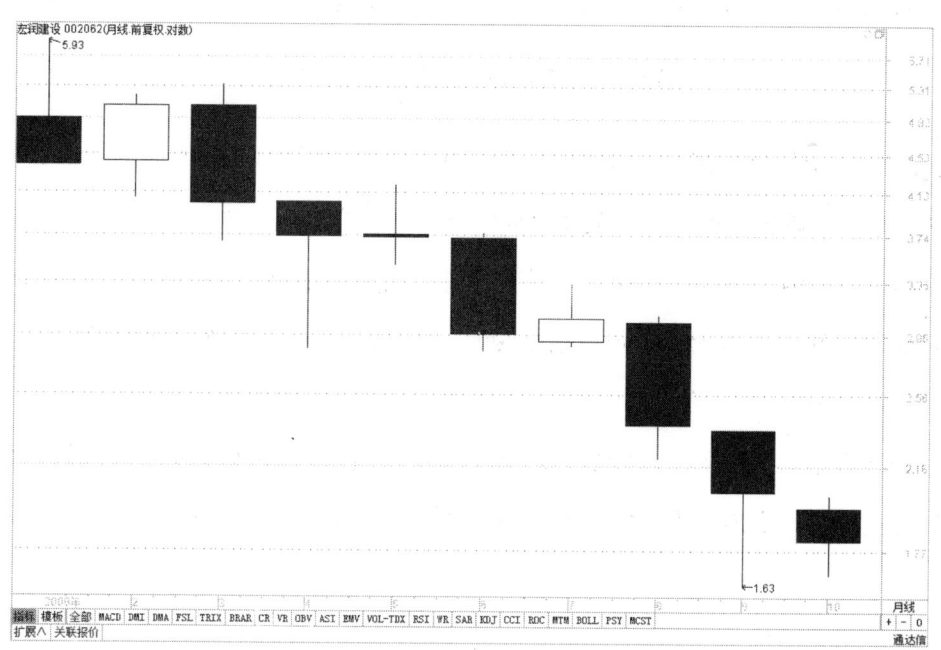

图9-29 宏润建设 卖后的后续走势

如上页图9-29所示，就在我们卖出后不久，该股大幅下跌超过55%！

如果我们还对该股感兴趣的话，可以关注三剑客指标是否有可靠的买入信号！

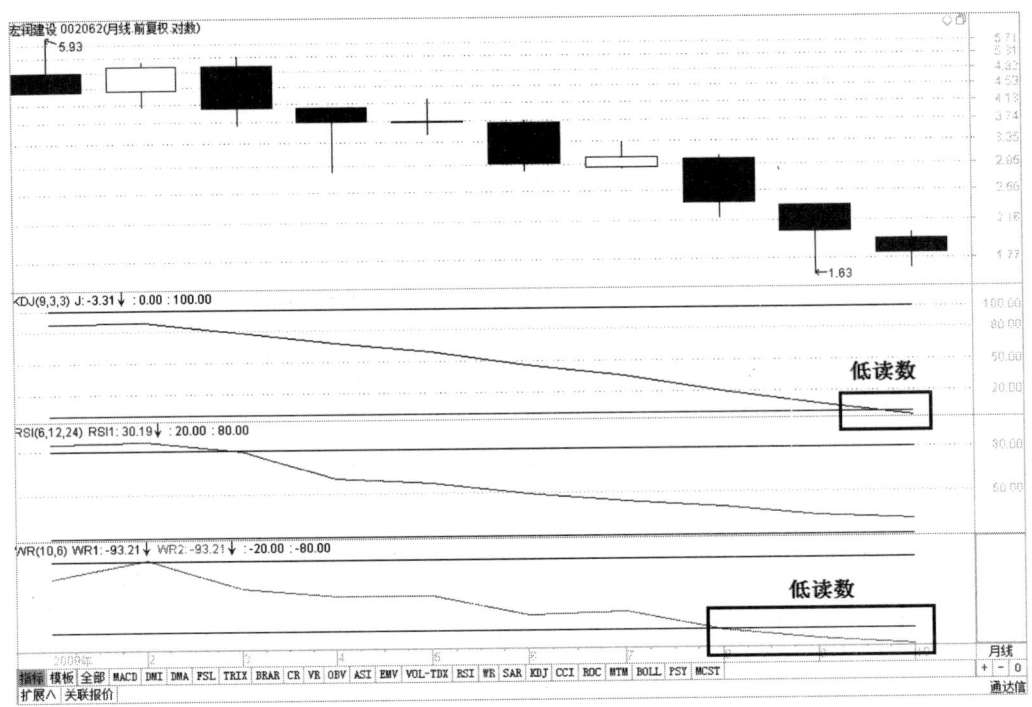

图9-30　宏润建设　买入前期分析

如图9-30所示，调出三剑客指标发现不久的将来有可能出现三剑客类买入信号的股票，那就把它加入"可关注个股"名单中，方便以后随时查阅。

如下页图9-31所示，2008年年底，个股股价反转向上了，同时发出双剑出鞘买入信号，我们买入无疑，成本价2.89元，买入持有直到三剑客指标发出可信的卖出信号为止！

如下页图9-32所示，持股到了2010年4月，随着三剑客发出的双剑回鞘卖出信号的发生，我们卖出了手中的全部该股的股票，本次交易获利134%！

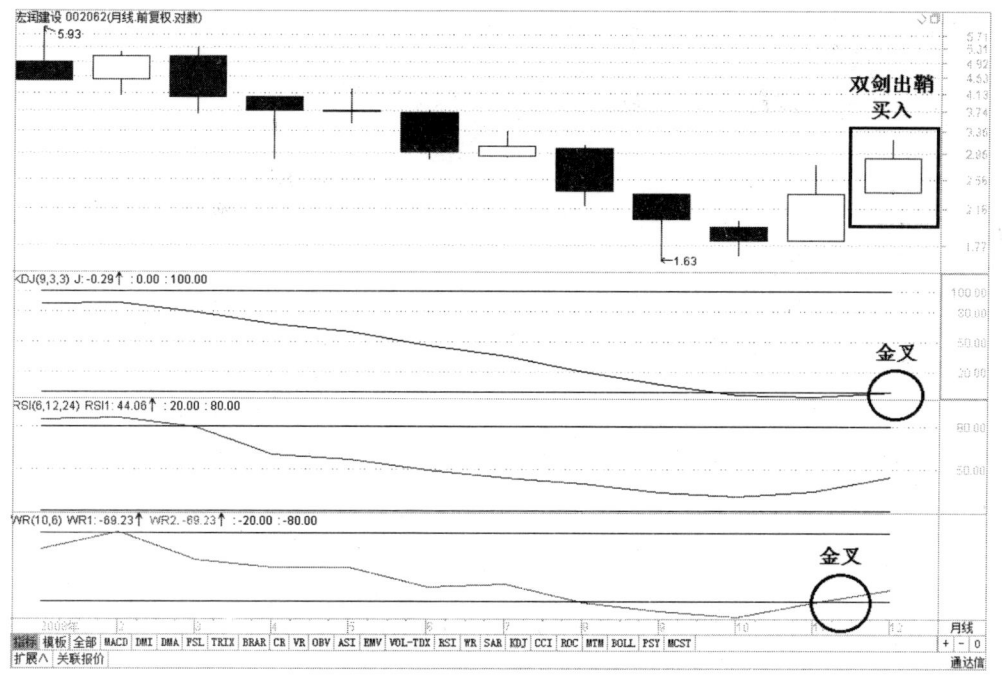

图9-31 宏润建设 再次买入

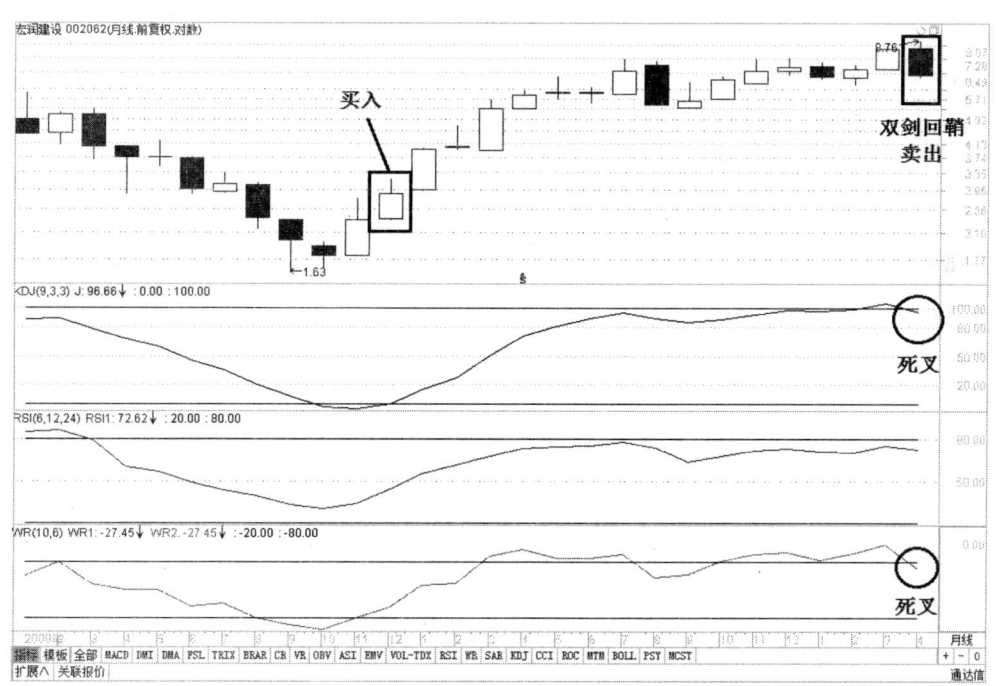

图9-32 宏润建设 卖出分析

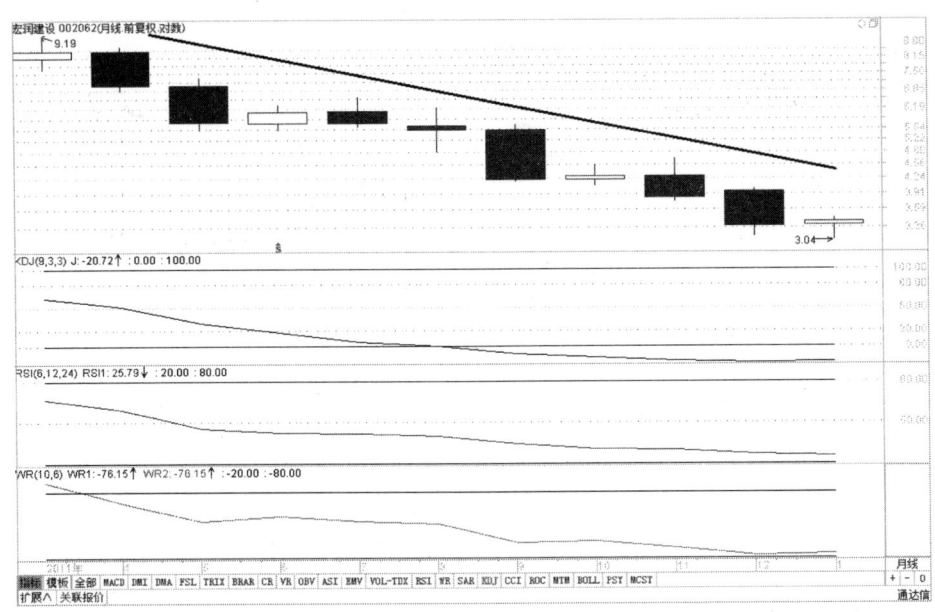

图9-33 宏润建设 卖出后的后续走势

如图9-33所示,2012年1月,股价再次暴跌,并且三剑客指标的读数也向低位进发,我们持续对这只股票进行关注!

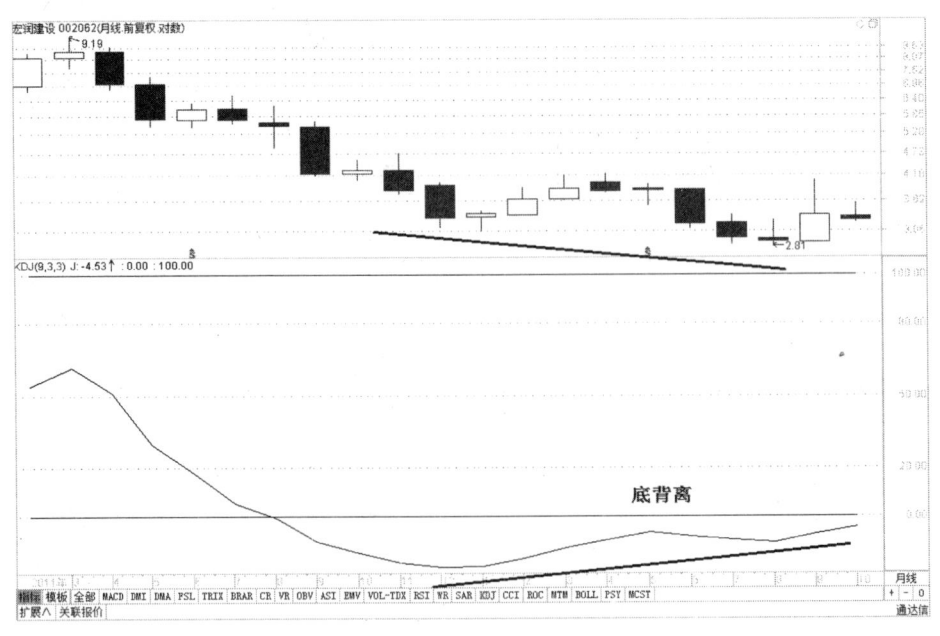

图9-34 宏润建设 前期分析

如图9-34所示,单独调出 KDJ 指标可以看到明显的底背离反转上涨信号!

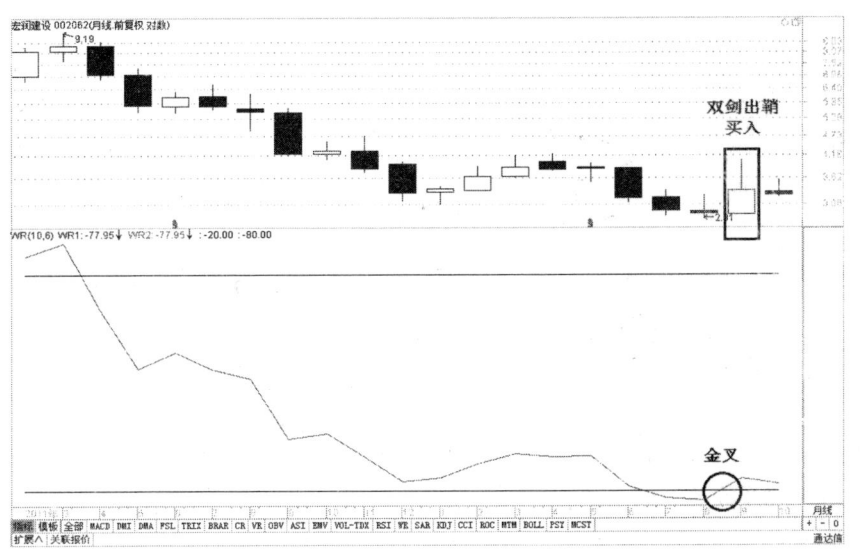

图9-35　宏润建设　买入

如图9-35所示，再看一下 WR 指标，也发出了金叉买入信号，也就是说三剑客指标发出了双剑出鞘买入信号，不用多想，我们再次买入该股！

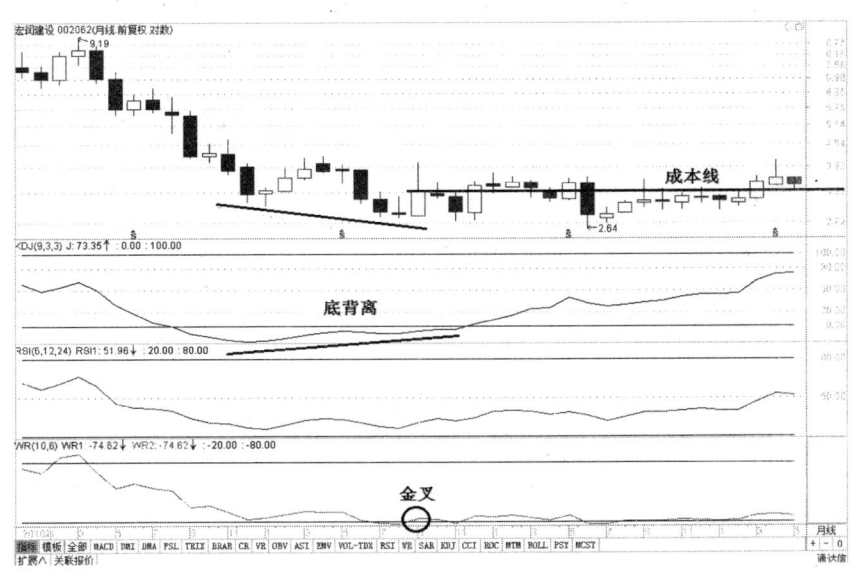

图9-36　宏润建设　买入持股待涨

如图9-36所示，虽然盘中股价曾低于我们的成本价，但是我们要淡定，最怕"小不忍则乱大谋"，没有三剑客发出卖出信号，我们就不应该擅自交易，所以，股价虽然多次低于我们买入的成本价，但我们仍坚持持股不动！

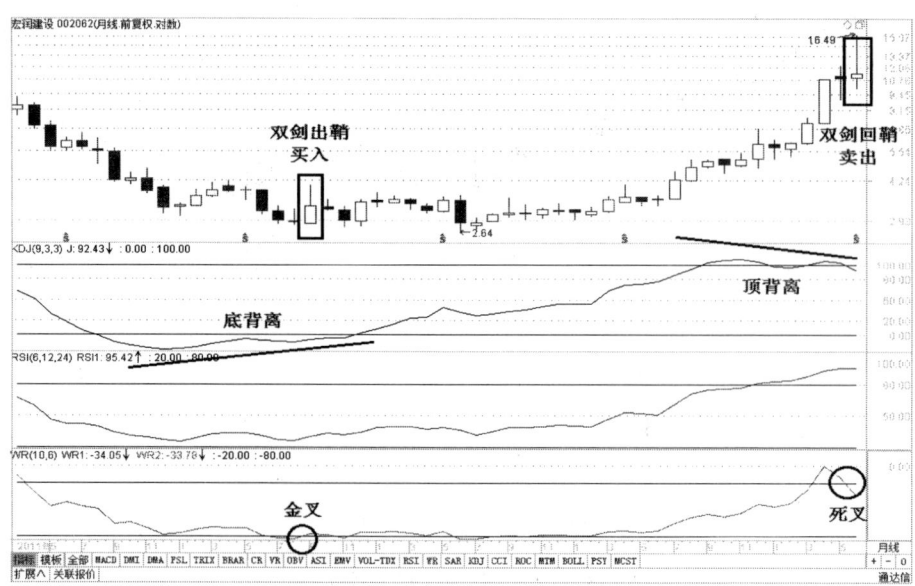

图9-37 宏润建设 卖出分析

如图9-37所示，2015年6月，KDJ指标发出了顶背离反转下跌信号和WR指标发出的高位死叉卖出信号，此双剑回鞘卖出信号让我们卖出并获得了240%的利润！

图9-38 宏润建设 前期分析

如图9-38所示，近期也出现了一个逐渐收窄的震荡区间，而且KDJ与RSI两剑客指标也在纷纷下行，我们也期待新一轮的买入机会出现！

（完）